Inhalt

W0197871

Vorwort   7
Das „Gewissen des Parlaments"   9
Auf der Suche nach Gott   15
Alexander und ein neuer Lebensabschnitt   25
Über Todesnähe zur Glaubenskraft   33
Glanz und Not im Lueger-Zeitalter   39
Die „Heimarbeiterinnenmutter" von Wien   46
Soziale Pionierarbeit während des Krieges   64
Für Frauenrechte in der Politik   80
Geistliche Wegbegleiter   107
Ein „Hilfstrupp Gottes" wird gegründet   128
Die Caritas Socialis – ein Netz sozialer Hilfen   151
Leben in zwei Lebenswelten   177
Der Heimgang – „Nichts war Täuschung"   193
Summa vitae – Damit ihr Geist weiterlebt   220

Gedankenspuren *von Hildegard Burjan*   238
Kleine Anmerkungen zu Hildegard Burjan
von Hanna-Barbara Gerl-Falkovitz   243
Quellen des Vertrauens *von Josef Freitag*   256
Die Caritas Socialis ist etwas Werdendes …
von Sr. Serafine Ogrisek   267
Verwendete Literatur   277

Für meinen Mann –
für die verständnisvolle Begleitung meiner Arbeit

VORWORT

Die Liebe Gottes durch den sozialen Dienst zu verkünden: das sah Hildegard Burjan als ihren Lebensauftrag an. Ihr sozialpolitischer Einsatz für die Unterprivilegierten war von jener Solidarität getragen, wie sie heute etwa vom Katechismus der katholischen Kirche eingefordert wird: *Die Solidarität zeigt sich in erster Linie in der Güterverteilung und in der Entlohnung der Arbeit. Sie setzt auch den Einsatz für eine gerechtere Gesellschaftsordnung voraus, in der die Spannungen sich besser beseitigen und die Konflikte sich leichter auf dem Verhandlungsweg lösen lassen (KKK 1940).*

Die Basis ihres parteipolitischen Einsatzes lag für Hildegard Burjan, welche die erste christlichsoziale Abgeordnete zur „Konstituierenden Nationalversammlung der Republik Deutschösterreich" war, in ihrem christlichen Glauben: *Christliche Nächstenliebe und soziale Arbeit müssen zusammenwirken … all unser Handeln und Tun für die Unterdrückten ist nur dann segensreich, wenn es basiert auf den Grundwahrheiten unserer Religion.*

Auch ihr Engagement in der Partei war von dieser Überzeugung getragen: *Volles Interesse für die Politik gehört zum praktischen Christentum …*

Hildegard Burjan war eine Frau der Tat und des vorausschauenden Weitblicks. Sie hatte den Mut, eingefahrene Wege zu verlassen und neue zu beschreiten. Die Gründung der Schwesterngemeinschaft Caritas Socialis ist der Beweis dafür. Bis an die Grenzen ihrer körperlichen und seelischen Kraft setzte sie sich dafür ein, weil sie sich bewusst war, dass hier ihre Lebensaufgabe lag. In ihrer To-

desstunde hat Hildegard Burjan die Caritas Socialis Gott übergeben: *Ich weiß, Gott wird sie führen* … Dass die Caritas Socialis alle
politischen Stürme überlebt hat und heute im Geist ihrer Gründerin die Arbeit weiterführt, mag uns als Beweis dafür dienen, dass
Gott seine Hand schützend über diese Gemeinschaft hält.

Hildegard Burjan war eine der Ersten, die versucht haben, Prin-
zipien der katholischen Soziallehre und die Aussagen der ersten
Sozialenzyklika Rerum novarum in die Praxis umzusetzen. Das
von ihr entworfene Sozialprogramm ist heute so aktuell wie zu
ihren Lebzeiten. Es kann gerade heute an den Brückenschlag erinnern, den sie damals in politisch spannungsgeladener Zeit zwischen Christlichsozialen und Sozialdemokraten gesetzt hat. Ihre
jüdische Herkunft macht sie über ihre Zeit hinaus zu einer Einladung zum jüdisch-christlichen Dialog.

Sie hat auch vorgelebt, was Frauen in der Kirche bewegen, was
sie einbringen können. Sie hat das verwirklicht, was sie als den an
sie ergangenen Auftrag Gottes erkannt hatte. So ist sie nicht nur
in ihrem politischen und sozialen Wirken für jeden Christen ein
Vorbild, sondern vor allem im Hinblick auf ihr ernstes Bemühen,
in die Nachfolge Jesu einzutreten, ganz im Geiste des Psalmisten:
*Deinen Willen zu tun, mein Gott, macht mir Freude, deine Weisung
trag' ich im Herzen (PS 40,9).*

Ein Seligsprechungsverfahren ist im Gang. Dürfen wir hoffen,
dass die „Sozialapostelin von Wien" bald einmal auch als Für-
sprecherin im Himmel bezeugt und anerkannt werden wird? Wir
dürfen und wir tun es, von Herzen.

Christoph Kardinal Schönborn
Erzbischof von Wien
Im Jubeljahr 2000

Das „Gewissen des Parlaments"

Der 12. März 1919 war für die Jahreszeit ein ungewöhnlich schöner, warmer Tag. Ein strahlend blauer Himmel wölbte sich über Wien – Kaiserwetter, wie man hier zu sagen pflegt. Nur – Kaiser gab es in diesem Land keinen mehr.

Kaiser Franz Joseph I., der 68 Jahre lang das Vielvölkerreich der k. u. k. Monarchie Österreich-Ungarn zusammengehalten hatte, weniger mit staatsmännischem Geschick als durch den in Folge seiner langen Regierungszeit entstandenen Mythos um seine Person, war tot. Mit ihm war am 21. November 1916 zugleich auch die Donaumonarchie zu Grabe getragen worden.

Sein ihm nachfolgender Großneffe, der als Kaiser Karl I. zwei Jahre lang noch versucht hatte zu retten, was nicht mehr zu retten war, befand sich auf dem Weg ins Exil. Der Krieg, der nicht nur das Haus Habsburg zum Einsturz gebracht, sondern auch das Gesicht ganz Europas verändert hatte, war nach vier Jahren zu einem bitteren Ende gekommen.

Die Wiener genossen diese warmen Sonnenstrahlen. Die Wohnungen waren kalt, die Mägen leer – die Menschen konnten die Wärme gebrauchen. Der Winter 1918/19 hatte nicht nur Hunger und Kälte gebracht – daran hatte man sich ja schon in den vergangenen Kriegswintern gewöhnt –, zu aller Not hatten sich nun noch seuchenartige Krankheiten gesellt. Mehr als 15 000 Menschen waren in den vergangenen Monaten an der grassierenden „Spanischen Grippe", an der Ruhr oder an Tuberkulose gestorben. Die Menschen hatten keine Widerstandskraft mehr. Sie waren nicht nur unterernährt, es fehlte ihnen auch an Lebenswillen. Worauf sollten sie auch hoffen?

Die Lage spitzte sich seit dem Kriegsende am 3. November 1918 immer mehr zu. Der Zustrom aus den ehemaligen Kronländern in die einstige Residenzstadt riss nicht ab: Soldaten, die nicht mehr wussten, wo ihre Heimat war, deutschsprachige Bürger auf der Flucht, aber auch Menschen, die das Chaos politisch ausnützen wollten, kamen täglich nach Wien.

Die Lebensmittelversorgung verschlechterte sich rapid. Rationiert waren die Grundnahrungsmittel schon im Krieg gewesen – 16,5 dag Brot, 3,5 dag Mehl und 0,5 dag Fett täglich. Aber jetzt im Frieden war oft nicht einmal das zu bekommen. Die wirtschaftliche Zulieferung aus den verschiedensten Teilen der Monarchie setzte mit einem Schlage aus. Die sich neu etablierenden Staaten brauchten ihre Lebensmittel selbst. Stundenlang standen die Frauen oft vor den Geschäften, um dann erst mit leeren Taschen heimzukommen, wenn das Wenige nicht für alle gereicht hatte. Rezepte für die unterschiedliche Zubereitung von Rüben, die oft das einzige Hauptnahrungsmittel waren, brachten die Tageszeitungen. Aber auch Kartoffelschalen ließen sich angeblich noch verwenden.

Nicht alle Ratschläge stießen auf die Zustimmung der Leserschaft. Mit Empörung reagierten die Frauen auf so aufmunternde Worte, wie sie in einem Frauenblatt zu lesen waren: „Frauen, heraus, zeigt, was Wahres und Echtes an Euch ist. Ist das Mahl spärlich, so würzt es doch durch Freundlichkeit und Anmut Eures Gespräches. Mangelt es an Brennmaterial, so spielt mit den Kindern ein Laufspiel, damit Ihr die Kälte nicht so empfindet."

Es war niemandem zu verübeln, dass Anfang des Jahres 1919 die Zukunftshoffnungen bei vielen den Nullpunkt erreichten. Woran sollten die Menschen auch glauben? An die am 12. November

1918 ausgerufene Republik Deutschösterreich? An einen Staat, über dessen weiteres Schicksal in wenigen Monaten erst die Siegermächte bestimmen würden? An ein Land, von dem der französische Ministerpräsident Georges Clemenceau verächtlich sagen wird: „L'Autriche, c'est le reste" (Österreich, das ist der Rest)?

Die Vielvölkerfamilie der Monarchie wurde mit einem Schlag ihrer Wurzeln beraubt. Die meisten nunmehrigen „Restösterreicher" verbanden persönliche Beziehungen mit den verschiedensten Gebieten der Monarchie. Man hatte seine Kindheit da, die Jugend dort verbracht. Die Berufslaufbahn war oft zu einem geografischen Hüpfen bis in die entlegensten Winkel der Monarchie geworden. Die Menschen waren geprägt von der Verschiedenartigkeit der Kulturen und Traditionen der Kronländer, was auch das Spezifische des Österreichers ausmachte. Und nun war alles zu Ende. Familiäre, freundschaftliche und geistig-kulturelle Bindungen wurden mit Gewalt zerrissen – man stand einander plötzlich als Feind gegenüber. Ein Volk hatte seine Identität verloren. Der in diesem Frühjahr 1919 noch vorhandene Rest an Hoffnungen wurde wenige Monate später, nach dem Friedensdiktat der Siegermächte in Saint-Germain-en-Laye, auch noch begraben.

Doch man schrieb erst den 12. März 1919, und die „Konstituierende Nationalversammlung der Republik Deutschösterreich" trat an diesem Tag zu ihrer vierten Sitzung zusammen. Heute sollten die bei der Wahl am 16. Februar 1919 gewählten Volksvertreter angelobt werden.

Nach der Proklamierung der Republik war man sich bewusst gewesen, dass nur durch möglichst rasche Wahlen der neue Staat auf eine tragfähige Basis gestellt werden konnte. So hatte die Provisorische Nationalversammlung am 21. Oktober 1918 eine neue Wahlordnung beschlossen. Nicht nur den männlichen, sondern auch den weiblichen Staatsbürgern, die das 20. Lebensjahr vollendet hatten, war das aktive und passive Wahlrecht verliehen worden. Bedenkt man, dass überhaupt erst elf Jahre vorher, am 26. Jänner 1907, das allgemeine und geheime Wahlrecht allen männlichen Bürgern zugebilligt worden war, kann man annehmen, dass sich in dieser Zeitspanne, in der zugleich eine jahrhundertealte Staatsform langsam zerbröckelt war, noch kein besonderes Demokratieverständnis entwickeln hatte können. So ist es auch zu verstehen, dass die Verantwortlichen in diesem Staat den Wahlen mit großer Besorgnis entgegensahen.

Der große christlichsoziale Arbeiterführer Leopold Kunschak schrieb darüber später in seinen Erinnerungen: „... die österreichische Bevölkerung ist in die Demokratie nicht hineingewachsen, sie wurde in die Demokratie hineingeworfen. Heute ist offenkundig, dass diese Tatsache genügte, der jungen Demokratie zum Verhängnis zu werden ..." (In Bezug auf die Jahre 1934 und 1938; Anm. d. Verf.)

Diese Wahlen waren somit der erste Prüfstein der jungen Republik Deutschösterreich. Folgende Parteien stellten sich der Wahl: Die Sozialdemokraten, die Christlichsozialen und verschiedene andere, auch nationale Gruppen. Die wichtigsten Themen der Wahl waren die künftige Regierungsform und der Anschluss an Deutschland. Letzterer war in der am 12. November einstimmig beschlossenen Resolution der Provisorischen Nationalversammlung festgehalten worden, worin es hieß: „Deutschösterreich ist ein Bestandteil der deutschen Republik" (Artikel 2). Man erhoffte sich dadurch vor allem wirtschaftliche Überlebenschancen.

Jetzt, Wochen später, herrschte darüber nur mehr unter den Sozialdemokraten Einigkeit. Die Christlichsozialen waren in dieser

Frage unterschiedlicher Meinung. Viele Ressentiments brachen in diesem Wahlkampf plötzlich unter den politischen Kontrahenten auf und endeten in gegenseitigen heftigen Beschuldigungen. Die Angst vor den, vor allem von der Räterepublik des Béla Kun von Ungarn aus geschürten marxistischen Putschversuchen brachte aber doch einen Sieg der Vernunft zustande. Das Wahlergebnis war: 40 Prozent für die Sozialdemokraten, 36 Prozent für die Christlichsozialen und 19 Prozent für die deutschnationalen Gruppen.

Bei der am 12. März 1919 im ehemaligen Reichsratsgebäude an der Wiener Ringstraße einberufenen Sitzung der „Konstituierenden Nationalversammlung" mischten sich unter das feierliche Schwarz der Herren erstmals auch hellere Farbtöne. Von den Mandataren der Sozialdemokraten waren sieben Frauen, unter den 69 Christlichsozialen befand sich nur eine Frau – Hildegard Burjan.

Der Erzbischof von Wien, Kardinal Friedrich Gustav Piffl, wird sie „das Gewissen des Parlaments" nennen. Und der spätere Bundeskanzler Dr. Ignaz Seipel, mit dem sie eine lebenslange Freundschaft, die in einem geistigen Sich-Messen, Kämpfen und Klären bestand, verbunden hat, sagte nach ihrem zu frühen Ausscheiden aus dem politischen Leben, dass er „keinen Mann mit ausgeprägterer politischer Begabung, mit feinerem Fingerspitzengefühl als diese Frau gesehen habe".

*„Höhere Töchter": Hildegard (stehend)
und Schwester Alice*

Auf der Suche nach Gott

Am linken Ufer der Neiße, die sich hier am Ostrand der Lausitzer Platte durch ein enges, tiefes Tal windet, liegt die Stadt Görlitz. Durch die Jahrhunderte war sie eine blühende Handelsstadt, an der „via regia" gelegen, dem alten Handelsweg des Mittelalters. Damals waren es bedeutende Tuchwebereien, die der Stadt Wohlstand brachten, später florierte hier die Textilindustrie. Görlitz liegt heute direkt an der polnischen Grenze. Die Altstadt besitzt noch einen vollkommen erhaltenen Stadtkern mit engen Laubengassen und Arkadenhäusern. Einem Brand im Jahre 1525 fiel leider ein Großteil der Bauwerke aus dem Mittelalter zum Opfer. Der reiche Bestand an Wohnbauten aus der Renaissance und dem Barock steht unter Denkmalschutz.

Im Jahre 1883 – Görlitz gehörte damals zu Preußisch-Schlesien – meldete am dortigen Stadthaus der Kaufmann Abraham Adolph Freund die Geburt eines Mädchens an. Dem am 30. Jänner geborenen Kind wurde der Name Hildegard Lea gegeben. Es war das zweite Mädchen des Abraham Adolph und seiner Frau Berta, einer geborenen Sochazewska.

Berta Sochazewska stammte aus Krotochin, Provinz Posen. Sie heiratete 1878 den um zwölf Jahre älteren Abraham Adolph Freund. Ein Jahr später, am 28.2.1879, kam bereits das erste Kind zur Welt, ein Mädchen, das Alice genannt wurde. Die Mutter hatte zu Hause die Erziehung einer höheren Tochter erhalten und war daher auch bei ihren Mädchen um eine sehr sorgfältige Erziehung bemüht. Alice und Hildegard schildern die Mutter später als ernst,

15

klug, konziliant, liebenswürdig und hilfsbereit. Eigenschaften, die sich besonders ausgeprägt bei ihrer jüngeren Tochter wiederfinden.

Der Vater nahm das Leben eher leichter, er war ein heiterer, unbeschwert lebender Mann, ein geschickter Kaufmann. Die Ehe der Freunds war glücklich. Man lebte das Leben einer bürgerlichen Mittelstandsfamilie nach konservativen Grundsätzen.

Die Eltern Hildegards waren jüdischer Herkunft, aber konfessionell nicht gebunden. Man fühlte sich dem damals herrschenden liberalen Humanismus des 19. Jahrhunderts verpflichtet. Die Kinder wuchsen ohne religiöse Erziehung auf. Diesen Mangel wird Hildegard ihr ganzes Leben lang bedauern. Sie beneidete jeden, der der Glaubensgnade schon von Kindheit an teilhaftig war. Selbst Episoden wie die folgende machten ihr dieses Manko immer wieder bewusst: Als sie einmal in späteren Jahren mit ihrer Hausgehilfin über den Glauben debattierte und damit argumentierte, dass sie „schließlich theologische Kenntnisse besitze", konnte sie dem überzeugendsten Trumpf ihrer Poldi, „Und ich bin in der Religion geboren worden", nichts entgegensetzen.

Hildegard war ein lustiges, munteres Kind, im Erfinden von Spielen unerschöpflich. Vor allem konnte sie sich stundenlang allein beschäftigen. Zwei hervorstechende Eigenschaften entwickelten sich bei ihr frühzeitig: ihr Rednertalent und ihre Fürsorge für Randgruppen der Gesellschaft.

Erste Zuhörer waren ihre Puppen, die sie im Halbkreis um sich setzte. Mit großer Begeisterung und Ernsthaftigkeit erzählte die Dreijährige ihrem Publikum meist erfundene Geschichten. Als sie etwas älter war, entdeckte sie ihr erstes soziales Betätigungsfeld. Sie ging einmal wöchentlich ins Irrenhaus der Stadt, um den Kranken vorzulesen.

An einem Juliabend hatte die sechsjährige Hildegard ein Erlebnis, das bestimmend für ihr Leben wurde. Damals begann, so sagte sie später, ihre Suche nach Gott.

Die Mutter erschrak, als sie ihre Jüngste im Nachthemd am Fenster kauern sah. „Hilde, was machst du dort? Rasch ins Bett, du solltest schon längst schlafen!" „Pst, Mutti, schau: die schönen weißen Frauen; wer ist das, was tun sie nur?" „Das sind Nonnen, sie beten."

Die Freunds wohnten neben einem Frauenkloster. Hildegard konnte vom Kinderzimmer aus in den Nachbargarten sehen. Ruhig und gleichmäßig gingen weißgekleidete Frauen, vermutlich Dominikanerinnen, unter den hohen Bäumen auf und ab. Eine unwirkliche Szene, besonders für ein sehr empfängliches Kind. Ein leises Murmeln drang zur kleinen Lauscherin hinauf. „Was sind Nonnen? Was ist das, beten?" Ungewöhnliche Fragen in der Familie Freund. „Sie beten zu ihrem Gott." Hildegard wollte noch mehr wissen: „Warum beten sie? Wo ist Gott?" Die Mutter war überfragt. Wie sollte sie mit ihrem Kind über Dinge reden, mit denen sie sich selbst eigentlich nie auseinander gesetzt hatte?

Hildegard konnte an diesem Abend vor Erregung nicht einschlafen. Sie weinte sich in den Schlaf, und ein Gedanke wird sie noch lange beschäftigen: Wie schön muss es sein, zu Gott beten zu können.

So lustig und ausgelassen das kleine Mädchen sonst sein konnte, die Sinnhaftigkeit vieler Dinge begann sie schon früh zu hinterfragen. Einmal lud eine Bekannte Alice und Hildegard zu einem Jahrmarktbesuch ein. Entzückt genossen die Kinder, die zu Hause eher sparsam erzogen wurden, die gebotenen Herrlichkeiten, vor allem die Süßigkeiten. Doch dann sagte die damals achtjährige Hildegard nach längerem Überlegen: „Das ist eigentlich alles nur Mumpitz."

Die Grundschule besuchte Hildegard noch in Görlitz, das Mädchenlyzeum dann in Berlin, wohin Abraham Freund mit seiner Familie 1895 aus beruflichen Gründen übersiedelte. In der Pubertät begann sich Hildegard bereits zu einer sehr eigenständigen Persönlichkeit zu entwickeln. Sie war, wie viele junge Menschen des ausgehenden 19. Jahrhunderts, auf der Suche nach hohen Zielen, nach Idealen, nach etwas Großem.

So schreibt sie mit energischer Schrift in ihr Jungmädchentagebuch, das leider nur in Fragmenten erhalten ist, folgendes Motto:

„Zum Licht empor mit klarem Blick,
ein Vorwärts stets, nie ein Zurück,
ein frohes Hoffen, kühnes Streben,
ein schnelles Handeln auch daneben,
dann hat das Leben Zweck und Ziel –
Wer Großes will, erreicht auch viel."
(Lindenberg)

Vier Jahre später, 1899, übersiedelt die Familie Freund nochmals, diesmal in die Schweiz. Abraham Freund übernimmt die Generalvertretung einer deutschen Textilfabrik für den Schweizer Raum. Wieder heißt es Abschied nehmen. Die Lehrer und Mitschüler der Charlottenschule in Berlin bedauern das Fortgehen Hildegards. Und verwundert schreibt Hildegard in ihr Tagebuch: „Der Direx sagte heute zu mir, es sei gar nicht schön von mir, einem so alten Mann einen solchen Schmerz zuzufügen. Nach einer Pause meinte er dann weiter – Ich bin Gott dankbar, dass ich Sie überhaupt kennen gelernt habe …"

Ungewöhnliche Worte eines Lehrers zu seiner Schülerin. Dankbar, ihr begegnet sein zu dürfen, werden später aber noch viele

Hildegard als Studentin

Menschen sein. Hildegard, die leicht und gut lernte, besuchte in Zürich die Großmünsterschule und maturierte am 19. März 1903 in Basel. Der Lohn nach allen Mühen war ein Urlaub in den Schweizer Bergen.

Hildegard wollte studieren, ihre intellektuellen Neigungen waren stark ausgeprägt, sie hungerte nach Wissen. Ihre Eltern unterstützten ihren Entschluss, obwohl ein Studium für Mädchen um die Jahrhundertwende noch unüblich war.

Viele Universitäten in Europa verwehrten weiblichen Hörern den Zugang. In Zürich dagegen zeigte man sich aufgeschlossen, und Frauen aus verschiedenen Ländern, auch aus Österreich, pilgerten in das schweizerische Bildungs-Mekka, wurden sie doch hier nicht als Menschen zweiter Klasse betrachtet.

Im Sommersemester 1903 inskribierte Hildegard Germanistik an der Universität Zürich. Sie belegte Gotisch, Altisländisch, neuhochdeutsche Grammatik und auch philosophische Vorlesungen bei den Professoren Dr. Robert Saitschik und Dr. Friedrich Wilhelm Foerster, zwei Männern, die Hildegard ihre noch unbewusste Suche nach Gott bewusst machten und durch die sie jenen Weg fand, der sie ans Ziel ihrer Sehnsucht brachte.

Friedrich Foerster (1869–1966) war Moralpädagoge und Privatdozent in Zürich. Er lehrte 1913 auch ein Semester Philosophie und Pädagogik in Wien, wo seine ehemalige Schülerin bereits ihren Wirkungskreis gefunden hatte.

Robert Saitschik (1868–1965), ein Lebens- und Kulturphilosoph, arbeitete auch als freier Schriftsteller. Er war eine viele junge Menschen in den Bann ziehende Persönlichkeit. Saitschik sprach ein halbes Dutzend Sprachen. Er lehrte an den Universitäten Bern, Neuchatel und Köln. Von 1895 bis 1913 hielt er Vorlesungen an der Technischen Hochschule Zürich.

Zürich war eine ausgesprochen protestantische Stadt, von einem sichtbaren Katholizismus war hier keine Rede. In den intellektuellen Kreisen dieser Zeit schwärmte man von Schopenhauer und Nietzsche und debattierte über deren Gedankengut. Saitschik war einer der Ersten, der sich mit der Philosophie Nietzsches öffentlich auseinander setzte. Hildegard, die sich von dieser Atmosphäre angezogen fühlte, fand aber gerade hier den ersten bewussten Zugang zum katholischen Glauben. Später über das Warum befragt, wird sie sagen: „Weil ich den Fragen auf den Grund ging.“

Und Fragen hatte sie viele – nach dem Sinn und Zweck des Lebens, nach der Wahrheit … Antworten hoffte sie vor allem bei Saitschik zu finden.

Sie genoss die Mittwochabend-Treffen beim verehrten Professor. Schwärmerisch schreibt sie in ihr Tagebuch: „Den Eindruck, den dieser seltene Mann auf mich gemacht hat, werde ich nie vergessen … Ein Mensch, der bei jedem das Edle, das in ihm schlummert, zu wecken versteht, und sei es noch so wenig, der so schön den Weg zu allem Guten, Hohen zeigt, der einem das Leben lebenswert erscheinen lässt, steht über aller Kritik. Da gibt es nur eines, und das ist: Kämpfen gegen seine eigenen Schwächen und Fehler, um wenigstens im Leben einmal auf seinem Platz einen kleinen Teil von dem zu verwirklichen, was er voll und ganz ist. Zu jener inneren Freiheit zu gelangen, wie Dr. Saitschik, ist wohl nur wenigen bestimmt, jeder aber kann sich emporarbeiten, seinen Platz im Leben ausfüllen.“

Welcher Platz im Leben ihr zugedacht war, wo ihre Stärke lag, wusste sie noch nicht, aber sie begann unter dem Einfluss des verehrten Lehrers noch intensiver an ihrer Persönlichkeit zu arbeiten, aber auch in sich hineinzuhorchen.

Und wieder vertraut sie sich ihrem Tagebuch an: „Ein trüber zweiter Pfingstfeiertag. Wie könnte ich den wohl besser verbringen, als wieder einmal mit mir zu reden, sonst kommt man doch die ganze Woche nicht dazu. Die ewige Wissenschaft nimmt jeden freien Augenblick in Anspruch und zu dem, was jedem viel wichtiger wäre, nämlich an der Fortbildung seiner eigenen Persönlichkeit zu arbeiten, dazu kommt man nur in Augenblicken, wo man müde ist und das Gehirn ausruhen will … Was nützt das Anhäufen von Wissenschaften und sogenannter Erkenntnis, wenn der innere Mensch nicht emporsteigt. Fortschritt beruht im Letzten doch darauf, dass mehr und mehr Menschen sich zur Persönlichkeit entwickeln und auf die Menge wirken, ihre Umgebung mit emporziehen."

Saitschik selbst war ein suchender, ein ringender Mensch. Er stand der katholischen Kirche nahe, bezeichnete sich selbst als „Gottgläubigen". Gerade er war es, der Hildegard die Augen für das Wesentliche im Leben öffnete. Der ihr, die selbst ganz von hohem sittlichen Streben beseelt war, „den Blick nach oben richtete, wohin uns eine innere Stimme ruft" (Saitschik, Robert: Umriss meiner Denkweise. In: Ein Weiser lebt unter uns. Festschrift für Robert Saitschik).

Hildegard sprach später fast nie über ihre Beziehung zu Gott, auch nicht über ihren Weg zum Glauben. Es ist daher schwer nachzuvollziehen, wann in dieser Zeit des Suchens der Ruf Gottes an sie erging. „Zu wem Gott spricht, der schweigt", wird sie später einmal sagen. Gott hat damals bereits zu ihr gesprochen; ob er sich Saitschiks oder Foersters als Instrument bediente – wir wissen es nicht.

Saitschik verfasste 1916 eine Schrift über „Franziskus von Assisi". Hildegard war später eine große Verehrerin dieses Heiligen.

Nicht nur das Aufgeben der irdischen Güter, die Selbstentäußerung in die Armut faszinierte sie an dem Mann aus Assisi, sondern
vor allem die Glut seiner Gottesliebe. Vielleicht diskutierten damals, 1905, in Zürich Lehrer und Schülerin schon über die Botschaft dieses großen Heiligen der Kirche.

Mit der Person Jesus Christus wurde sie vermutlich durch Friedrich Foerster erstmals konfrontiert. Auch Foerster war religionslos, doch seine Zielvorstellungen waren eindeutig christlich geprägt. Er versuchte, die jungen Menschen zu einem höheren Ideal
zu erziehen und zu bilden. Für ihn war wahre Bildung die Fähigkeit, Hauptsache und Nebensache im Leben zu unterscheiden,
und Charakter die Kraft, diese Unterscheidung auch in der Le-
bensführung zum Ausdruck zu bringen.

Der tiefste Quell von Foersters Wissen war sein Gewissen, das
ihn zum Kampf gegen alles, was das Leben entheiligt, aufrief: „Die
Stärke der religiösen Lebensanschauung besteht eben darin, dass
sie uns nicht nur das Unglück, sondern auch das Glück ertragen
lässt; sie konzentriert uns auf den inwendigen Fortschritt und
macht uns dadurch ebenso hellsichtig für die Gefahren des Gelingens wie für die geheimen Segnungen des Misslingens." (Foerster,
Friedrich: Schule und Charakter, Zürich 1912.)

Stark geprägt von diesem Gedankengut Foersters, wird Hildegard später ihre soziale Arbeit trotz allem Auf und Ab durchführen
und den Aufbau der Schwesterngemeinschaft Caritas Socialis beginnen.

Jahre später kreuzten sich die Lebenswege von Hildegard Burjan und Friedrich Foerster noch einmal, als im Juli 1917 in Wien
eine Friedensdiskussion stattfand. Veranstalter war die „Österreichische Politische Gesellschaft"; die Idee dazu kam von Prof.
Dr. Friedrich W. Foerster und Prälat Dr. Ignaz Seipel, zwei Män-

nern, die durch ihr Denken und Handeln bestimmend in das Leben Hildegards eingriffen.

In jenen Tagen des Jahres 1905 in Zürich beginnt Hildegard zu erkennen, dass das unbedingte Anstreben des vollkommenen Mensch-Seins immer unvollkommen bleiben wird, wenn nicht Gott das Ziel allen Tuns und Handelns ist. Sie spürt, dass sie eine Entscheidung für ihr Leben treffen muss. Sie will dies aber unbeeinflusst tun. Sie hat plötzlich Angst, dass dabei die Person des verehrten Professors Saitschik eine zu große Rolle spielen könnte. Bei aller Schwärmerei will Hildegard allein den Weg finden, den sie unbewusst seit jenen Kindheitstagen in Görlitz sucht: Wo finde ich Gott?

Hildegard war damals bereits mit Alexander Burjan, der im September 1905 seine erste Anstellung in Berlin bekam, verlobt. So beschloss sie, ebenfalls für ein Semester nach Berlin zu gehen. Vom Verstand her versucht sie das Wesen der katholischen Lehre zu ergründen. Sie studiert mit unglaublichem Eifer die Kirchengeschichte und die gesamte Glaubenslehre. Einen Priester, einen Theologen zu Rate zu ziehen, kommt ihr nicht in den Sinn. Denkt sie an das, was ihr Saitschik mit auf den Weg gab: „Vom Vertand zum Herzen, vom Studium zum Gebet"?

So weit ist sie noch nicht. Sie ringt allein um die Entscheidung: „Gott, wenn Du bist, zeige Dich mir!"

Hildegard kehrt wieder nach Zürich zurück. Ihre Hinneigung zum Katholizismus hatte zwar fern vom verehrten Lehrer standgehalten, doch auf ihrer Suche hat sie eine Grenze erreicht, die sie allein nicht überschreiten kann. Die Gnade des Glaubens erfährt sie nicht über wissenschaftliche Erkenntnisse. Gott findet sie auf einem Weg, an den die damals junge, blühende und gesunde Frau nicht dachte, den sie aber kurze Zeit später beschreiten wird.

24

Alexander
und ein neuer Lebensabschnitt

Was den jungen Technikstudenten Alexander Burjan als erstes an
Hildegard faszinierte, waren die Augen. Ihre leuchtend grau-grü-
nen Augen spiegelten die Tiefe und die Lauterkeit ihres Charak-
ters wider. Mit diesen Augen zog sie auch später viele Menschen,
die ihr begegneten, in den Bann.

In Zürich hatte Hildegard Anschluss an einen netten Kollegen-
kreis gefunden. Man debattierte, diskutierte und genoss gemeinsam das kulturelle Leben. An Verehrern mangelte es dem hüb-
schen Mädchen nicht. Aus Hofierung machte sie sich aber nichts,
auch später nicht. Männern gegenüber blieb Hildegard immer
zurückhaltend, fast spröde. Was sie suchte, war die geistige Begegnung und Auseinandersetzung. Flirten oder der Einsatz weiblicher Waffen, mit Charme etwas zu erreichen, blieb ihr fremd,
obwohl sich ihrer Ausstrahlung, die aber auf ihrer inneren Haltung beruhte, nur wenige entziehen konnten.

In der Züricher Tonhalle stand Beethovens Neunte Symphonie
auf dem Programm, als sich an einem Jännerabend 1905 die Wege
von Hildegard Freund und Alexander Burjan erstmals kreuzten.
Ein Kollege stellte ihr seinen Cousin, eben Alexander, vor. Wenige
Tage darauf – es war Fasching – traf man sich auf einem Studen-
tenball wieder.

Sie kamen einander im Gespräch näher. Sie trafen sich öfters.
Auch Alexander besuchte Vorlesungen bei den Professoren Saitschik und Foerster, an Gesprächsthemen mangelte es nicht. Hildegard hatte einen Partner gefunden, mit dem sie über ihre Suche

nach Wahrheit, nach Sinn und Ziel des Lebens reden konnte. Bald beschlossen sie, den weiteren Lebensweg gemeinsam zu gehen. Am 17. März 1905 wurde bereits Verlobung gefeiert, trotz stürmischer Proteste beider Eltern. Man hatte sich jeweils „bessere", sprich: reichere, Partien erträumt. Außerdem, so meinte man, wären beide noch zu jung.

Alexander war 23 Jahre alt, nur ein Jahr älter als seine Braut; ein gebürtiger Ungar, am 26.11.1882 in Raab (Györ) als Sohn eines Schuhfabrikanten geboren. Er war ebenfalls jüdischer Abstammung und wuchs völlig religionslos auf. Beider Herkunft hatte frappierende Parallelen, verständlich, dass sich schon dadurch viele Gemeinsamkeiten ergaben.

Vom Temperament her waren sie aber sehr gegensätzlich. Hildegard war wohl sehr energisch und mutig, doch sie war ein beherrschter Mensch, der nur selten die Fassung verlor. Sie liebte die Einsamkeit und bevorzugte einen bescheidenen Lebensstil. Alexander war da gerade das Gegenteil. Er hatte ein lebhaftes, oft sehr aufbrausendes Temperament. Mit einem sanften „Aber Schandl" konnte nur Hildegard ihn wieder beruhigen.

Später werden die Burjans in Wien ein großes Haus führen, hohe Persönlichkeiten aus Politik, Kirche und Gesellschaft werden zu den Gästen zählen. Dieses Gesellschaftsleben lag dem Wesen Hildegards so gar nicht. Sie tat es dem Gatten zuliebe, der darauf so großen Wert legte, was von manchen Kritikern als Geltungssucht ausgelegt wurde; wobei sich viele Kontakte nicht allein aus der beruflichen Stellung Alexander Burjans – er wurde Generaldirektor der Österreichischen Telephon- & Telegraphenfabrik AG – ergeben haben, sondern auch aus der politischen Position und dem sozialen Engagement Hildegards entstanden sind.

Trotz der sich daraus ergebenden Vorteile – denn die geknüpf-

*Das junge Ehepaar – Alexander und Hildegard Burjan
heirateten am 2. Mai 1907 in Berlin.*

27

ten Verbindungen waren für den Aufbau ihrer sozialen Aktivitäten sehr nützlich – hätte Hildegard es lieber einfacher und ruhiger gehabt. Für eine bescheidenere Haushaltsführung war aber Alexander Burjan nicht zu gewinnen. Er liebte auch reichliches und gutes Essen, und jeder Mäßigungsvorschlag wurde mit einem unwirschen „Wir sind hier in keinem Kloster!" hinweggefegt. Am gutgedeckten Tisch blieb Hildegard meist nur Zaungast. Die Folgen ihrer schweren Erkrankung, zu der sich später noch Diabetes gesellte, zwangen sie zu strenger Diät und großem Maßhalten.

Im Jahre 1905 standen aber Hildegard und Alexander erst am Beginn ihres gemeinsamen Lebensweges. Und sie ahnten noch nicht, welche Prüfungen auf sie zukommen sollten.

Alexander Burjan beendete noch im selben Jahr sein Studium am Eidgenössischen Polytechnikum in Zürich und bekam im Herbst 1905 seine erste Anstellung bei der Firma AEG in Berlin.

Fast zwei Jahre lang prüften sich die beiden, ob ihre Beziehung, ihre Zuneigung von Dauer sein würde. Hildegard übersiedelte schließlich mit ihrer Mutter – ihr Vater starb 1905 – ebenfalls nach Berlin.

Am 2. Mai 1907 schlossen am Standesamt Berlin-Charlottenburg Alexander Burjan und Hildegard Lea Freund, beide konfessionslos und jüdischer Abkunft, die Ehe. Als beide Ehepartner später zum katholischen Glauben konvertierten, bekam ihre nur standesamtlich geschlossene Ehe nach katholischem Rechtsverständnis volle Gültigkeit.

Als göttliche Fügung erkannte es Hildegard rückblickend, dass sie erst nach der Wahl ihres Lebenspartners zum Glauben fand: „Ich wäre zweifellos in einen Orden eingetreten; um wie viel einfacher hätte sich dann mein Leben abgewickelt! Aber alle die

Werke, die ich schaffen durfte, wären nicht da. Ich bin sicher, dass dies so in Gottes Absicht war."

Sie litt später sehr unter den ständigen Kollisionen, die sich einfach dadurch ergaben, dass ihre Pflichten als Frau und Mutter und ihr weitgesteckter Aufgabenbereich als Initiatorin vieler Aktivitäten trotz ihres großen Organisationstalentes schwer zu koordinieren waren. Der ständige Gewissenskonflikt, dem ein Großteil der heute berufstätigen Frauen ebenfalls ausgesetzt ist – hier Familie, da Beruf –, blieb auch ihr nicht erspart. Doch sie erkannte genau, dass sie gerade aus diesem Spannungsfeld heraus für viele Dinge eine andere Sichtweise entwickeln konnte. Außerdem hatte sie in ihrem Partner auch die notwendige seelische Stütze, einen Halt, der ihr Kraft und Durchhaltevermögen für ihre Ziele gab.

Vorerst hatte sie solche Probleme noch nicht. Der Zweipersonen-Haushalt war rasch versorgt, und die Mutter stand ja mit Rat und Tat zur Seite. Letzteres war vermutlich ein Grund dafür, dass Hildegard nie eine besondere „Hand" für die Haushaltsführung entwickelte.

Hildegard wollte nach der Heirat unbedingt ihr Studium abschließen. In Berlin hatte sie noch zusätzlich Sozialökonomie und Sozialpolitik belegt, was ihr später bei ihrer sozialen Tätigkeit eine große Hilfe sein wird. Zuerst musste aber das Studium der Germanistik in Zürich beendet werden.

Von ihrem Doktorvater, Professor Dr. Albert Bachmann, Ordinarius für Germanistische Philologie, erhielt sie das Dissertationsthema: „Die hauptsächlichsten Verben des Sagens im Gotischen, Altsächsischen und Hochdeutschen", ein äußerst schwieriges und vor allem zeitaufwendiges Thema. Bachmann stellte in seinem Gutachten vom 6. Februar 1908 über die fertige Dissertation fest, „dass Untersuchungen wie die vorliegende zu den schwierigsten auf linguistischem Gebiete gehören. Sie erfordern nicht nur gute Beobachtungsgabe und organisatorisches Geschick, sondern vor allem auch ein auf reiche sprachgeschichtliche Kenntnisse und Erfahrungen gegründetes sicheres Urteil …". Bachmann hatte seiner Studentin deshalb dieses Thema zugemutet, weil er wusste, dass sie dafür Neigungen bekundete und „ähnliche Aufgaben bereits mit gutem Erfolg gelöst hatte".

Von der vorliegenden Dissertation aber war Bachmann enttäuscht. Er gestand Hildegard zwar Fleiß und guten Willen sowie die sprachlichen Kenntnisse zu, aber das Ergebnis war ihm, wie er feststellte, zu spärlich: „Es fehlt an jeder Übersicht und Geschlossenheit."

Hildegard kränkelte zu dieser Zeit bereits. Das Pendeln zwischen Berlin und Zürich belastete ihre angegriffene Gesundheit zusätzlich. Auch finanziell ging es dem jungen Paar mehr schlecht als recht. Hildegard stand unter dem Druck, ihr Studium raschest zu Ende zu bringen. Professor Bachmann, der Hildegard und auch ihre persönliche Situation gut kannte, bewertete schließlich die Dissertation positiv, mit der Auflage, „diese nach dem mündlichen Examen noch einer gründlichen Revision zu unterziehen … und sich deswegen mit mir ins Einvernehmen zu setzen …".

Auch die vorgeschriebene Hausarbeit über „Die Schicksale der Apostel. Übersetzung der 95 Verse und genaue Darstellung der Frage nach der Verfasserschaft" wurde positiv bewertet.

Am 8. Februar 1908 um drei Uhr Nachmittag nimmt eine aufgeregte Hildegard die letzte Hürde, das mündliche Doktorexamen. Zur Prüfung kommt sie in Deutscher Sprache und Literatur als Hauptfach, Angelsächsischer Sprache und Literatur als Zweitfach sowie Psychologie als zweites Nebenfach.

Hildegard schafft es. Unbelastet könnte sie nun noch die für die

Promotion notwendige Überarbeitung der Dissertation vornehmen und danach die Drucklegung der vorgeschriebenen Pflichtexemplare der Doktorarbeit veranlassen. Doch dazu kommt es nie.

Auf eine diesbezügliche Anfrage teilte die Universität Zürich am 12. Jänner 1968 Folgendes mit: „Frau Burjan bestand am 8. Februar 1908 die Doktorprüfung an der Philosophischen Fakultät. Die Doktorpromotion ist indessen nie rechtskräftig geworden, weil Frau Burjan die gedruckten Pflichtexemplare ihrer Dissertation offenbar nie abgeliefert hat."

Was war geschehen? Hildegard erkrankte schwer, sie kam ins Krankenhaus, rang mit dem Tode. Nach ihrer Genesung hatte ihr Leben völlig andere Dimensionen bekommen. Vieles war für sie jetzt unwesentlich geworden. Der zweite Grund war sehr profaner Art. Die Burjans hatten Schulden, der Gerichtsvollzieher konfiszierte die spärliche Habe. Der Krankenhausaufenthalt hatte alle finanziellen Reserven verschlungen. Woher also das Geld für den Druck der Dissertation nehmen? Knapp vor der Einlieferung in das Spital hatte sie noch die vorgeschriebenen Promotionsgebühren bezahlt, ein Beweis dafür, dass sie den feierlichen Promotionsakt anstrebte.

Aus den Protokollen der Sitzungen der Philosophischen Fakultät an der Universität Zürich geht hervor, dass Hildegard Burjan noch in den Jahren 1909 und 1911, insgesamt dreimal, um Verlängerung des Termins für den Druck der Doktorarbeit angesucht hatte und ihr dies auch genehmigt wurde. Die Absicht bestand also, aber Zeit und Ruhe für die Überarbeitung fehlten. Im Jahre 1909 fand die Übersiedlung nach Wien statt, 1910 wurde unter schwierigen Umständen ihre Tochter geboren und 1911 war Hildegard schon zu sehr mit der „sozialen Frage" beschäftigt.

Hildegard Burjan führte trotzdem offiziell den akademischen Grad eines Doktors der Philosophie. Zu Unrecht? Aus formalistischer Sicht: Ja. Doch Hildegard hing nie am Formalismus. Ihre Dissertation war – zwar mit Auflagen – positiv beurteilt worden, sie hatte ihr mündliches Doktorexamen mit Erfolg bestanden. So fühlte sie sich berechtigt, den Titel Dr. phil. zu führen, auch wenn ihr dieser nie im Rahmen einer akademischen Feier verliehen worden war.

1914 brach der Krieg aus, der Not und Elend brachte. Hildegard hatte zu diesem Zeitpunkt schon ihren Aufgabenbereich gefunden, für den sie sich mit ihrer ganzen Persönlichkeit einsetzte. Ihre chronische Erkrankung zehrte zudem an ihren Kräften. Zeit war für sie kostbar geworden.

Über Todesnähe zur Glaubenskraft

Die junge Frau, die am 2. Oktober 1908 in das St. Hedwigs-Spital in Berlin eingeliefert wurde, war fast ohnmächtig vor Schmerzen. Trotzdem hatte sie noch darauf bestanden, in ein katholisches Krankenhaus gebracht zu werden.

Hildegard Burjan litt schon seit Jahren an Schmerzen in der Blinddarmgegend. Sie hatte in den vergangenen drei Jahren mehrere Ärzte konsultiert, aber es gab keine exakte Diagnose. Die Schmerzen waren nicht einzuordnen, sie hatte kein Fieber und auch nicht sonstige gravierende Beschwerden. An diesem Oktobermorgen erwachte sie durch wahnsinnige Schmerzen; sie hatte die erste Kolik. Der Hausarzt veranlasste die sofortige Einweisung in ein Krankenhaus, wo das Röntgenbild einen erbsengroßen Stein im Harnleiter, ungefähr fünf Zentimeter unter dem Nierenpol, zeigte.

Am nächsten Tag erfolgte bereits die Operation, die erste Station eines siebenmonatigen Leidensweges. Vier große und mehrere kleine Eingriffe musste Hildegard über sich ergehen lassen. Die Wunde eiterte ständig, der Harnleiter hielt nicht dicht. Eine Fistel bildete sich zwischen Harnleiter und Darm. Die Temperatur stieg an, und Hildegard hatte ständig starke Schmerzen. Dreimal täglich erhielt sie Morphium gespritzt. Nichts mehr erinnerte in diesen Tagen an die einst blühende junge Frau. Bis zum Skelett abgemagert lag sie im Bett.

Den verzweifelten jungen Gatten bereiteten die Ärzte darauf vor, dass er mit dem Schlimmsten rechnen müsse. Am Karsamstag des Jahres 1909 schienen die Stunden der erst Fünfundzwanzigjährigen gezählt zu sein.

Doch es geschah das Unfassbare – am nächsten Tag, am Ostermorgen, war der seit Wochen offene Einschnitt im Harnleiter zugeheilt, das Fieber gesunken. Ein Wunder schien geschehen zu sein.

Zugleich mit den sich nun wieder regenden Lebenskräften wurde Hildegard auch von einem unaussprechlichen Glücks- und Dankgefühl durchströmt – sie verspürte jetzt in sich die Kraft, glauben zu können.

Nach einer langen Zeit des Suchens wurde ihr diese Gnade zuteil. Zwei Dinge spielten dabei eine Rolle: sicher zuallererst die Tatsache, dem Leben durch eine wunderbare Fügung wieder geschenkt zu sein.

Aber auch die Anwesenheit der sie aufopfernd pflegenden Schwestern – es waren Borromäerinnen – war dafür ausschlaggebend. Davon tief beeindruckt, sagte sie zu ihrer Freundin Anna Weltmann: „So etwas wie diese Schwestern kann der natürliche, sich selbst überlassene Mensch nicht vollbringen. Foerster und Saitschik konnten mich nicht überzeugen, aber da habe ich die Wirkung der Gnade erlebt, so kann mich auch nichts mehr zurückhalten."

Hildegard war zutiefst erschüttert und aufgewühlt, was an ihr geschehen war, wie Gott sie geführt hatte.

Sie sprach später kaum darüber, nur aus einigen Bemerkungen konnten ihr Nahestehende die Intensität dieser Begegnung mit Gott ahnen. So sagte sie einmal zu einer engen Vertrauten: „Was mir die Leute doch alles über ihre Visionen erzählen, über so etwas spricht man doch nicht, wenn man es erlebt hat."

Nun, Hildegard schwieg zwar über das Erlebnis, aber es war für sie der Anlass, dass sie in diesen österlichen Tagen in Berlin den Entschluss fasste, dieses zweite, neu geschenkte Leben ganz Gott zu weihen. Über das Wie musste sie sich erst klar werden.

Zwei Wochen später, am 26. April 1909, wird die Patientin Hildegard Burjan nach einem siebenmonatigen Krankenhausaufenthalt entlassen. Zuvor führte sie noch einen tapferen Kampf. Ihr Körper war an Morphium gewöhnt, durch Wochen hindurch. Von einem Tag auf den anderen lehnte sie gegen den Rat der Ärzte die Spritze ab. Es kostete sie fast den Verstand, aber mit unglaublicher Willenskraft meisterte sie auch das.

Sehr trostvoll waren die Abschiedsworte des Arztes an die junge Frau gerade nicht: „Sie können noch mindestens zehn Jahre leben." Hildegard war zwar eine längere Lebenszeit gegönnt, aber gezeichnet von dieser Erkrankung blieb sie ihr ganzes Leben. Die Narben waren fingertief und gingen fast um den ganzen Unterleib. Innerlich bildeten sich starke Verwachsungen und teilweise Entzündungen. Keinen Tag wird sie mehr schmerzfrei sein. „Ich habe manchmal so große Schmerzen, dass ich meinen Kopf an die Wand schlagen könnte", bekannte sie einmal in einem der seltenen Momente, wo sie von ihrem Innersten etwas preisgab.

Hildegard wurde in diesen Tagen bewusst, dass dies alles auch zu einer schweren Prüfung für die junge Ehe werden würde. Alexander hatte eine gesunde Frau geheiratet. Er selbst war ein von Kraft und Gesundheit strotzender Mann, sie nun eine schwer leidende Frau, die der Rücksichtnahme und Schonung bedurfte. Ihr war es weh ums Herz zu wissen, dass sie nun eine Belastung für ihren Mann sein würde. Sie wollten doch Kinder, aber die Ärzte rieten dringend davon ab. Es würde sie das Leben kosten.

Greifen wir der Zeit voraus. Einige Monate später, Weihnachten 1909 – die Burjans sind inzwischen nach Wien übersiedelt –, weiß Hildegard, dass sie Mutter werden wird. Ein angesehener Gynäkologe rät zur Unterbrechung der Schwangerschaft. Die dringende ärztliche Indikation, Lebensgefahr für die Mutter, ist gegeben. Hildegard lehnt mit aller Entschiedenheit ab: „Das wäre ja Mord! Wenn ich zugrunde gehe, sterben muss, dann geschehe Gottes Wille, aber das Kind soll leben."

Als Politikerin wird sie später als vehementeste Kämpferin gegen eine von den Sozialdemokraten angestrebte Freigabe der Abtreibung auftreten.

Am 27. August 1910 schenkt sie im Wiener Sanatorium Löw einer Tochter das Leben. Die Geburt bringt sie tatsächlich in Lebensgefahr. Diesmal ist es eine Gehirnblutung. Sechs Wochen muss Hildegard wieder im Spital verbringen. Das kleine Mädchen wird auf den Namen Elisabeth, nach der großen Caritasheiligen, und auf den zweiten Namen Aloisia, nach der Generaloberin im Berliner St. Hedwigs-Krankenhaus, getauft.

Vier Tage vor ihrer Entbindung konnte Hildegard eine große Freude erleben. Alexander trat, so wie sie ein Jahr zuvor, zum katholischen Glauben über. Er wurde am 23. August 1910 vom Jesuitenpater Jakob Overmanns in der Kirche des Jesuitenkollegiums Kalksburg bei Wien getauft. Die unerschütterliche Glaubenskraft seiner Frau, die Tapferkeit und die Demut, die sie alles ertragen ließ, waren sicher der letzte Anstoß für seinen Entschluss.

Alles, was dem Ehepaar in den letzten zwei Jahren widerfahren war, ließ auch Alexander reifen, und so wurde er in den sechsundzwanzig Jahren ihrer Ehe seiner Frau ein guter Kamerad. Als man Alexander Burjan einmal fragte, wie er alle Schwierigkeiten tapfer mittragen konnte, die sich aus der Kränklichkeit, aber auch aus der Fülle der Aufgaben, die seine Frau bewältigte, ergaben, sagte er ganz einfach: „Es war nur möglich, weil sie es war. War sie noch so gequält von Schmerzen, es war immer beglückend, an ihrer Seite sein zu dürfen. Ich verspürte es immer, dass sie etwas unendlich Liebes, unersetzlich Kostbares war." Es war eine glückliche Ehe, trotz aller Verschiedenheiten der Temperamente und gelegentlicher Stürme am Ehehimmel.

Doch zurück zum Berlin des Jahres 1909. Noch im Krankenhaus bat Hildegard um einen Priester, der sie in den Glaubenswahrheiten unterrichten sollte. Es war vermutlich ihre Freundin Anna Weltmann, eine der Führerinnen des katholischen Frauenbundes in Berlin, die ihr den Jesuitenpater Franz Rauterkus schickte. Durch Anna Weltmann hatte Hildegard anscheinend in ihrer Berliner Zeit schon Kontakte zu katholischen Kreisen bekommen. Sie war es auch, die von Hildegard gebeten wurde, ihre Taufpatin zu sein.

Rauterkus war beeindruckt von ihrem Wissen. „Ich wurde zu Frau Burjan gebeten, aber bei eingehender Examinierung ergab sich, dass ein weiterer Unterricht überflüssig sei. Sie sprach über die schwierigsten Probleme mit der Sicherheit eines Kirchenvaters."

Am 11. August 1909 empfing Hildegard in der Marienkapelle des St.-Joseph-Krankenhauses in Berlin-Ost das Sakrament der Taufe.

Sie hatte nun nach langem Suchen ihr Ziel erreicht. Was ihr nicht durch den Verstand, den Intellekt gelungen war, hatte sie nun mit dem Herzen erfasst – sie konnte glauben. Ein Grund vermutlich dafür, dass sie, die Intellektuelle, die eine von vielen bewunderte Schärfe des Verstandes besaß, im Laufe der Jahre eine fast kindliche Gläubigkeit entwickelte.

Sie glaubte nun mit jeder Faser ihres Herzens, brauchte keine wissenschaftliche Auseinandersetzung mehr mit Glaubensinhalten, mit kirchlichen Lehrmeinungen. Das hatte sie hinter sich. Sie wusste nun, dass sie nicht dadurch die Gnade des Glauben-Können nens erfahren hatte. Das Wissen war zwar die Basis, wurde aber nicht zum Anlass ihrer Bekehrung. „Ich habe mich entschlossen zu glauben, so wie Gott es durch seine Kirche lehrt, darum will ich eben glauben und nicht wissen. Mit dem Wissen wird das Verdienst des Glaubens hinfällig."

Hildegard verbrachte die Zeit der Rekonvaleszenz in einem Erholungsheim, um wieder Kräfte zu sammeln. Sie hatte nun Zeit, in sich hineinzuhorchen. Was wollte Gott von ihr? In welcher Form würde sie ihm dienen können?

Während Hildegard sich langsam zu erholen begann, musste Alexander Burjan im Auftrag seiner Firma nach Österreich, nach Wien. Wenige Wochen später hielt eine aufgeregte Hildegard einen Brief ihres Mannes in Händen: „Ich brauche dringend Deine Meinung. Ich habe hier ein Angebot von der Österreichischen Telephonfabrik AG bekommen. Es ist eine gute Stelle mit Aufstiegschancen. Soll ich annehmen? Willst Du nach Wien übersiedeln?"

Und ob Hildegard wollte! Seit ihrer Konversion hatte sie den geheimen Wunsch gehegt, in Hinkunft in einem katholischen Land zu leben. Die Berliner Kreise sagten ihr nichts mehr. Dass sich dieser Wunsch so schnell erfüllen sollte! Hildegard war begeistert.

Ende August übersiedelte das Ehepaar Burjan nach Wien. Hildegard zweifelte nicht mehr daran – auf diesen Weg führte sie der Wille Gottes.

Glanz und Not im Lueger-Zeitalter

Auf den ersten Blick werden die Burjans von Wien sicher überwältigt gewesen sein. Von ihren bisherigen Lebensstationen – Zürich und Berlin – waren sie zwar großstädtisches Flair gewohnt, aber der Glanz und das pulsierende Leben der Donaumetropole übertraf doch alles. Wien zeigte sich damals, zwischen 1900 und 1910, nicht nur äußerlich als eine Weltstadt, sondern sie präsentierte sich auch als geistiger Mittelpunkt der westlichen Welt.

Ob Wissenschaft, Kunst, Literatur, Musik, Malerei – neue Gedanken und Erkenntnisse, neue Ideen, neue Stilrichtungen wurden hier geboren und, Widerständen zum Trotz, weiterentwickelt. Wien wurde zum Mekka für alle, die sich mit dem neuen Jahrhundert zugleich auch neue Impulse erhofften.

Das Wien dieser Jahre entfaltete seinen Glanz und Charme, obwohl es den Todeskeim des Untergangs bereits in sich trug. Die Vorzeichen des nahenden Zusammenbruchs wollte man nicht wahrnehmen. Echte und vorgetäuschte Sorglosigkeit verdrängte in allen Gesellschaftsschichten die Wirklichkeit. Diese Mentalität entsprach den Wienern. Todessehnsucht und Lebensgenuss lagen hier sehr nahe beisammen. Sigmund Freud, als Vater der Psychoanalyse bereits auf dem Weg zum Weltruhm, brauchte dies nur aus der Tiefe der Seele seiner Patienten herauszuholen. Weil die Menschen an dieser Ambivalenz litten, krankte auch das ganze Gesellschaftssystem daran.

Das Wien des Jahres 1909 war politisch, kulturell und sozial eine Stadt der extremen Gegensätze. Fröhlichkeit und tiefster Pessimismus, Weltoffenheit und Spießertum, das Beharren auf Althergebrachtem und die kühnsten Neuentwicklungen, die glanzvollste Prachtentfaltung und die entsetzlichste Not fanden sich in unmittelbarer Nachbarschaft.

In Schönbrunn unterschrieb der allerhöchste Beamte der Monarchie immer noch pflichteifrig den täglichen Aktenberg, ohne das bereits deutliche Knarren im Gebälk seines Völkerhauses zu hören. Sein ungeliebter Nachfolger, Franz Ferdinand, arbeitete unterdessen am anderen Ende der Stadt – im Schloss Belvedere – an seinen Reformplänen, die sowieso bereits zu spät entstanden und wenige Jahre später durch die Schüsse in Sarajewo vollends zunichte gemacht wurden. Der Untergang der Habsburger-Monarchie war zu diesem Zeitpunkt schon vorprogrammiert.

In den Wohnungen des Adels und Großbürgertums lebte man meist noch im überladenen Pomp der Makartzeit. Mutigere dagegen liebäugelten bereits mit den schlichten Formen des Jugendstils. Die Favoritner Ziegelarbeiter dagegen waren schon froh, wenn sie die Nacht zusammen mit fünfzig anderen Menschen in einem Schlafsaal verbringen konnten und nicht im Heizhaus übernachten mussten.

Während sich in den Salons und an den Kaffeehaus-Stammtischen die Gemüter über die jüngsten kulturellen Skandale erhitzten, wurden jenseits der Ringstraße und außerhalb der Nobelbezirke Hungerunruhen durch Polizeieinsatz erstickt.

Wiens Stadtführung lag damals in den Händen des „schönen Karl". Der Name Dr. Karl Lueger ist bis heute eng mit der Entwicklung der Stadt verknüpft. Er war einer der populärsten Politiker seiner Zeit, von den Wienern nahezu vergöttert, in seinem politischen Agieren von seinen Gegnern aber heftig bekämpft. Seine Persönlichkeit ist bis heute nicht unumstritten. Als Pragma-

tiker setzte er sowohl seine Religiosität wie seinen von wirtschaftlichen Überlegungen bestimmten Antisemitismus gezielt als
Mittel zum Zweck für seine ehrgeizigen Pläne ein. In seiner nur
kurzen Amtsperiode als Bürgermeister, von 1897 bis 1910, nahm
er viele Projekte in Angriff, die Wien erst zu einer modernen
Hauptstadt machten: die Energieversorgung, die Kanalisation und
die Errichtung eines städtischen Verkehrsnetzes. Er förderte Bildungseinrichtungen und Schulen, ließ Fürsorgestellen als erstes soziales Auffangnetz einrichten. Als Mitbegründer und Galions-figur
der Christlichsozialen Partei machte er sich zum „Anwalt der kleinen Leute" – der Kleinbürger, der kleinen Gewerbetreibenden.

Die Not, die gerade in diesen Kreisen immer mehr um sich
griff, konnte aber auch er nicht beheben. Die schlechte wirtschaftliche Lage, bedingt durch Weltwirtschaftskrisen, vor allem
aber die zunehmende Industrialisierung dezimierte ganze Berufs-
zweige. Viele gerieten dadurch unverschuldet ins Elend. Die
wohlgemeinten Fürsorgeeinrichtungen, wie Obdachlosenheime
und Waisenhäuser, beschleunigten oft noch den endgültigen sozialen Abstieg. Wer dort landete, war abgestempelt für sein ganzes
Leben. Nur wenigen gelang es, diesem Dahinvegetieren zu entkommen und einen neuen Anfang zu schaffen. Die anderen blieben auf Almosen angewiesen.

Die Wohnungsmisere war am größten. Die Mieten waren hoch
und wer nicht zahlen konnte, wurde vom Hausherrn unbarmherzig delogiert. Kinderreiche Familien waren davon am meisten betroffen. Damals entstanden in den Vorstädten die ersten kaser-
nenartigen Mietshäuser. In Zimmer-Küche-Wohnungen hausten
im Durchschnitt drei bis vier Erwachsene oft mit bis zu sieben
Kindern. Für dreißig Wohnungen gab es meist nur ein Klosett.
Um die Miete finanzieren zu können, nahmen viele Familien

noch zusätzlich „Bettgeher" auf. Manchmal teilten sich sogar zwei die Benützungsgebühr für das vermietete Bett – einer schlief bei Tag, der andere bei Nacht. Und manche konnten sich nicht einmal das leisten, sie übernachteten im Freien. Krankheiten wie Rachitis, Tuberkulose (die „Wiener Krankheit") waren Begleiter auf diesem Weg des Elends.

Die Menschen, die am Rande des Glanzes, den die Kaiserstadt Wien noch einmal entfaltete, lebten, brauchten keine psychoanalytische Behandlung – die damals in besseren Kreisen modern wurde –, um zu erfahren, welche (frühesten) Erlebnisse an ihren Lebensproblemen Schuld trügen. Ihr Leben war meist vom ersten Augenblick ihres Daseins vorgezeichnet. Es war der Weg der Not; wer diesen zu gehen gezwungen war, konnte ihn aus Eigenem kaum verlassen. Was diesen Menschen fehlte, war menschenwürdige Behausung, gerechte Bezahlung und ein soziales Auffangnetz bei Krankheit und Arbeitslosigkeit.

Wer zwölf Stunden arbeiten „durfte", schätzte sich glücklich. Teilweise wurde auch am Sonntag gearbeitet. Nachtarbeit für Frauen und Jugendliche war zwar verboten, aber die Arbeitgeber setzten sich darüber hinweg. Die Verbote standen meist nur auf dem Papier, in der Praxis wurden die Paragraphen des Arbeiterschutzgesetzes vom 11.3.1885 lose gehandhabt: Wer aufbegehrte, musste mit Verweis, Geldbuße und Entlassung rechnen. Die Erwerbstätigkeit der Frauen stieg ständig an. Im Jahre 1910 gab es in Wien 1 195 549 Berufstätige, davon waren 478 608 (also etwa vierzig Prozent!) Frauen. Großteils ungelernt, waren sie billige Arbeitskräfte. Für einen einheitlichen Elf- bis Zwölfstundentag erhielten sie dreißig bis vierzig Prozent weniger Lohn als ihre männlichen Kollegen ausbezahlt, obwohl sie meist genauso schwere Arbeit verrichteten wie diese. In der Favoritner Ziegelfabrik war beispielsweise Ziegelschlagen und Ziegelaufladen Sache der Frauen.

Zu den Fabrikarbeiterinnen gesellte sich das Heer von Arbeitnehmerinnen in der Textil-, Bekleidungs- und Nahrungsmittelbranche, die ohne gesetzlichen Schutz der Willkür ihrer Dienstgeber ausgesetzt waren. Schwer zu erfassen war die Zahl der Heimarbeiterinnen, meist verheiratete Frauen mit Kindern, die unter schlechtesten räumlichen und finanziellen Bedingungen zum Familieneinkommen beitragen mussten.

Gegen die Ausbeutung und Unterdrückung der Frauen in allen Lebensbereichen entstand zuerst in den bürgerlichen Frauenorganisationen Widerstand. Dort begann man sich als Erstes für die Rechte der Frauen einzusetzen. In der noch jungen sozialdemokratischen Bewegung schlossen sich die Frauen vorerst nur den Forderungen der Männer nach gerechtem Lohn und Schutz vor Ausbeutung an. Auch die Arbeiterinnen wollten künftig gleichen Lohn für gleiche Arbeit erhalten.

In der bürgerlichen Schicht ging es dagegen um weitere fundamentale Grundrechte, die den Frauen aller gesellschaftlichen Klassen bislang verwehrt worden waren: das Recht auf Bildung sowie auf Erlernung und Ausübung eines Berufes.

Ein gemeinsames Ziel hatten aber beide Frauengruppen: die Erringung des aktiven und passiven Wahlrechtes für Frauen. Doch die ideologische Kluft war zu groß, um sich dafür auch gemeinsam einzusetzen.

Marianne Hainisch, die „Mutter" der bürgerlichen Frauenbewegung, heftete die Forderung nach Freiheit und mehr Rechten für die Frau bereits vor der Jahrhundertwende auf ihre Fahnen. Ihr ging es auch um die Not der Frauen aus der gehobenen Schicht, in die diese gerieten, wenn der Familienerhalter wirtschaftlich bankrott machte oder verstarb und sie dann plötzlich für die eigene oder für die materielle Existenz der Familie sorgen sollten. Ein Dienstleistungsberuf war für sie nicht schicklich, und etwas anderes als Haushaltsführung und Kindererziehung hatten sie nicht erlernt. Bitterste Not war dann die Folge.

Aber auch um die sogenannten „Übriggebliebenen" ging es, für die sich kein passender Ehemann gefunden hatte. Bestenfalls konnten sie noch als Erzieherin ein halbwegs selbstständiges Leben fristen. Sehr oft mussten sie aber ihr Dasein als das restlos ausgenützte, materiell abhängige „Anhängsel" der Großfamilie fristen.

Mädchengymnasien, sogenannte Lyzeen, waren noch eine Rarität. Im Jahre 1892 wurde das erste humanistische Gymnasium für Mädchen, das erst 1911 Öffentlichkeitsrecht erhielt, in der Wiener Rahlgasse eröffnet. Private höhere Schulen konnten sich vor der Jahrhundertwende nur begüterte Eltern für ihre Töchter leisten, sofern sie überhaupt für eine höhere Bildung dieser aufgeschlossen waren. Ein solcher Schulabschluss berechtigte aber nicht zum Hochschulstudium, worauf sogar mit einer eigenen Klausel im Maturazeugnis verwiesen wurde.

Den Zugang zu einem Studium ermöglichten erst ab 1897 die philosophische und ab 1900 die medizinische Fakultät der Universität Wien auch weiblichen Studierenden. Wer vorher schon studieren wollte und es sich auch leisten konnte, ging daher ins Ausland. Vor allem Zürich war ein beliebter Studienort für bildungshungrige Frauen.

In dieses Wien der Gegensätze kam im August 1909 Hildegard Burjan, eine Frau, der auf ihrem Bildungsweg auf Grund ihres Geschlechts nie Hindernisse entgegengesetzt worden waren. Sie war gewohnt zu diskutieren, ihre Gedanken frei zu formulieren auch Männern gegenüber. War Hildegard enttäuscht von Wien?

44

Sicher wird sie vom schillernden Glanz der Kaiserstadt gefangen genommen worden sein. Doch Hildegard hatte einen scharfen Verstand und eine besondere Aufgeschlossenheit für soziale Probleme. Sie war zwar glücklich, nun in einem katholischen Land leben zu dürfen, aber ihr Blick wurde dadurch nicht für die Wirklichkeit geblendet. Obwohl sie auf Grund ihrer eigenen Ausbildung und der beruflichen Position ihres Mannes einer bevorzugten Gesellschaftsschicht angehörte, entging ihr nicht das entsetzliche Elend der Arbeiter, vor allem der Frauen. Sie erkannte rasch, welche Aufgaben hier auf sie warteten und welche Wege ihr Gott zeigen wollte. Hier konnte sie sich „ganz für Gott und ganz für die Menschen" einsetzen.

Die „Heimarbeiterinnenmutter"
von Wien

Als Hildegard Berlin verließ, gab ihr der Jesuit Pater Rauterkus, ihr Taufpriester, noch eine Empfehlung an einen Mitbruder in Wien mit. Pater Jakob Overmanns hatte Kontakt zu engagierten katholischen Kreisen und würde Hildegard dort einführen können. Nachdem das Ehepaar Burjan im Oktober 1909 in der Altgasse Wien-Hietzing eine Bleibe für die nächsten Jahre gefunden hatte und der Haushalt eingerichtet war, beschloss Hildegard, von dieser Empfehlung Gebrauch zu machen.

Anfang 1910 erhielt sie die Einladung, an einer Vortragsreihe im Rahmen des „Sozialen Kurses" teilzunehmen, der als Vorbereitung für den vom 29. März bis 2. April 1910 in Wien stattfindenden „1. Österreichischen Katholischen Frauentag" geplant war. Der Kurs, der vom 1. bis 9. Februar im Heiligenkreuzerhof stattfand, richtete sich an alle, die sich in der Praxis mit den vielschichtigen sozialen Problemen der Frau auseinander setzen wollten. Unter anderem wurde auch die Situation der Frauen im sogenannten „vierten Stand", der Arbeiterschaft, erörtert.

In Österreich begannen sich damals aufgeschlossene und engagierte Gruppen innerhalb der Kirche mit der brennenden sozialen Frage, die durch die Industrialisierung der Arbeitswelt und der damit einhergehenden Ausbeutung der Menschen aufgebrochen war, intensiv auseinander zu setzen. Bei den angestrebten Lösungsversuchen bildeten die Aussagen der Sozialenzyklika Rerum novarum von Papst Leo XIII. aus dem Jahre 1891 die Basis. Darin hat die Kirche erstmals Stellung zur Situation der Arbeiterschaft genommen und auf deren notwendige Organisierung verwiesen. Wichtige Impulse für das Entstehen eines österreichischen Sozialkatholizismus kamen aber auch von Karl Maria Ludolf Freiherr von Vogelsang, dem ideologischen Wegbereiter der katholischen Soziallehre in Österreich.

Der Konvertit Vogelsang stammte aus einer alten preußischen Adelsfamilie. Nach einem abenteuerlichen Leben verschlug es ihn nach Österreich. Er wurde publizistisch tätig und setzte sich in den Leitartikeln der von ihm geleiteten Zeitungen für eine christliche Sozialreform ein. „Der Christ darf nicht zusehen, wie die Massen verelenden", war die Motivation seines leidenschaftlichen Engagements.

Die erschütternden Ergebnisse einer von ihm initiierten Untersuchung über „Die materielle Lage des Arbeiterstandes" rüttelte die Öffentlichkeit auf und zwang die Regierung zum Handeln. Am Zustandekommen des Arbeiterschutzgesetzes vom 11.3.1885 war Karl Vogelsang durch das Aufzeigen der Situation maßgeblich beteiligt. Mit seinen Zielen identifizierten sich auch aufgeschlossene Männer der Kirche, wie der Moraltheologe Dr. F. M. Schindler, Domkapitular Christoph Moufang, P. Emil Bülow SJ sowie eine Gruppe Adeliger unter der Führung Prinz Alois von Liechtensteins. Vogelsang war es, der das ideologische Fundament für eine christlichsoziale Bewegung legte und damit auch die Basis für die von Karl Lueger initiierte Christlichsoziale Partei.

Vogelsang strebte zwar mit allen Mitteln die Veränderung einer kranken Gesellschaftsordnung an, wusste aber, dass eine solche nicht von heute auf morgen geschehen konnte. Er sah daher auch die Notwendigkeit von karitativen Einrichtungen ein, durch die das soziale Elend fürs Erste gelindert werden sollte. Dem politischen Gegenspieler, den Sozialdemokraten, war dies eher ein

Dorn im Auge, sie wollten keine „Almosen". Sie erblickten darin nur eine Ablenkung von ihrem angestrebten Ziel: Gerechtigkeit für alle und die Abschaffung von Abhängigkeit und Knechtschaft.

Ein Grund für diese ablehnende Haltung lag sicher auch darin, dass sich auf der helfenden Seite vor allem Angehörige des Adels und des Großbürgertums engagierten. Ja, es wurde für manche Angehörige dieser Gesellschaftsschichten sozusagen „schick", sich in der Rolle des Wohltäters zu zeigen. Bissig kommentierte dies die Sozialdemokratin Maria Bock: „… ob Erzherzogin, der Herr Graf, die reiche Fabrikantenfrau oder der Spießer als Funktionär eines Taschenfeitel-Vereines, alle fühlten sich als Wohltäter, alle warteten auf den Augenblick, wo sie im Mittelpunkt der Ereignisse stehen, wo sie edle Spender und das erhabene Glück haben würden, nicht so zu sein wie die anderen, die mit gekrümmtem Rücken warten mussten, bis sie eine Gnadengabe erhalten."

Trotzdem, noch gab es kein umfassendes staatliches Fürsorgesystem und die „Wohltätigkeit alten Stils", wie der große Sozialdemokrat und -reformer Julius Tandler die Hilfsaktionen der privaten und kirchlichen Wohlfahrt später abwertend bezeichnen wird, waren einfach notwendig, um wenigstens die ärgste Not zu lindern.

Gerade die katholische Frauenbewegung hatte sich aus ihrem kirchlich geprägten Selbstverständnis heraus bei ihrer Gründung vornehmlich die karitative Tätigkeit zum Ziel gesetzt. Im Gegensatz zur bürgerlichen Frauenbewegung, in der bildungspolitische Forderungen im Vordergrund standen. Doch in den Jahren vor dem Ersten Weltkrieg setzte auch unter den engagierten katholischen Frauen ein Umschwung in der Zielsetzung der Bewegung ein. Man begann sich auch in katholischen Kreisen mit der Situation der Frau auseinander zu setzen, ihrem Recht auf Bildung, ihrer Stellung in Beruf und Öffentlichkeit. Man hatte erkannt – vermutlich aufgerüttelt durch die Ideen Vogelsangs –, dass hier die Wurzeln für viele Nöte lagen.

Dem Präsidium der 1907 gegründeten „Katholischen Reichsfrauenorganisation" (KRFO) gehörten Dr. Emilie Mathoy, Gräfin Gertrude Walterskirchen und Gräfin Melanie Zichy-Metternich an. Im Haus der letzteren hatten sich Jahre vorher der Sozialreformer Vogelsang und der Sozialpolitiker Lueger zum Gespräch getroffen.

Mit dem geplanten 1. Katholischen Frauentag wollte man einerseits das Zusammengehörigkeitsgefühl unter den verschiedenen katholischen Frauengruppierungen stärken, andererseits sollte sich auch die katholische Frauenwelt erstmals öffentlich mit der sozialen Frage und der damit verbundenen Frauenfrage auseinander setzen. Der für die Vorbereitungsarbeiten gedachte „Soziale Kurs" sollte vor allem Vorschläge für die notwendige Verbesserung der Lebens- und Arbeitsbedingungen der unterprivilegierten Frauen, der Arbeiterinnen, erarbeiten.

Hildegard Burjan fühlte sich von diesen Intentionen angesprochen. Sie kamen ihren Ideen, die sie noch unausgeformt mit sich herumtrug, nahe. Sie fühlte, dass hier ihr Platz war.

Doch vorerst musste Hildegard ihr soziales Engagement hintanstellen. Sie erwartete ein Kind, und die Schwangerschaft machte ihr zu schaffen. Tapfer ertrug sie alle Unpässlichkeiten, die sich aus den Folgen ihrer seinerzeitigen schweren Erkrankung ergaben. Ende August 1910 war es soweit: Die Geburt war schwer und brachte Hildegard wochenlanges Krankenlager ein. Das kleine Mädchen war aber Gott sei Dank gesund und die Freude der Eltern daher groß.

Den Burjans ging es jetzt in Wien finanziell gut. Alexanders berufliche Position war eine gesicherte, und sie konnten sich Hauspersonal leisten. Hildegard fühlte sich in ihrer Rolle als Hausfrau und Mutter nicht sehr ausgelastet, ein Umstand, den ihr Kritiker immer wieder zur Last legen werden. Ein halbes Jahr nach der Geburt des Kindes begann sie sich wieder ernsthaft mit den sozialen Problemen und deren Lösungsmöglichkeiten zu befassen.

Bereits damals begann sie, ihr selbst vorerst noch unbewusst, das soziale Konzept für ihre Lebensaufgabe zu entwickeln. Später feilte und formte sie nur daran, entwickelte die Ideen, angereichert aus der Praxis, weiter, aber den Grundstein legte sie zu Beginn ihrer sozialen Tätigkeit. „So vielseitig und mühevoll auch die Versuche sind, diesen vielen Problemen beizukommen, es gibt eine Lösung – und kann nur eine geben – und diese ist ausgedrückt durch das Wort ‚Christus‘." – Das war das Fundament, auf dem Hildegard ihr soziales Konzept aufbaute. Sie wollte nicht nur die Not lindern und Veränderungen herbeiführen, sondern sie wollte den Menschen dadurch auch Gottes Liebe und Barmherzigkeit verkünden. Und das war ein schwieriges Unterfangen in einer Zeit des gesellschaftlichen Umbruchs. Die Menschen, die am Rande lebten, forderten Gerechtigkeit, von Barmherzigkeit fühlten sie sich nur abgespeist. Doch Hildegard blieb ihrer Überzeugung treu, für sie gab es keinen Gegensatz zwischen Gerechtigkeit und Barmherzigkeit. Sie ging unbeirrt ihren Weg, weil sie zutiefst fühlte, dass Gott sie auf diesen Weg berufen hatte, und sie tat alles, wie sie so selbstverständlich sagte, „für den lieben Gott".

Als Hildegard begann, sich mit der sozialen Frage auseinander zu setzen, erkannte sie bald, dass es, um Veränderung zu erreichen, nicht genügte, die Not Einzelner allein durch individuelle Hilfe zu lindern. Ganze Gruppen mussten erfasst werden, die, motiviert und rechtlich gestützt, dann in der Lage wären, ihr Schicksal selbst in die Hand zu nehmen. Mit einem modernen Schlagwort würde man dies heute „Hilfe zur Selbsthilfe" nennen. Sie spürte, dass diese Menschen zuallererst den Glauben an sich selbst brauchten. „Mit Geld oder Kleinigkeiten ist einem Menschen nicht geholfen, man muss ihn von vornherein wieder auf die Füße stellen und auch wieder die volle Überzeugung geben: Ich bin jemand, und ich kann etwas leisten."

Zu den Ausgebeutetsten der Gesellschaft, deren Lage ohne jede Hoffnung war, zählten damals die Heimarbeiterinnen. Sie waren rechtlich ungeschützt und wurden schamlos ausgebeutet. In Wien waren im Jahre 1902 rund 30 600 Heimarbeiterinnen registriert. Die Dunkelziffer lag aber wesentlich höher.

Sie arbeiteten unter den schlechtesten Bedingungen und unter größtem Lohndruck. Die Wohnungsverhältnisse waren miserabel. Da in diesem Arbeitszweig meist verheiratete Frauen mit Kindern tätig waren, war der Arbeitsraum der ohnehin winzigen Wohnungen zugleich Schlaf- und Essraum der ganzen Familie. Gearbeitet wurde vom frühen Morgen bis in die Nacht hinein. Die Schwindsucht zählte daher in diesen Kreisen zu den verbreitetsten Krankheiten.

Die meisten Heimarbeiterinnen arbeiteten in der Textilbranche. Sie waren als Krawatten- und Wäschenäherinnen oder als Stickerinnen tätig. Bezahlt wurde pro Stück.

Die Ablieferung der Erzeugnisse war für die Frauen oft ein bitterer Gang, denn der Arbeitgeber fand immer einen Grund, die Preise zu drücken. Einmal war die Naht etwas schief, dann entdeckte er wieder einen winzigen Fleck, und der Grund für einen Lohnabzug war gegeben. Protestieren half nichts und hätte nur den Arbeitsentzug zur Folge gehabt. Um auf einen Wochenverdienst von ungefähr zwölf Kronen zu kommen, der gerade zum

Leben reichte, musste eine Heimarbeiterin täglich fünfzehn Stunden arbeiten.

Das Problem der Heimarbeiterinnen war aber nicht nur auf die Donaumonarchie beschränkt. 1906 zeigte eine Heimarbeit-Ausstellung in Berlin die entsetzlichen Zustände in Preußen und Schlesien auf. Vermutlich hatte Hildegard schon während ihres Studienaufenthaltes in Berlin von dieser Ausstellung gehört oder sie sogar besucht, denn in ihren Referaten und Stellungnahmen zur Heimarbeiter-Situation wies sie immer wieder auf diese hin.

International strebte man, trotz Aufzeigens der Missstände, keine gesetzliche Regelung des Mindestlohnes für Heimarbeiten an, weil man befürchtete, dadurch beim Export der Erzeugnisse der Heimarbeitsindustrie nicht konkurrenzfähig zu sein. Nur England führte 1910 sogenannte Lohnämter ein, die aus drei Beamten – unter ihnen musste eine Frau sein – und den Vertretern von Arbeitgebern und -nehmern bestand. Gemeinsam wurden fixe Mindeststücklöhne für bestimmte Heimarbeitszweige festgesetzt.

Im Winter 1911 wurde von der Sozialabteilung der katholischen Frauenorganisation Österreichs ein Gesuch eingebracht, in welchem ein Gesetz, ähnlich dem englischen, zum Schutz vor Ausbeutung gefordert wurde. Noch konnte sich die Regierung dazu nicht entschließen. Die Betroffenen mussten sich erst organisieren, um ihren Forderungen Nachdruck zu verleihen. In einem Diskussionsbeitrag anlässlich des Dritten Delegiertentages der „Internationalen Liga Katholischer Frauenbünde" am 9. September 1912 in Wien verwies Hildegard Burjan auf die besondere Pflicht der katholischen Frauenvereine, die Heimarbeiterinnen auf christlicher Basis zu organisieren. Ihr ging es dabei aber nicht allein darum, eine Plattform für die Durchsetzung von materiellen Verbesserungen zu bilden, sondern sie sah die Notwendigkeit, ein christliches Gegengewicht zum Monopolanspruch der Sozialdemokraten bei der Organisation der Arbeiterschaft zu schaffen.

Hildegard war in vielem zwar vorausblickend, politisch gesehen aber im Denken der Zeit, in der harten Konfrontation mit der Sozialdemokratie, bei der die religiöse Frage eine entscheidende Rolle spielte, verhaftet. Die ideologische Kluft war so groß, dass man die zweifellos auch vorhandenen gemeinsamen Zielsetzungen nicht sah oder nicht sehen wollte. Auch Hildegard mit ihrem scharfen und kritischen Verstand konnte dabei nicht über ihren Schatten springen.

Erst Jahre später, während ihrer politischen Tätigkeit im Parlament, sollte ihr bewusst werden, dass es um der Sache willen manchmal notwendig ist, auch mit dem politischen Gegner eine gemeinsame Basis zu finden. So geht aus den parlamentarischen Protokollen der Jahre 1919/20 hervor, dass zwischen der christlichsozialen Abgeordneten Hildegard Burjan und den sozialdemokratischen Abgeordneten Adelheid Popp und Gabriele Proft in einigen, die Frauen betreffenden Fragen eine gewisse Einigkeit, zumindest bei der Einreichung von diesbezüglichen parlamentarischen Anträgen und bei Wortmeldungen, herrschte.

Doch 1913 ist Hildegard Burjan noch nicht zu diesem Brückenschlag bereit. Sie schreibt in der „Österreichischen Frauenwelt": „Die Sozialdemokraten haben – trotz ihrer prinzipiellen Ablehnung der Heimarbeit – in Wien eine Organisation, die 1200 Mitglieder zählt. Wie viel mehr muss da die christliche Frau alles daran setzen, diesen Ärmsten zu helfen und gern und freudig Opfer bringen, um ihr Elend zu lindern. Schon der Gedanke, dass unsere katholischen Frauen und Mädchen sozialdemokratisch organisiert werden, dass das Gift der sozialdemokratischen Weltanschauung in die innerste Familie dringt, darf uns nicht ruhen lassen …"

Als Hildegard begann, das öffentliche Gewissen bezüglich der Heimarbeiterfrage aufzurütteln, wies sie leidenschaftlich auf ein damit verbundenes brennendes Problem hin, das zu den traurigsten Kapiteln auch noch zu Beginn des 20. Jahrhunderts zählte – die Kinderarbeit.

Das Elend der Kinderarbeit entstand im 19. Jahrhundert im Zuge der Industrialisierung. Kinder zählten zu den billigsten und daher rücksichtslos ausgebeuteten Arbeitskräften in den Fabriken. Die Einstellung zum Kind war, vor allem in den unteren sozialen Schichten, in dieser Zeit eher von Gleichgültigkeit geprägt. Um überleben zu können, schickten die Eltern, die fast Tag und Nacht arbeiteten, ihre meist sehr zahlreichen Kinder ohne Rücksicht auf deren Gesundheit ebenfalls in die Hände ihrer Ausbeuter.

In Europa lebten ganze Wirtschaftszweige von der Arbeit, die Kinderhände erbringen mussten. In Österreich war bis 1885 die Arbeit von Kindern nur unter neun Jahren verboten. Für Zehnjährige tolerierte man eine Sechs- bis Achtstundenarbeit an Schultagen und zehn Stunden (!) an unterrichtsfreien Tagen. Nacht- und Sonntagsarbeit war für Kinder nicht verboten. Die Verpflichtung zum Schulbesuch stand meist nur auf dem Papier, weil die Kinder aus Müdigkeit daran gar nicht teilnahmen bzw. während des Unterrichts einschliefen. Zudem wurde das Fernbleiben vom Unterricht wegen Arbeitens von der Schulbehörde toleriert.

Die Kinder erhielten daher keine Ausbildung und fristeten somit ihr Leben als ungelernte Arbeiter in der untersten sozialen Schicht. Sie waren schlecht ernährt, litten an Rachitis und Tuberkulose sowie an verkrümmten Wirbelsäulen. Trotz dieser Missstände fanden aber auch viele Politiker aus „pädagogischen Gründen" nichts Negatives an der gewerbsmäßigen Kinderarbeit. Erst mit der zweiten Gewerbegesetznovelle (Arbeiterschutzgesetz) vom 11.3.1885 wurde die Kinderarbeit unter 14 Jahren sowie die Sonntags- und Nachtarbeit unter 16 Jahren verboten. Die Einhaltung der Gesetze in der Praxis war nur schwer kontrollierbar. 1883 war zwar das Amt der Gewerbeinspektoren eingeführt worden, doch besaßen diese keine behördliche Funktion. Verständlich, dass sich die Unternehmer weiterhin ihrer billigsten Arbeitskräfte bedienten.

So geht aus einem Bericht des Arbeitsstatistischen Amtes in Wien aus dem Jahre 1908 hervor, dass ein Drittel aller Kinder zwischen sechs und 14 Jahren gewerblich arbeitete. Dabei muss berücksichtigt werden, dass vermutlich ein noch höherer Prozentsatz in der überhaupt nicht kontrollierten Heimarbeit tätig war.

In der berühmt gewordenen Rede „Kinderelend und Heimarbeit", die Hildegard Burjan am 16. April 1914 auf dem „2. Österreichischen Katholischen Frauentag" in Wien hielt, zeigte sie schonungslos die Realität auf. Sie sprach davon, wie man sich erkühnen könne, von einem „Jahrhundert des Kindes" zu sprechen, „wenn Kindern ungestraft 12, 14 und 16 Arbeitsstunden aufgebürdet werden. Wie bitter muss sich eine solch unnatürliche, allem Christentum hohnsprechende Verletzung der Menschlichkeit rächen".

Hildegard konnte ihre eindringlichen Worte mit Zahlen und Fakten exakt belegen: Bereits Dreijährige wurden zum Knopfannähen in den Schneidereien von Böhmen, Mähren und Galizien herangezogen. 3 600 Kinder arbeiteten in diesen Teilen der Monarchie in der Haarnetzerzeugung bis in die sinkende Nacht. Kinder wurden eingesetzt bei der Erzeugung von Glasperlen, in der Posamenterie-, Strick- und Wirkwarenerzeugung. Sie hantierten mit giftigen Farbstoffen in der Spielwarenerzeugung. Die Bezahlung war elendiglich, denn die Entlohnung der Kinder war noch niedriger als die der Erwachsenen: zwei Heller für eine Stunde Druckknöpfe anheften, 18 Heller für das Packen von tausend Paketen Haarnadeln, was für die Kinder drei Tage Arbeit bedeutete. Zum Vergleich: Ein Kilo Brot kostete 26 Heller.

Hildegard verwies auf die furchtbaren Folgen, die sich für die armen Geschöpfe nicht nur körperlich, sondern auch geistig und sittlich ergaben. „Wenn sie nicht mehr weiterkönnen, dann bekommen sie ein Gift – Alkohol oder Kaffee –, das scheinbar die Kräfte hebt, in Wahrheit aber die Zerstörung unerbittlich bewirkt." Sie rüttelte ihre Zuhörer unbarmherzig auf, sich dieser Kinder und deren Schicksal anzunehmen, „denn wer den Jammer miterlebt hat, der kann nicht mehr Ruhe finden, bis er zur Abhilfe etwas beigetragen hat. Wie können wir zulassen, dass in unserem Jahrhundert der Humanitätsduselei Tausende von Kindern … in Schmutz und Elend verkommen, mit hungerndem Magen … sogar mit Schlägen zur Arbeit angetrieben werden!"

Hildegard Burjan, die das Problem selbst gründlich studiert hatte, wusste, dass „ein Kinderschutzgesetz in jedem Fall Ernährer und Kinder ins Auge fassen muss". Ein generelles Verbot der Kinderarbeit allein hätte die Not in den Familien, wenn die Dazuverdiener wegfielen, nur vergrößert.

Sie war überzeugt davon, dass man das Problem vordringlich von der Situation der Frauen und Mütter ausgehend anpacken müsste. Deshalb hatte Hildegard Burjan bereits 1911 begonnen, es von der Wurzel her zu erfassen und eine Organisierung der Heimarbeiterinnen voranzutreiben, um damit auch das Los der Kinder zu erleichtern.

Durch den „Sozialen Kreis" lernte sie einige engagierte Frauen kennen, unter ihnen Gräfin Lola Marschall und Laura Stephelbaur, die später ihre engste Mitarbeiterin wurde. Mit diesen und einigen anderen Mitstreiterinnen ging sie an die Arbeit, und die war nicht leicht. Man muss sich nur die damalige gesellschaftliche Rangordnung vor Augen führen. Da gingen Damen, der höheren Schicht angehörend, treppauf und treppab in Häuser der ärmsten Viertel von Wien und versuchten Arbeiterfrauen direkt anzusprechen. Für Hildegard ging das manchmal über ihre Kräfte. Die Folgen der schweren Erkrankung machten ihr stark zu schaffen. Sie nahm aber alles auf sich, aus Liebe zu Gott und „weil ich mich jeden Augenblick irgendwie für das viele Traurige verantwortlich fühle, das auf der Welt geschieht".

Der Weg, den sie dabei beschritt, war wahrlich dornenvoll, aber sie wusste, nur so konnte sie die Frauen motivieren, selbst etwas zu tun, um ihre Lage zu verbessern. Ihr Ziel war, die Heimarbeiterinnen in einem Verband zusammenzufassen.

Hildegard legte sich mit ihren Mitarbeiterinnen einen Plan zurecht. Man steckte die Viertel ab, von denen man wusste, dass hier die meisten Arbeiterfamilien wohnten. Dann wurde bei der „allermächtigsten Person im Haus", bei der Hausbesorgerin, angefragt, ob hier Frauen als Heimarbeiterinnen tätig wären. Die Antwort war nicht immer salonfähig. Für Hildegard und ihr Team war dies eine Konfrontation mit einer ihnen fremden Lebenswelt.

Auch bei den Frauen selbst stießen sie oft auf Misstrauen und schroffe Abweisung – „Warum kümmern Sie sich um uns und noch dazu freiwillig?" Das Angebot, „Wir wollen Ihnen helfen, Ihre Situation, Ihre Arbeitsbedingungen zu verbessern", war für diese Menschen ungewohnt. Vor Versammlungen hatten diese Frauen Angst, außerdem würde man dafür nur Zeit verschwenden. Jede Stunde war kostbar, um Geld für das tägliche Brot zu verdienen.

Ein paar Mutige wagten es dennoch und brachten nach und nach Schicksalsgenossinnen mit. Hildegard machte die Frauen in Vorträgen auf ihre Rechte aufmerksam, sie entwarf mit ihnen einen Forderungskatalog zur Verbesserung der Lohnsituation. Ihr schwebten auch Stellenvermittlungsbüros vor, wo die Arbeit ohne Zwischenschaltung von Vermittlern vergeben würde, „denn ein großer Teil des Lohnes wird von diesen beschlagnahmt und ist eine Ursache des Elends".

Am 13. Dezember 1912 war es soweit: Der „Verein der christlichen Heimarbeiterinnen" wurde gegründet. Es gab „wirkliche" Mitglieder, das waren die betroffenen Frauen selbst, und „unterstützende" Mitglieder, meist Damen der Gesellschaft. Die Monatszeitschrift „Die österreichische Frauenwelt" wies auf die Gründung des Vereins und seine Intention hin: „Die Organisation bietet ihren Mitgliedern nach dem Schema der üblichen dreiklassigen Versicherungen Unterstützung im Krankheits- und Sterbefalle, unentgeltlichen Rechtsschutz in allen aus dem Arbeitsverhältnis entspringenden Uneinigkeiten sowie Arbeitsvermittlung." Und weiter heißt es: „Angeschlossen ist der neue Verein an den ‚Niederösterreichischen Landesverband der nichtpolitischen christlichen Arbeiterorganisation' und an den ‚Reichsverband der christlichen Gewerkschaften'. Zur Mitbenutzung steht das Lokal der christlichen Metallarbeiter in Wien 14, Arnsteingasse 33, zur Verfügung. In den Vorstand wurde einstimmig der Motor des Unternehmens, Hildegard Burjan, gewählt. Ihr zur Seite steht ein Komitee von 9 Mitgliedern, das sich zu gleichen Teilen aus anderen Ständen und aus Heimarbeiterinnen zusammensetzt. Auch der Aufsichtsrat, dem Gräfin Lola Marschall, Leiterin der sozialen

Sektion der Katholischen Frauenorganisation, angehört, ist paritätisch gebildet." Und die „Frauenwelt" schließt ihren ausführlichen Bericht mit dem optimistischen Ausblick: „Möge das Verständnis für die Heimarbeiterfrage weite Kreise erfassen, dann wird sich auch die unabweisliche Notwendigkeit des Schutzes für die Heimarbeiter durchzusetzen vermögen und der neugegründete Verein sich gedeihlich fortentwickeln."

Im gleichen Heft nimmt Hildegard Burjan selbst zur Heimarbeiterfrage Stellung. Sie schildert in ihrem Artikel nochmals die entsetzlichen Lebens- und Arbeitsbedingungen der Heimarbeiterinnen und die damit verbundenen Übelstände der Kinderarbeit. Sie fasst zusammen, dass „die Heimarbeit im heutigen Zustand die denkbar schlechteste Erwerbsquelle ist. Hungerlöhne und unnatürlich lange Arbeitszeit sowie ungesunde Wohnungen sind die Charakteristika der Heimarbeit." Für sie ist die bestehende Situation „ein krasses Beispiel dafür, wie sehr es uns noch an Menschenliebe und gegenseitiger Förderung fehlt, wie mit der äußerlichen Entwicklung die Verwirklichung christlicher Ideale nicht immer Hand in Hand gegangen ist." Sie appelliert auch an die Käuferinnen der begüterten Stände, überlegt zu kaufen, und zwar in „soliden, christlichen Geschäften, von denen man weiß, dass sie ihre Arbeiter anständig bezahlen".

Hildegard erkannte genau, dass auch die Mithilfe der Käufer notwendig ist, wenn man eine Veränderung erreichen wollte. „Jede Sozialarbeit muss bei uns selbst beginnen, in unserem kleinen Familienkreis, und erst dann werden wir Erfolg haben."

Nachdrücklich verweist Hildegard auch auf die Motivation ihres persönlichen Handelns, die auch das Ziel des Vereins sein sollte. Sie sieht darin den wesentlichen Unterschied zu einer ähnlichen, von den Sozialdemokraten auf die Beine gestellten

Organisation. „All unser Handeln und Tun für die unterdrückten Volksschichten ist nur dann segensreich, wenn es basiert auf den Grundwahrheiten unserer Religion. Der Religion verdanken wir den Maßstab und die Richtschnur für unsere Arbeit."

Der „Verband christlicher Heimarbeiterinnen", der 1914, vor Kriegsausbruch, einen Mitgliederstand von 280 hatte, erreichte unter der Leitung von Hildegard Burjan tatsächlich in kurzer Zeit eine wesentliche Verbesserung der Situation. So setzte sie für die Mitglieder Mindestlöhne für die Heimarbeit sowie einen Wöchnerinnenschutz durch. Sie wusste, dass viele junge Frauen auf ein Kind nur deshalb verzichteten, weil sie sich nicht getrauten, die Arbeit zu unterbrechen. Sie konnte bei den Auftraggebern erreichen, dass die notwendige Unterbrechung nicht den Verlust des Arbeitsauftrages bedeutete. Hildegard bemühte sich auch um Großaufträge von Spitalsdirektionen und Militärbehörden. Da der Zwischenhandel dadurch ausgeschaltet wurde, konnte sie die Lohnbedingungen für die Vereinsmitglieder wesentlich verbessern.

In dem bereits zitierten Referat, das Hildegard Burjan auf dem „2. Österreichischen Katholischen Frauentag" 1914 in Wien hielt, rüttelte sie mit rhetorischer Bravour und leidenschaftlichem Engagement die Anwesenden auf, sich auf allen Ebenen dafür einzusetzen, dass „der seit 1906 vorliegende Gesetzesentwurf für einen allgemeinen Heimarbeiterschutz endlich verwirklicht wird". Anschaulich führt sie den Zuhörenden die entsetzliche materielle Not vor Augen. Sie schildert die Angst der Frauen delogiert zu werden, wenn sie die Wohnungsmiete nicht zahlen können. „Weinend kommen die Frauen in unseren Verein und bitten um Hilfe, weil sie wissen, wenn sie ins Obdachlosenheim kommen, dann nimmt ihnen die Gemeinde die Kinder weg. Alles wollen sie ertragen, aber nur das nicht. Aber", fährt Hildegard Burjan fort. „was nützt es, wenn wir für einen Monat die Miete zahlen, und am nächsten Ersten ist das gleiche Elend? Wir müssen die Situation ändern, nur so können wir ihnen helfen."

Aus den Erfahrungen ihrer bisherigen Arbeit wurde für sie deutlich, dass nur ein umfassender Zusammenschluss aller Heimarbeiter auf Gesetzesebene etwas in Gang bringen könnte. Eine solche Organisation müsste ihrer Ansicht nach auch seinen Mitgliedern berufliche Fortbildungsmöglichkeiten, Schulungen, Erholungsangebote usw. bieten, „auch wenn der politische Gegner meint, dass dadurch der Charakter einer proletarischen Bewegung verloren geht, weil die Mitglieder mit dieser angeblichen Wohltätigkeit schon zufrieden wären und nicht mehr für die materiellen Ziele kämpfen würden".

Hildegard war aber durchdrungen davon, dass man diesen Frauen mehr bieten müsste als geregelte Arbeit und gerechten Lohn. Sie wusste, dass für ein erfülltes Leben die Festigung der Persönlichkeit auf sittlicher und religiöser Ebene ebenso notwendig sei. „Mögen die Sozialdemokraten unserem Verein hundertmal vorwerfen, er sei keine Organisation, sondern eine Vereinigung von Betschwestern, die religiöse Propaganda im Auge hat. Beweisen wir katholischen Frauen durch die Tat, wie bitter ernst es uns mit unseren Arbeiten für die unterdrückten Volksklassen ist, wie wir, gestärkt und erneuert durch unsere heilige Religion, durchdrungen von den Forderungen der Nächstenliebe, kein Opfer scheuen ..., wenn es heißt, unseren ärmsten Mitschwestern beizustehen ..."

Das Echo auf dieses Referat war enorm, es ist auf Grund der großen Nachfrage später auch als Sonderdruck erschienen. Der anwesende Weihbischof Dr. Sigismund Waitz dankte Hildegard

Burjan tief erschüttert, dass sie den Mut hatte, „die himmel-schreienden Sünden in unserer Gesellschaft aufzurollen. Es ist ganz im Sinne der Kirche, so zu reden, zu handeln und zu arbei-ten". In der anschließenden Diskussion wurde Hildegard Burjan von den Anwesenden zur „Heimarbeiterinnenmutter" von Wien proklamiert.

Hildegard trug sich aber schon seit längerem mit dem Gedan-ken, die Leitung des Vereines einer geeigneten Person zu überge-ben, als sie sah, dass dieser in sich gefestigt war und auf eigenen Beinen stehen konnte. Dies entsprach ihrem Arbeitsstil: Was ge-lungen war, gab sie ab, um wieder frei zu sein für neue Aufgaben. Sie war nun dreißig Jahre alt, körperlich zwar leidend, aber geistig getrieben von einer brennenden Liebe zu Gott und zum Nächs-ten. Sie wollte weiterhin „von Jesus Christus selbst auf ein be-stimmtes Elend hingewiesen werden, um in seinem Auftrag und an seiner Hand hinzugehen, es zu lindern und um seine Liebe da-durch aufscheinen zu lassen".

Bei ihrem ersten großen Projekt hatte sie bereits erkannt, wie wichtig ein guter Mitarbeiterstab war, wie wichtig Helfer waren, nicht nur gelegentliche, sondern ständige. Und eine Idee begann in ihr zu wachsen: Sie wollte einen Kreis sozial geschulter, religiös tief verwurzelter, opferbereiter Mitarbeiterinnen um sich scharen, die jederzeit einsatzbereit wären – ein „Hilfstrupp Gottes" sozusa-gen –, aber in einer Gemeinschaft Halt und Stütze finden sollten. Hildegard beriet sich darüber mit ihrem Beichtvater, Pater Nor-bert Geggerle, und mit ihren engsten Mitarbeiterinnen.

Am 1. April 1913 wurde Friedrich Gustav Piffl zum Erzbischof von Wien ernannt. Hildegard Burjan meldete sich sechs Wochen später zu einem Gespräch an. Sie erzählte dem Wiener Oberhir-ten von ihren Erfahrungen beim Aufbau des Vereins, von der

Situation der Heimarbeiterinnen, und sie sprach auch von ihren künftigen Plänen und ihrer neuen Idee.

Piffl war ein Mann aus dem Volke, für die soziale Frage aufgeschlossen. Er zeigte sich daher wohlwollend gegenüber Hildegards Plänen.

Hildegard verwies auf mögliche Vorbilder einer solchen Gemeinschaft, wie die „Soziale Missionsgesellschaft" in Ungarn oder die „Schwestern der Heiligen Familie" in München. Erzbischof Piffl versprach ihr seine Förderung und Unterstützung, aber einen Rat gab er ihr bereits jetzt auf den Weg mit: „Machen S' was Eigenes, was Österreichisches." Vermutlich spürte auch er, als ein Mann der Praxis, dass nun etwas anderes als die bestehenden Ordensgemeinschaften notwendig wäre, um der Not der Zeit gerecht zu werden.

Hildegard versuchte im Gebet den Willen Gottes – und als solchen sah sie ihr Ziel, eine religiöse Gemeinschaft zu gründen, an – zu erfassen. Die Schüsse, die am 28. Juni 1914 in Sarajewo auf das österreichische Thronfolgerpaar abgefeuert wurden, machten viele Pläne zunichte. Eine in sich kranke Welt ging in Flammen auf. Neue Nöte brachen auf die Menschen herein und zwangen Hildegard Burjan wieder zum tatkräftigen Handeln. Da blieb zunächst keine Zeit, um eine Idee auszuformen. Der Gedanke reifte aber weiter in ihr und konnte schließlich sechs Jahre später verwirklicht werden.

Soziale Pionierarbeit während
des Krieges

In den Sommerfrischen ließ man sich im Juli 1914 trotz der Ereignisse in Sarajewo in seiner gewohnten Beschaulichkeit nicht stören. Das gesellschaftliche Leben lief im gewohnten Gang weiter. Warum sollte man sich auch aufregen? Der Kaiser hatte sich ja schließlich auch in diesem Sommer in alter Tradition, trotz der Ermordung seines Nachfolgers, in sein Feriendomizil nach Ischl begeben. Von der Nervosität, die in den europäischen Staatskanzleien zwischen Wien, London, Berlin und St. Petersburg herrschte und sich in regen Gesprächskontakten auf höchster diplomatischer Ebene auswirkte, erfuhr man zwar aus den Zeitungen. Aber einen Grund zur Besorgnis sah man darin noch nicht. Auch das österreichische Ultimatum an die Serben wurde weit entfernt von einem Ernstfall angesehen – „Das wird sich schon wieder einrenken", war die Meinung eines Großteils der Österreicher.

Diese Gleichgültigkeit lag vermutlich darin begründet, dass nur wenige dem Thronfolgerpaar eine Träne nachweinten. Franz Ferdinand war immer schon ein Außenseiter gewesen, nicht nur auf Grund seiner nicht standesgemäßen Heirat mit Sophie von Hohenberg, sondern wegen seiner introvertierten, zu cholerischen Ausbrüchen neigenden Art und vor allem wegen seiner manchen nicht ins Konzept passenden Reformpläne. Auch im Volk brachte man ihm wenig Sympathie entgegen. Weder bei Hof noch in der Wiener Gesellschaft wollte man aber zur Kenntnis nehmen, dass sein wenig liebenswürdiges Wesen das Produkt seiner höfischen Erziehung und seiner Lebensumstände war und seine Reform-

pläne vielleicht noch die letzte Chance gewesen wären, die Donaumonarchie zu retten.

Die Kriegserklärung am 28. Juli 1914 glich einem Paukenschlag
in die Stille hinein. Wie aus einer Trance schreckten die Menschen
auf. Ein Taumel der Kriegsbegeisterung erfasste plötzlich alle gesellschaftlichen Schichten. Die Wellen eines fast schon abhanden
gekommenen Patriotismus brandeten wieder hoch. In den Garni-
sonen erwachte man aus der Eintönigkeit der Jahre, man probte
nun nicht mehr für den möglichen Ernstfall, sondern war endlich
mit einem solchen konfrontiert. Fast alle waren von der gerechten
Sache überzeugt, und viele glaubten an ein romantisches Aben-
teuer, das bis Weihnachten zu Ende sein würde. Die wenigen war-
nenden Stimmen gingen in dieser Begeisterung unter.

Im Herbst 1914 verspürte man in der Hauptstadt Wien noch
nicht viel vom Krieg. Das Leben lief auch fürs Erste tatsächlich in
seinen gewohnten Bahnen weiter. Die eintreffenden Siegesmel-
dungen wurden mit Begeisterung aufgenommen. Eine Wiener
Tanzbar spielte täglich eine Revue in zehn Bildern mit aktuellen
Kriegsberichten: „Hurra! Wir siegen."

Doch bald änderte sich die Situation. Der Winter begann, die
Lebensmittel wurden knapper, Flüchtlinge aus den von Russen
überrannten Gebieten suchten Schutz im Hinterland. Die ersten
Verwundeten wurden heimgeschickt, die ersten Gefallenenmel-
dungen trafen ein – der Krieg begann sein wahres Gesicht zu
zeigen.

Hildegard Burjan zählte vermutlich zu den wenigen, die gleich
zu Kriegsbeginn realistisch die Situation eingeschätzt und die
kommenden Nöte vorausgesehen hatten. Wieder waren es die
Frauen, denen ihre Sorge galt. Die erwerbslosen Frauen mit Kindern, deren Männer einrücken mussten, die Kriegswitwen, deren

Ernährer für „Kaiser und Vaterland" sein Leben lassen musste, waren die Ersten, die die Krallen der Not zu spüren bekamen.

Bereits im August traten Hildegard Burjan, Frau von Brentano und Gräfin Walterskirchen an Kardinal Piffl mit der Bitte heran, eine Kirchensammlung für die durch den Krieg in Not Geratenen zu bewilligen. Piffl tat dies, schrieb auch einen Aufruf, um die Spendenfreudigkeit zu erhöhen, und trug selbst ein ansehnliches Scherflein dazu bei.

Zur gleichen Zeit begann aber Hildegard gemeinsam mit Gräfin Marschall nach einer Möglichkeit zu suchen, um den Frauen, die meist von einer geringen staatlichen Unterstützung als Entgelt für den Ausfall des Verdienstes des Mannes leben mussten, zu helfen. Auf die Erfahrung aus der Arbeitsbeschaffung für Heimarbeiterinnen aufbauend, richtete man in kürzester Zeit zwölf Nähstuben ein, in denen schon im ersten Kriegswinter 1 500 Näherinnen und 1 000 Stickerinnen Arbeit fanden. Später, als die ledigen Frauen und die kinderlosen Verheirateten die Männer in den Fabriken ersetzen mussten, wandelte man einen Großteil der Nähstuben in Heimarbeitsausgabestellen um. So konnten Frauen mit Kindern zu Hause bleiben und hatten trotzdem durch die Heimarbeit eine Verdienstmöglichkeit.

Anfangs wurden die Löhne durch Spenden finanziert. Da das Unternehmen unter dem Protektorat der Kaiserstochter Erzherzogin Marie Valerie stand, zeigte sich die Wiener Gesellschaft äußerst freigebig. Doch immer mehr Frauen meldeten sich, die Arbeit brauchten. Das Geld reichte bald weder für die Anschaffung der Materialien noch für die Auszahlung der Löhne. Die angefertigten Wäschestücke wurden ja anfangs unentgeltlich an Spitäler, Arme und Waisen abgegeben.

Hildegards Wahlspruch bei ihren oft kühnen Plänen war immer: „Der liebe Gott wird mir schon helfen." Er half ihr nicht nur dadurch, dass sich immer ein Lösungsweg zeigte, sondern auch damit, dass er sie mit den Talenten eines Kaufmanns – heute würde man auch sagen, eines Managers – ausstattete, die Hildegard positiv für ihre karitativ-sozialen Ziele einzusetzen wusste. Etwas kritisch meinte einmal ihre spätere Kollegin im Wiener Gemeinderat, Dr. Alma Motzko, dass Hildegard „es ausgezeichnet verstanden hat, mit maßgeblichen Persönlichkeiten in Kontakt zu kommen, um sie für ihre Pläne zu gewinnen". Nun, der Erfolg kam nicht von ungefähr, und Hildegard fielen die „Franziskuswege", wie sie diese Bettel-Besuche einmal nannte, auch nicht leicht.

Doch um anderen Menschen zu einer Verbesserung ihrer Lebenssituation zu verhelfen, nahm sie alles auf sich. Auch diesmal gelang es ihr wieder, das Unternehmen auf eine solide finanzielle Basis zu stellen. Über die Heeresverwaltung und das Kriegsministerium erhielt diese private Wohlfahrtseinrichtung Arbeitsaufträge in großem Umfang und zu angemessenen Bedingungen. Da die Arbeitsräume und die Büros der Verwaltung in der Fortbildungsschule in der Mollardgasse kostenlos vom Magistrat zur Verfügung gestellt wurden und alle Damen des Komitees ihren organisatorischen Aufgaben unentgeltlich nachkamen, konnte den Arbeiterinnen ein überdurchschnittlicher Lohn von 30–50 Kronen pro Woche ausbezahlt werden.

Am 12.2.1917 gab Hildegard Burjan als Leiterin des Frauenarbeitskomitees vor einem erlauchten Publikum, dessen Namensliste ein Auszug aus Österreichs Hochadel war, einen Rechenschaftsbericht über die zweijährige Tätigkeit der „Sozialen Fürsorge für erwerbslose Frauen", der für ihr eminentes Organisationstalent beredtes Zeugnis gab. Mehr als acht Millionen

Stücke, großteils Militärhemden, Spitalswäsche, Strohsäcke und Schnee-mäntel, wurden genäht, 95 000 Kälteschutzmäntel gestrickt, $1^{1}/_{4}$ Millionen Gewehrrollen angefertigt.

Zusätzlich wurden Lebensmittel und Kleider an kinderreiche Familien verteilt, Zuschüsse zu Wohnungsmieten bezahlt. Für kränkliche Arbeiterinnen konnte im niederösterreichischen Wetzelsdorf ein Erholungsheim eingerichtet werden, und zwei Kinderheime standen für jene Kinder tagsüber offen, deren Mütter außer Haus arbeiten mussten.

„Wien konnte einen Blick in diesen Großbetrieb christlicher Frauenhilfe tun", schrieb in etwas schwülstiger Ausdrucksweise die „Reichspost" (Nr. 70, 1917) in ihrem Bericht über dieses gesellschaftliche Ereignis und meinte weiter, dass durch den hier den Frauen auch zusätzlich gebotenen persönlichen Trost „unter den Schrecken des Krieges Rosen der Liebe ausgestreut wurden …".

Anlass für diese Veranstaltung war die Verteilung von 27 000 Kleider- und Wäschestücken an Spitäler und bedürftige Wiener Familien, die aus den Reinerträgnissen des Hilfswerkes finanziert worden waren.

Eine besondere Auszeichnung für die Organisatorinnen war die Anwesenheit der jungen Kaiserin. Der greise Monarch Franz Joseph I. war wenige Wochen zuvor gestorben, und Zita, die Gemahlin seines Großneffen und Nachfolgers Karl I., nahm ihre Repräsentationspflichten als Landesmutter sehr ernst. Sie war eine Frau, die Anteil am Geschick ihrer Untertanen nahm. Ungewohnt für die Österreicher, die sich in der Ära Franz Josephs an die ständige Abwesenheit seiner Gemahlin Elisabeth gewöhnt hatten, die heute als verniedlichte „Sisi" mehr Popularität genießt, als sie in Wirklichkeit bei der Bevölkerung je besaß. Verständlich daher, dass sich die „Reichspost" enthusiastisch über „den huldvollen

Liebreiz … Österreichs volkstümlicher Landesmutter …" äußerte und auch Kardinal Piffl in seiner kurzen Ansprache Gott dankte, „dass an allerhöchster Stelle wieder eine Schutzfrau des Reiches steht, die sich der Not des Volkes annimmt".

Hildegard Burjan wurde nach ihrem beeindruckenden Tätigkeitsbericht der Kaiserin vorgestellt. Zita von Habsburg-Lothringen erinnerte sich Jahrzehnte später noch an Hildegard. Sie war von deren Persönlichkeit beeindruckt und hatte das Gefühl, dass von ihr „eine Welle des Friedens" ausgegangen sei. Die beiden Frauen trafen sich noch zweimal, wenige Wochen später zu einem ausführlicheren Gespräch in Laxenburg und schließlich in der Schweiz, als das Kaiserpaar bereits im Exil lebte.

Hildegard fuhr im Mai 1920 als Delegierte zum „Weltkongress der katholischen Frauen" nach Genf. Bei dieser Gelegenheit machte sie auch einen Abstecher nach Prangens am Genfersee, wo Kaiser Karl mit seiner Familie im Exil lebte. Eine Episode lässt darauf schließen, dass dies im Auftrag des Moraltheologen und führenden christlichsozialen Politikers Dr. Ignaz Seipel geschah. Hildegard wurde nämlich am Genfer Bahnhof von einem Dieb die Handtasche entrissen. Sie war darüber außer sich, denn im Seitenfach befand sich ein Brief Seipels. Mit Sicherheit kann angenommen werden, dass dieser für den Kaiser bestimmt war, da Hildegard unheimliche Angst hatte, dass die Presse davon erfahren würde. Vermutlich bereitete Seipel darin seinen vor Partei und Öffentlichkeit geheim gehaltenen Besuch bei Kaiser Karl im August 1920 vor. Die Erleichterung war groß, als sie Tage später ein Telegramm ihres Gatten erreichte, dass die Tasche gefunden und nach Wien geschickt worden war. Geld und Pass waren zwar weg, aber im Seitenfach fand sich der Brief.

Vorerst machte Hildegard ihren Besuch ohne besagten Brief.

Gesprächsstoff hatten die beiden Damen genügend. Hildegard erzählte von der politischen Situation in Österreich, von ihrer Arbeit im Parlament, dem sie damals bereits als Abgeordnete angehörte. Zita von Habsburg gratulierte ihr dazu und meinte spontan: „Ich freue mich, bei Ihnen ist die soziale Frage in den besten Händen."

Doch wir schreiben erst das Jahr 1917, Österreich war noch eine Monarchie. Das bittere Ende wollte zwar niemand wahrhaben, aber es zeichnete sich bereits ab.

Je länger der Krieg dauerte, desto größer wurde die Not auch im Hinterland. Die Lebensmittel wurden immer knapper, und die Verteilung funktionierte immer schlechter. Gerade die arbeitenden Frauen hatten darunter am meisten zu leiden. Sie konnten sich nicht stundenlang oder gar die ganze Nacht anstellen, um wenigstens etwas von den kärglichen Zuteilungen nach Hause zu bringen. Hildegard, die täglich mit dem Leid dieser Frauen konfrontiert wurde, überlegte, wie man Abhilfe schaffen könnte.

Durch Zersplitterung vieler Initiativen, die da und dort als Hilfsmaßnahmen gegen die Not gesetzt wurden, wurden ihrer Ansicht nach viele Kräfte vergeudet. Durch eine Zentralisierung aller Kräfte würde man auch bei den Behörden mehr erreichen können.

Im katholischen Bereich waren zu Beginn des Jahrhunderts verschiedene kleinere Vereine entstanden, in denen sich vor allem die außerhäuslich erwerbstätigen Frauen zusammengeschlossen hatten. Von Hildegard Burjan ging nun die Idee aus, dass sich diese Gruppen unter einem Dachverein zusammenschließen sollten, um dann gemeinsam gezielte Aktionen zu setzen. So kam es zur Gründung des übergeordneten Vereines „Soziale Hilfe", dem nicht nur der von ihr selbst gegründete „Verband der katholischen Arbeiterinnenvereine der Erzdiözese Wien", sondern auch der „Reichsverband katholischer Arbeiterfrauen" und noch andere kleinere Gruppierungen angehörten. Über diesen Dachverband, in dem mehr als 12 000 Frauen zusammengefasst waren, organisierte Hildegard den Großeinkauf von Lebensmitteln und deren Abgabe an die Mitglieder der Vereine. Über acht Verteilungsstellen konnten die Frauen nun aus erster Hand Waren zum Einkaufspreis beziehen.

Hildegards soziales Engagement beschränkte sich aber nicht nur auf Wien. Am 3. März 1917 erschien ein von ihr verfasster Artikel in der „Reichspost". Darin schilderte sie in eindrucksvollen Worten die entsetzliche Not der Bevölkerung im Erzgebirge. Sie selbst war vor Monaten durch die Reden der Herrenhausmitglieder Abt Gilbert Helmer und Graf Josef Nostitz-Rieneck darauf aufmerksam geworden. Spontan wie sie war, setzte sie sich mit dem Bischof von Leitmeritz, Dr. Josef Groß, in Verbindung, der ihr die katastrophale Lage bestätigte.

Das Erzgebirge war schon in Friedenszeiten durch seine Abgeschiedenheit, sein rauhes Klima, seine beschränkten Arbeitsmöglichkeiten ein Notstandsgebiet. Die Erzgebirgler lebten vornehmlich von der „Hausindustrie", d.h. von der Erzeugung von Spielwaren, von Korb- und Strohflechtereien, von Musikinstrumenten und vor allem von der Spitzenklöppelei. Wer hatte aber jetzt im Krieg dafür Verwendung?

Die Männer waren größtenteils an der Front, und die Frauen und Kinder lebten nun am Rande des Verhungerns. Dazu kam noch, dass der Winter 1916/17, obwohl man in dieser Gegend an Kälte gewöhnt war, sich extrem hart zeigte.

Hildegard gründete rasch entschlossen innerhalb des Vereines

„Soziale Hilfe" die „Sektion Erzgebirge", gewann Fürstin Bertha Lobkowitz als Ehrenpräsidentin dafür und begann mit einer Mitarbeiterin, Frau Khoss von Sternegg, mit dem Aufbau einer Hilfsaktion. Auch hier ging sie wieder auf zwei Ebenen vor: Arbeitsbeschaffung und Lebensmittelverteilung. Durch Vereinsmittel und durch freiwillige Spenden konnte sie mehrere Transporte mit Bohnen, Hirse, Reis und Kartoffeln zusammenstellen, die gratis verteilt wurden.

Zur Sicherung des Lebensunterhaltes der Betroffenen richtete sie an Ort und Stelle Nähstuben ein, für die sie wieder über das k. u. k. Kriegsministerium vom Gewerbeförderungsamt Aufträge für die Erzeugung von Militärwäsche organisierte. Die Verteilung der Lebensmittel und auch der Kleiderspenden ging über die örtlichen Pfarren. Verständlich, dass dies nicht immer reibungslos abging. Nicht nur behördliche, sondern auch menschliche Hürden waren zu bewältigen.

Hildegard überzeugte sich immer wieder an Ort und Stelle über den Verlauf des Unternehmens, obwohl es mit ihrer Gesundheit nicht zum Besten stand. In einem Brief an ihre engste Mitarbeiterin Laura Stephelbaur schreibt sie: „Bin Mittwoch hier angekommen, liege seitdem im Bett wie damals in Karlsbad. Fieber und heftige Schmerzen etc. Bin recht traurig, da tausend Dinge erledigt werden sollen … Es ist mir so schwer ums Herz, das fühlen Sie mit mir, aber ich denke, wenn der liebe Gott dieses beständige Kreuz mir bestimmt, so wird es sicher zum Besten sein …"

Brieflich gibt sie auch Anweisungen, wohin und in welcher Höhe Kartoffelkontingente geschickt werden sollen, wo dringend Stoff zum Halstüchernähen gebraucht wird und vieles mehr. Der Nachsatz dieses Briefes zeigt, wie energisch Hildegard werden konnte, wenn sie irgendwo Wichtigtuer vermutete, die sich nicht

Während des Ersten Weltkrieges richtete Hildegard Burjan (stehend, rechts) „Arbeitsausgabestellen", wie hier im 12. Wiener Gemeindebezirk, ein. Zahlreiche Frauen bekamen die Möglichkeit, als Heimarbeiterinnen ihre Familien zu ernähren.

mit ganzer Kraft für die Aktion einsetzten. „Dr. H… habe ich diesmal ordentlich angeblasen, auch gewünscht, dass wir sofort Abrechnung über die beiden Kartoffelaktionen nebst genauem Bericht bekommen …" Einem weiteren Brief ist zu entnehmen, dass das „Anblasen" Folgen hatte: „… Erzgebirge sehr viel Ärger. Dr. H… hat meinen Brief sehr übel genommen … Wir sind auch sehr böse auf ihn … Ich werde ihn bitten, in Zukunft sich nicht mehr zu bemühen …"

Trotz allen Ärgers gelingt aber Hildegard Burjan Gigantisches mit dieser Hilfsaktion. Tausende Familien, so bestätigte es später Bischof Groß, „wurden dadurch vor dem Hungertod gerettet". Für ihn war Hildegard Burjan eine „Frau mit besonderem Charisma". Viele Dankschreiben gingen bei ihr aus dem Erzgebirge ein. Beim Umräumen Jahre später fand sie diese in einem Schrank. Es entsprach ihrer Art, dass sie diese Briefe nun vernichtete. „Es ist besser, man vergisst solche Sachen, genug, wenn es der liebe Gott weiß." Den Leuten war geholfen worden, damit war die Angelegenheit für sie erledigt.

Am 16. März 1917 berichtete die „Reichspost" darüber, dass „die Vorstandsdamen des Vereines Soziale Hilfe, der auf dem Gebiete der Kriegsfürsorge seit Kriegsbeginn ganz hervorragende Leistungen vollbracht hat, … mit dem Ehrenzeichen II. Klasse vom ‚Roten Kreuz' mit der Kriegsdekoration ausgezeichnet wurden. Es handelt sich dabei um die Ehrenpräsidentin Gräfin Aloisia Fünfkirchen-Liechtenstein sowie die Präsidentinnen Gräfin Lola Marschall-Alemann, Therese Khoß von Sternegg und Hildegard Burjan".

Hildegard beschäftigt sich aber nicht nur mit der Organisation von Hilfsaktionen und mit der Arbeitsbeschaffung für Frauen, sondern beginnt sich auch schon Gedanken zu machen, wie es in der Frauenfrage nach dem Krieg weitergehen wird.

Der Krieg hatte die Lebenssituation der Frauen vollkommen verändert. Waren sie vorher, weil dies dem gängigen Frauenbild nicht entsprach, von vielen Positionen ausgeschlossen, mussten sie nun überall „ihren Mann stellen", selbst in der Rüstungsindustrie. In einem Referat, das Hildegard Burjan 1918 vor katholischen Arbeiterinnen hielt und das in der „Österreichischen Frauenwelt" abgedruckt wurde, setzt sie sich nicht nur mit der künftigen Stellung der Frau auseinander, sondern erhebt auch erstmals sozialpolitische Forderungen zum Schutz der Arbeiterinnen.

Zunächst skizziert sie die veränderte Situation: „Gerade an die Frauen des Arbeiterstandes hat der Krieg Anforderungen gestellt, deren Erfüllung wir noch vor wenigen Jahren für einfach unmöglich gehalten hätten … Unser soziales Empfinden kam in ernsteste Konflikte mit unserer vaterländischen Begeisterung, und nur schwer rang sich bei uns Frauen die Erkenntnis durch, dass das Vaterland auf die Frauenarbeit während des Krieges auch in denjenigen Industrien nicht verzichten kann, die früher ausschließlich von kräftigen Männerhänden besorgt wurden …"

Rhetorisch brillant baute Hildegard ihr Referat auf. Zuerst die nüchternen Feststellungen: „Wir haben begreifen gelernt, dass es vielfach notwendig war, die ohnedies so notdürftigen Beschränkungen der Frauenarbeit aufzuheben, die Nachtarbeit der Frauen zu erlauben, die Bestimmungen über die tägliche Höchstarbeitszeit fallen zu lassen und Sonn- und Feiertagsarbeit zu gestatten." Und dann kommt sie zum Kern der Sache, indem sie die Forderung erhebt, dass es jetzt, „im letzten Stadium des Krieges bereits notwendig sei, die Wiedereinsetzung des gesetzlichen Schutzes für die weibliche Arbeiterschaft zu fordern, weil aus Aussprüchen von Seiten mancher Industrieller zu fürchten ist, dass mit Friedensschluss die soziale Richtung der Unternehmen eher im Ab- als im Aufstieg begriffen sein wird".

Konkret fordert sie die Erhöhung der Anzahl der weiblichen Gewerbeinspektorinnen, die den „über ihre Rechte oft unwissenden Arbeiterinnen" zur Seite stehen sollten. Auch Fabrikspflegerinnen sollten eingestellt werden, die vor allem den gerade der Schulbank entwachsenen Mädchen in den Fabriken nicht nur bei Berufsschwierigkeiten beistehen, sondern diesen auch „in geistiger und sittlicher Beziehung Führerin und Beraterin" sein sollten. In Anbetracht dessen, dass das Frauenstudium in Österreich erst in den Anfängen steckte, scheint die Forderung Hildegards nach Einstellung von Fabriksärztinnen der Zeit weit voraus zu sein. Diese müssten ihrer Meinung nach nicht nur den Gesundheitszustand der Frauen kontrollieren, sondern „sich auch um die Erstellung einer statistisch einwandfreien Richtschnur für die gesundheitliche Eignung der verschiedenen neuen Arbeitszweige kümmern".

Dezidiert stellt sie auch fest, dass es „keineswegs angängig wäre, die Frauen, die so schwere Opfer im Krieg gebracht, die mit Hintansetzung ihrer Gesundheit dem Vaterlande unschätzbare Dienste geleistet haben, von heute auf morgen der Arbeitslosigkeit und noch größerem Elend auszuliefern". Vorausblickend erkennt sie, dass die Frauen die ersten Opfer einer wieder männerorientierten Arbeitsmarktpolitik sein werden. Für dringend notwendig erachtet sie daher die Einführung einer Arbeitslosenfürsorge, zu deren Finanzierung die Industrie heranzuziehen ist, die – nach Hildegards Meinung – im Krieg sowieso beträchtliche Gewinnsteigerungen zu verzeichnen hatte.

Kritisch setzt sie sich mit der Lohnfrage auseinander. „Fast nirgends zeigt sich die Verschiebung der Verhältnisse zwischen Mann und Frau so krass wie gerade auf dem Gebiet der Arbeit." Nachdrücklich stellt sie fest, dass die alte Forderung „Gleicher Lohn für gleiche Leistung" durch die Arbeitsleistung der Frau im Krieg neu erhärtet worden ist.

Diese Forderung könnte, so Hildegard, nicht mehr mit der Behauptung der Unternehmerverbände, „dass noch kein Erfahrungswert über die Frauenarbeit als Maßstab der Entlohnung vorliege", abgewimmelt werden. Sie zieht daher die Schlussfolgerung, dass schon jetzt gemeinsam mit den christlichen Arbeiterorganisationen die Gleichbehandlung von Mann und Frau bei der Entlohnung anzustreben sei.

Eindringlich erinnert sie die Arbeitgeber an ihre soziale Verantwortung und fordert – man bedenke: im Jahre 1917! – bereits die Einführung von Stillstuben, Kinderkrippen und Tagesheimen für Kinder „überall dort, wo viele Arbeiterinnen beschäftigt sind".

Als Hildegard Burjan ihr Referat im Vereinshaus der katholischen Arbeiterinnen in der Pramergasse beendet hatte, brandete ihr eine Welle der Begeisterung entgegen. Von den Arbeiterinnen, weil sich eine Frau aus dem katholischen Lager ihrer Sache annahm, und von Seiten der anwesenden Politiker, welche die fundierte Auseinandersetzung der Rednerin mit dem Thema und ihren politischen Weitblick bewunderten. Ungewöhnlich für alle war, dass sich die Gattin eines, heute würde man sagen Spitzenmanagers, nicht scheute, die Ausbeutung der Frauen durch die Unternehmer und die Minderbehandlung durch diese offiziell anzuprangern.

Hildegard hatte sich damit in der Frauenfrage von der karitativen auf die sozialpolitische Ebene begeben. Aus den Erfahrungen des Krieges hatte sie gelernt, dass es in Hinkunft nicht mehr nur um die Linderung momentaner Not, um die Hilfe zur Selbsthilfe allein gehen konnte, sondern auch unbedingt politische Forderungen zur Verbesserung der Situation gestellt werden müssten. Für ihre künftige politische Arbeit war ihr damit der Brückenschlag zwischen einer notwendigen Wohltätigkeit und einer gerechten Sozialpolitik gelungen.

In den politischen Lagern der Ersten Republik herrschte da eine andere Ansicht. Christlichsoziale Politiker und auch die Kirche setzten zur Verbesserung der Situation weiter auf Wohltätigkeit, getragen vorwiegend von privater Hand. Die Sozialdemokraten dagegen glaubten, die soziale Frage mit einem umfassenden staatlichen Fürsorgesystem allein lösen zu können.

Für Hildegard gab es nur ein „Sowohl als auch". Als Abgeordnete wird sie später ihre Einstellung auch begründen. So stellte sie bei einer Debatte über das Sozialbudget am 18. Mai 1920 im Parlament fest, dass „der Staat nicht auf die private Fürsorge verzichten kann, weil die Budgetmittel für den Ausbau des staatlichen Fürsorgesystems einfach zu gering sind, um der vielfältigen Not gerecht zu werden". Und weiter führt Hildegard aus, sollte schon aus erzieherischen Gründen nicht auf die private Wohltätigkeit verzichtet werden, weil ihrer Meinung nach damit, in der Auseinandersetzung mit der Lebenssituation des anderen, „auch die Möglichkeit der Überbrückung der Klassengegensätze geboten wird". Hätte es mehr Politiker mit einem solchen Weitblick gegeben, hätte sich in den kommenden Jahren nach dem Krieg die Kluft und auch das gegenseitige Unverständnis zwischen den bürgerlichen Politikern und den Vertretern der Arbeiterschaft vielleicht nicht so eklatant vergrößert.

Der entsetzliche Krieg ging im Jahre 1918 in seine Endphase, der Vielvölkerstaat der österreichisch-ungarischen Monarchie war am Zerfallen. Die Situation zwischen den Nationalitäten und

auch den weltanschaulichen Lagern war zum Zerreißen ange-
spannt. Die Kronländer strebten immer mehr ihre Unabhängigkeit an; in den politischen Lagern begann man bereits Pläne für
ein neues „Haus Österreich" zu entwickeln. Auf eine Frau wie
Hildegard Burjan konnte man dabei nicht verzichten.

Für Frauenrechte in die Politik

Der „1. Christliche Arbeiterkongress Österreichs", der vom 21. bis 23. September 1918 in Wien stattfand, war politisch gesehen ein bedeutsames Ereignis knapp vor dem Zusammenbruch der Monarchie. Christlichsoziale Politiker bekannten öffentlich, dass in der Vergangenheit die Anliegen der Arbeiterschaft durch Staat und Gesellschaft viel zu wenig Beachtung gefunden hätten. Standesdünkel und Klassenegoismus in den eigenen Reihen hätten zum Aufbau von gegenseitigem Misstrauen beigetragen. Diese Situation, so führten die einzelnen Redner aus, sei von den Sozialdemokraten ausgenützt worden, um die Kluft zwischen den Arbeitern und den übrigen Ständen noch zu vergrößern.

Trotz des Bekenntnisses zur noch bestehenden monarchistischen Staatsform ließ man durchblicken, dass bei einer Neuordnung des Staatsgefüges die Rechte der Arbeiter mehr als bisher berücksichtigt werden müssten. Mit einer intensiven Werbekampagne bei der christlichen Arbeiterschaft sollte auch der Vorsprung, den die Sozialdemokraten im „vierten Stand" hatten, verringert werden.

Auf diesem Arbeiterkongress der Christlichsozialen, der auch eine Konzentration der vielen Vereinssplittergruppen und eine Stärkung der christlichen Gewerkschaften zum Ziel hatte, hielt Hildegard Burjan als einzige weibliche Referentin einen Vortrag. Sie war als Stellvertreterin von Leopold Kunschak, dem populären christlichen Arbeiterführer, bereits im Vorbereitungskomitee tätig gewesen. In ihrem Referat „Frauenarbeit und Frauenrecht" setzte sie sich mit der durch den Krieg veränderten Lebenssituation der Frauen auseinander und verwies auf den unzureichenden Arbeiterinnenschutz, die schlechten Arbeitsbedingungen und die ungerechte Lohnpolitik gegenüber Frauen. Nachdrücklich verwies sie darauf, dass die Auffassung der Männer, „in der Frau eine missliebige Konkurrentin, die die Löhne herabdrückt" zu sehen, nun dringend korrigiert werden müsse. „Frauenrecht ist alles", führte sie weiters aus, „was die Frau zu ihrem Schutz und zur Erfüllung ihrer Menschheitsrolle von Staat und Gesellschaft fordern kann."

Erstmals sprach Hildegard Burjan auch das Frauenstimm- und Wahlrecht an, das die christlichen Frauen „nicht mit dem Jubel herbeisehnen wie die radikalen Frauengruppen", sondern ihrer Meinung nach eine Pflicht und ein Opfer sei, „das sich in natürlicher Entwicklung aus dem heutigen Hochstand der Frauenerwerbsarbeit ergebe". Sie begrüßte auch die Ankündigung von Bürgermeister Richard Weiskirchner, dass Frauenvertreterinnen eingeladen werden sollten, in verschiedenen Ausschüssen des Gemeinderates mitzuarbeiten, und dass bei einer künftigen Neuordnung des Gemeinde-Wahlrechtes auch Frauen in den Kreis der Wahlberechtigten einbezogen werden würden.

Im Spätherbst 1918 begann unaufhaltsam der Zerfall der Donaumonarchie. Manche nun nicht mehr haltbaren Ansichten und Haltungen mussten über Bord geworfen werden, damit nicht unnötiger Ballast den Aufbau des neuen Staatsgefüges behindere. Davon betroffen war auch die Korrektur der Einstellung zur Frau als künftige Partnerin des Mannes im Beruf und im öffentlichen Geschehen. Die sich ankündigende neue Epoche verlangte die Mitentscheidung aller Staatsbürger ohne Unterschied des Standes und des Geschlechts. Die Baumeister der neuen Republik wussten, dass sie die Frauen davon nicht ausschließen konnten, ja es sich gar nicht leisten durften, denn die Frauen waren ein nicht zu unterschätzendes Wählerpotential. Auch die katholische Kirche entschloss sich angesichts der brisanten politischen Situation zu einem Schwenk in ihrer bislang eher negativen Einstellung zur Rolle der Frau in der Öffentlichkeit. Erste Anzeichen dafür konnte man in der katholischen Presse orten: „Gegen das Frauenstimmrecht und die politische Fähigkeit der Frauen sprechen schwerwiegende Bedenken, und es ist ein Zeichen zerrütteter Verhältnisse, wenn die Frauen glauben, zu einem solchen Mittel greifen zu müssen, um zu ihrem Recht zu kommen. Immerhin muss man sich auf katholischer Seite auf die Eventualität, dass das Frauenstimmrecht kommen könnte, nicht nur gefasst machen, sondern auch vorbereiten …"

Ende November 1918 sprach Kardinal Piffl bei einem Vortrag vor der Priesterkonferenz seine Sorge über den zunehmenden politischen Radikalismus aus, „der sich letzten Endes immer gegen die Kirche wendet, als der vermeintlichen Polizeistütze jener veralteten staatlichen Einrichtungen, die durch neue Formen um jeden Preis zu ersetzen sind …". Piffl hielt weiter fest, dass „die Kirche bis jetzt Gegner des politischen Frauenwahlrechtes gewesen sei, denn der Zwist sollte nicht in den Frieden der Familie getragen werden". Seiner Meinung nach aber wäre das Festhalten an diesem Standpunkt ein selbstvernichtender Wahnsinn. Daher habe er sich als Oberhirte der Diözese zu der Meinung durchgerungen, dass „das Frauenwahlrecht in den Händen der Vorsehung unsere Rettung sei. Jedenfalls aber ist die Ausübung dieses Rechts jetzt eine Gewissenspflicht der Frauen und denselben auch ans Herz zu legen".

In diesen Tagen des Umbruches kamen am 3. November 1918 die Vertreterinnen der großen Wiener Frauenorganisationen – mit

Ausnahme der Sozialdemokratinnen – zu einer Kundgebung zusammen, um die Forderungen nach staatsbürgerlicher und politischer Gleichstellung mit den Männern zu formulieren. Hildegard Burjan vertrat dort als Rednerin die Interessen der christlichen Arbeiterinnen. Sie verlangte „als ersten Schritt des neuen demokratischen Staates das allgemeine, gleiche und direkte Wahlrecht aller männlichen und weiblichen Staatsbürger und die sofortige Berufung von Frauen als Beiräte in alle Ausschüsse des Nationalrates". Dies wäre „die Garantie dafür, dass Deutschösterreich die Frauen als vollkommen gleichgestellte Staatsangehörige anerkennt und auf ihre Mitarbeit im vollsten Umfang rechnet". Wie bereits auf früheren Veranstaltungen forderte sie auch hier den dringend notwendigen Ausbau des Arbeiterinnenschutzes und die Erfüllung der Forderung „Gleicher Lohn für gleiche Arbeit". Eine gemeinsam verfasste und einstimmig verabschiedete Resolution fußte großteils auf den von Hildegard Burjan erhobenen Forderungen. Nachdrücklich wurde darin festgestellt, dass der „neue, auf dem Boden des Selbstbestimmungsrechtes des Volkes aufzubauende Staat die grundlegenden Vorarbeiten zur Errichtung dieses neuen Gemeinwesens nicht ohne die Mitarbeit der Hälfte seiner Staatsbürger, der Frauen, vollziehen kann".

Frauen hatten vor dem Ersten Weltkrieg in der Monarchie weder das aktive noch das passive Wahlrecht. Vereinzelte Ausnahmen gab es nur für selbstständige Steuerträgerinnen unter bestimmten Auflagen. Ausgesprochen frauenfeindlich war der Paragraph 30 des Vereinsgesetzes aus dem Jahr 1867, nach dem „Ausländer, Frauenspersonen und Minderjährige" nicht Mitglieder politischer Vereine werden konnten. Im Zuge der Zuerkennung des allgemeinen Wahlrechtes für Männer im Jahre 1907 setzte sich das von bürgerlichen Frauen gebildete „Frauenstimmrechtskomitee", mit dem auch die führenden Sozialdemokratinnen Therese Schlesinger und Adelheid Popp sympathisierten, vorerst für eine Neugestaltung des Vereinsgesetzes ein. Um die Forderung nach dem Frauenwahlrecht nachdrücklich zu stellen, sah man den Zeitpunkt 1907 noch für verfrüht an.

Trotz verschiedener Bestrebungen in Richtung Einführung des Frauenwahlrechtes und einer Solidarisierung auf internationaler Ebene sprach sich daher der „1. Österreichische Frauentag" im Jahre 1910 sogar noch gegen das Frauenstimmrecht und die politische Tätigkeit der Frau aus. Infolge der Agitation verschiedener anderer Frauengruppen wurde aber erreicht, dass das Wort „Frauenspersonen" aus dem Vereinsgesetz gestrichen werden sollte. Durch die vorzeitige Auflösung des Parlaments im Jahr 1911 und dann nochmals 1913/14 erlangte dieser Beschluss in der Monarchie aber nie Gesetzeskraft.

In den Parteien nahm man zum Frauenstimmrecht verschiedene Haltungen ein. Die Liberalen, die in der Monarchie den Reichsrat beherrschten, wollten das Parlament nicht weiblicher, sondern „männlicher und kräftiger" sehen. Vor allem sollte es elitär, nur wenigen vorbehalten bleiben, daher wurde von dieser Gruppe auch nicht das allgemeine Wahlrecht für Männer unterstützt. Die Sozialdemokraten nahmen das Wahlrecht für Frauen zwar in ihr Hainfelder Parteiprogramm von 1888/89 auf, sahen aber die Verwirklichung als kein vorrangiges Ziel an, sondern gaben dem allgemeinen Wahlrecht für Männer Priorität.

Bei den Christlichsozialen sah man die Hauptaufgaben der Frau in ihrem Einsatz für Familie und Haushalt. Einzig ihr Gründer, Dr. Karl Lueger, erkannte bereits vor der Jahrhundertwende, dass der Einsatz für das Frauenstimmrecht sich im Hinblick auf das große Wählerpotential lohnen würde. Daher sprach er sich bereits 1897 bei einer Versammlung christlichsozialer Frauen für das Frauenstimmrecht aus. Diesen Einsatz dankten sie ihm mit ihrer glühenden Anhängerschaft, was ihnen dann den Spitznamen „Luegergarde" einbrachte. Als die „Mutter" der bürgerlichen Frauenbewegung, Marianne Hainisch, bei Lueger die Forderung nach rechtlicher und politischer Gleichstellung der Frauen deponierte, meinte dieser leger: „Ja, gnä' Frau, schaun S' halt, dass Ihnere Weiber das Stimmrecht kriegn – sonst is nix!" Nach dem Krieg, in dem auf die sonst gerne ins Treffen geführten „speziellen weiblichen Eigenschaften" keine Rücksicht genommen worden war und die Frauen mehr oder weniger gezwungen wurden, in allen Lebensbereichen „ihren Mann" zu stellen, konnte man es sich nicht mehr leisten, sie nun von der politischen Verantwortung auszuschließen.

Nach endlosen Debatten, ob man dieses Wahlrecht allen Frauen oder nur den erwerbstätigen gewähren sollte, und nachdem eine gemeinsam von Frauenvereinen aller weltanschaulichen und politischen Richtungen verfasste Petition den nötigen Druck erzeugt hatte, wurde von der Provisorischen Nationalversammlung am 27. November 1918 die Zuerkennung des aktiven und passiven Wahlrechtes an „alle volljährigen Staatsbürger ohne Unterschied des Geschlechtes" beschlossen.

Als am 24. November 1918 die erste politische Versammlung christlicher Frauen in der Republik Deutschösterreich unter dem Vorsitz von Hildegard Burjan stattfand, stand außer Zweifel, dass sie sich entschlossen hatte, sich in der Politik zu engagieren. Aus welchen Motiven heraus betrat nun Hildegard dieses für Frauen ungewohnte Parkett?

Die Frage ist leicht zu beantworten: aus derselben Haltung heraus, aus der sie sich, ohne Rücksicht auf ihre Gesundheit, ja teil-

weise sogar auf ihre Familie, all die Jahre schon in der sozialen
Wohlfahrt engagiert hatte. Aus dem Verständnis ihres katholischen Glaubens heraus versuchte sie, sich in der Nachfolge Christi für Randschichten, sozial Schwache und Unterprivilegierte einzusetzen. Und dies waren eben meist Frauen. Den Weg für mögliche Veränderungen sah sie als gläubiger Mensch auch in der Politik gegeben. Politische Gleichgültigkeit und Abstinenz betrachtete sie als gefährlich: „Religiöse Vereinigung allein genügt heute
nicht … Wir müssen eine geschlossene Macht darstellen, wenn
wir nicht zusehen wollen, wie über unsere Köpfe hinweg regiert
und – zerstört wird … Volles Interesse für die Politik gehört zum
praktischen Christentum."

Daher entschloss sie sich nach Beratungen mit ihrem Mann,
der anfangs alles andere als begeistert war, und mit Kardinal Piffl,
das Angebot von Bürgermeister Dr. Richard Weiskirchner anzunehmen und als Vertreterin der erwerbstätigen Frauen in den provisorischen Gemeinderat einzuziehen. Am 3. Dezember 1918
fand die erste konstituierende Sitzung statt. Hildegard Burjan
wurde in den Ausschuss für städtische Wohnungsfürsorge sowie in
den Wahlreformausschuss entsandt. In ihrer Funktion als Gemeinderätin setzte sie sich besonders für die Fürsorge der verwahrlosten Jugend, vor allem der Mädchen, und für eine bessere
Dotierung der Hauskrankenpflege und der Pflege der Wöchnerinnen ein.

Am vierten Parteitag der Christlichsozialen, am 15. Dezember
1918, wurde Hildegard Burjan in die Wiener Parteileitung gewählt und als Vertreterin der Frauen – gemeinsam mit Alma Seitz
und Gabriele Walter – in den Parteirat entsandt. Die Christlichsoziale Partei erkannte bald, welches „Zugpferd" sie mit Hildegard
Burjan gerade im Hinblick auf die erstmals wählenden Frauen

besaß. Als für den 16. Februar 1919 die ersten Wahlen für die „Konstituierende deutsch-österreichische Nationalversammlung" ausgeschrieben wurden, wurde Hildegard Burjan von der Parteileitung gebeten, als Vertreterin der christlichen Arbeiterinnen dafür zu kandidieren. Erst nach einigem Zögern nahm sie dieses Angebot an.

Die Familie sah Hildegard in den nächsten Wochen wenig; bis zur Erschöpfung hielt sie Wahlreden und eilte von einer Versammlung zur anderen. Sie mobilisierte die Frauen, ihrer Wahlpflicht nachzukommen. Sie war im 6. Wiener Wahlkreis, in den damaligen Nobelbezirken zwölf, dreizehn und fünfzehn als Kandidatin aufgestellt. Eine blendende Rednerin war sie schon immer gewesen, und so riss sie auch jetzt die Zuhörer zur Begeisterung hin. Sie sprach eine klare Sprache, sie wusste aus ihrer Arbeit, wo vor allem die Frauen „der Schuh drückte".

Der Wahlkampf war nicht ungefährlich. Die Emotionen gingen in diesen ersten demokratischen Wahlen hoch. Alexander Burjan begleitete seine Frau aus Vorsicht sehr oft zu Wahlversammlungen. Die Störtrupps der politischen Gegner waren überall unterwegs. Hildegard verlor aber nie ihre Ruhe und beeindruckte damit die Zuhörer. Gesundheitlich ging dieser intensive Wahlkampf nicht spurlos an ihr vorüber. Die ersten Anzeichen einer Zuckerkrankheit, ein Erbe ihres Vaters, machten sich zusätzlich zu ihren anderen chronischen Beschwerden bemerkbar. Doch sie hatte eine Aufgabe übernommen, und mit dem ihr eigenen Pflichtbewusstsein führte sie diese ohne Schonung ihrer Person auch aus.

Die Christlichsoziale Partei warf sich, weil sie wusste, dass es um jede Stimme ging, voll in den Kampf um die Frauenstimmen. So appellierte sie in einem Wahlaufruf noch am Wahltag an die

Gefühle der Wählerinnen: „Frauen Wiens, Eure Wahl bestimmt die Zusammensetzung der nächsten Nationalversammlung. Von Euch hängt die Zukunft Deutsch-Österreichs ab – die Christlichsoziale Partei allein schützt Eure Frauenwürde, Eure Familie, Euer Wohl, Eure Religion …"

Selbst auf die Stimmen der Klosterfrauen wollte man nicht verzichten, und so wandte sich die Parteileitung der Christlichsozialen an Kardinal Piffl mit der Frage, wie Agitationsmaterial und Stimmzettel in die Frauenklöster gelangen könnten. Trotz der noch immer verbreiteten Meinung, dass Frauen von Politik nichts verstünden, erließ das sonst nicht so rasch agierende erzbischöfliche Ordinariat nach Rückfrage in Rom binnen einer Woche eine Weisung an alle „wohlehrwürdigen Klostervorstehungen", dass „der Heilige Vater … mit Rücksicht auf die besondere Bedeutung der Wahlen die Erlaubnis erteilt, dass sich die wahlberechtigten Klosterfrauen am 16. Februar aus der Klausur zur Abgabe ihrer Stimmen in das Wahllokal begeben dürfen".

Die Frauen stellten mit 54,91 Prozent einen hohen Anteil der Wahlberechtigten. Sie nahmen auch ihre erstmalige staatsbürgerliche Mitentscheidung sehr ernst, denn die Wahlbeteiligung der Frauen betrug 81,79 Prozent.

Die Wahl ging knapp zugunsten der Sozialdemokraten aus. Eine rot-schwarze Koalitionsregierung unter der Führung des Sozialdemokraten Dr. Karl Renner übernahm die Regierungsverantwortung. Ins Parlament zogen 72 Abgeordnete der Sozialdemokraten, 69 der Christlichsozialen und 26 der Deutschnationalen ein. Dazu kamen noch Vertreter von Splittergruppen. Insgesamt acht Frauen waren erstmals im bisher Männern vorbehaltenen Haus vertreten. Die einzige christlichsoziale Abgeordnete war Hildegard Burjan.

*Als erste – und einzige – Abgeordnete der Christlichsozialen Partei
setzte sich Hildegard Burjan (links) vor allem für die soziale Frage
und hier besonders für die Frauen ein.*

89

Am 4. März 1919, dem Tag der Eröffnung der neugewählten Nationalversammlung, schrieb das „Morgenblatt – Zentralorgan der Deutschen Sozialdemokratie in Österreich": „... die einzige bürgerliche Frau, Hildegard Burjan, fehlte wegen Erkrankung." Es ist anzunehmen, dass es Erschöpfung war, die Hildegard nach diesem aufreibenden Wahlkampf zum Pausieren zwang. Sie gewährte sich aber nur eine kurze Erholungszeit, denn bereits am 12. März wurde ihre Angelobung vorgenommen.

Die Frauen waren glücklich über die Wahl Hildegard Burjans. Am 15. März schreibt die „Österreichische Frauenwelt": „Eine schwere Bürde, eine große Verantwortlichkeit ist auf ihre Schultern gelegt: Allein, auf sich selbst gestellt, wird sie im Neuland ihren Weg gehen müssen! Wir freuen uns, dass diese eine Frau Hildegard Burjan ist. Sie hat schon einmal bewiesen, dass sie als Pionier neue Pfade zu erschließen vermag ..." Und in der Zeitung „Frauenarbeit und Frauenrecht" war zu lesen: „Voll Zuversicht können die christlichen Frauen, besonders die arbeitenden Frauen Deutschösterreichs, den Händen dieser mutigen Frau ihre Interessen anvertrauen."

Wie Hildegard Burjan sich die Aufgabe der Frauen in der Politik selbst vorstellte, hatte sie bereits in einem während des Wahlkampfs erschienenen Artikel in der führenden Zeitung der Christlichsozialen, der „Reichspost", skizziert: „Möge die Frau, der man gewöhnlich vorwirft, dass sie zu persönlich ist, zu wenig Sachlichkeit aufbringt, im neuen Abgeordnetenhaus zeigen, dass sie nicht von momentanen Gefühlen und Eindrücken hin- und hergeworfen wird, sondern über alles Persönliche hinaus, in ernster, klarer Verstandesarbeit auch bei politischen Streitfragen die Frauenwürde zu wahren weiß. Möge daher mit dem Einzug der Frauen der gehässige, persönlich aggressive Ton verschwinden, der uns

Frauen bisher die Politik so verleidet hat. Wir Frauen wollen nicht unsere besten Kräfte verbitternden, fruchtlosen Parteikämpfen opfern ..." („Reichspost"-Artikel vom 10.1.1919)

Ihr politisches Programm umreißt sie vier Tage nach ihrer Wahl ebenfalls in einem „Reichspost"-Artikel: „Durch eigene Leiden und Mitleid sind die Frauen wissend geworden und glühen danach, dieses ‚Wissen' nicht nur für sich behalten zu müssen, sondern für die Notleidenden, für alle Armen, Sorgenvollen, Bedrängten, Kranken und Verzweifelten verwerten zu können. Nicht die eigentliche Politik ist es, die wir Frauen in der öffentlichen Betätigung suchen ..., sondern das weite Gebiet der sozialen Fürsorge, die Vertretung der Fraueninteressen, der Erziehung und des wirtschaftlichen Aufbaues ..."

Damit hat sie genau abgesteckt, wo für sie die Schwerpunkte ihrer politischen Tätigkeit liegen. Mit Energie geht Hildegard die neue Aufgabe an. Nur mit einer exakten Zeiteinteilung kann sie ihren vielfältigen Aufgaben nachkommen. Für die Familie blieb wenig Zeit. Töchterchen Lisa war seit ihrem sechsten Lebensjahr in einem Internat, bei den Dominikanerinnen in Wien-Hacking, untergebracht. Ein Umstand übrigens, den man Hildegard Burjan bis heute vorwerfen wird. Der Gatte fand sich teils resignierend, teils stolz auf seine engagierte Frau mit ihrer ständigen Abwesenheit ab. Etwas spitz meinte er einmal zu einer Bekannten: „Bei uns ist es umgekehrt wie sonst in einer Familie. Der Mann ist zu Hause und die Frau im Parlament."

Während ihrer nur knapp zweijährigen Tätigkeit im Parlament gingen von Hildegard Burjan viele Initiativen zur Errichtung sozialer Einrichtungen aus, die auch heute noch zu selbstverständlichen Einrichtungen des Staates zählen, sowie zur Verbesserung der Lebenssituation der weiblichen Bevölkerungsgruppen.

Gleich am Tage ihrer Angelobung bringt Hildegard Burjan mit Unterstützung von neun weiteren Abgeordneten einen Antrag betreffend Mutter- und Säuglingsschutz ein. Interessant ist, dass sie die Ausweitung des staatlichen Schutzes auch auf die nicht erwerbstätige Frau fordert und in ihrem Antrag auch die Anstellung von „Hauspflegerinnen von Seiten der Krankenkassen" mit einbezieht, durch die den Wöchnerinnen durch Entlastung im Haushalt „einige Tage Schonungszeit ermöglicht werden soll". Sie nimmt hier bereits den Gedanken der „Familienhelferinnen" vorweg, den sie im Rahmen der von ihr gegründeten Schwesterngemeinschaft Caritas Socialis auf privater Basis später verwirklichen wird. Ein Projekt, das heute aus den sozialen Angeboten zur Entlastung der Familien nicht mehr wegzudenken ist.

An ihrem ersten Parlamentstag erhebt sie auch per Antrag die Forderung nach Errichtung von land- und hauswirtschaftlichen Schulen, damit jene Frauen und Mädchen, die bisher nur in der Kriegsindustrie tätig waren und nun arbeitslos, aber „nachweislich auf einen Verdienst angewiesen" sind, dort eine Ausbildung erhalten. Aus dem Mund einer bürgerlichen Abgeordneten klang der Hinweis auf die Verwirklichungsmodalität sicher ungewöhnlich: Die Regierung wird aufgefordert, „Teile des dem Luxus dienenden Großgrundbesitzes und der übernommenen hofärarischen Gebäude umgehend dazu zu verwenden, um landwirtschaftliche Koch- und Haushaltungsschulen ... und dergleichen ins Leben zu rufen". Der Antrag wurde angenommen.

Im nächsten Antrag ging es ihr um die Ungleichbehandlung von Mann und Frau im Postdienst. Sie forderte die Gleichstellung und hielt dabei nachdrücklich fest, dass das „Nichtabsolvieren von vier Klassen eines Gymnasiums oder einer Realschule den Frauen nicht als Minderbildung angerechnet werden darf, da den Frauen bisher diese Vorbildung sehr erschwert war". Ihr vehementer Einsatz für mehr Frauenbildung bzw. -ausbildung wurde in der doch vorwiegend von Männern beherrschten Öffentlichkeit nicht gerne gesehen. Ein Artikel in der christlichsozialen „Reichspost", in dem festgestellt wird, dass „das Mittelschulstudium der Mädchen einen geradezu bedrohlichen Umfang annimmt", gibt die Einstellung dazu wieder.

Ein Erlass des deutsch-österreichischen Staatsamtes vom 14.2.1919 an alle Arbeitsämter, „dahin zu wirken, dass von den zahlreichen Frauen, die in der Kriegsindustrie reichlichen Arbeitsverdienst fanden, ein möglichst großer Teil in die Hauswirtschaft wieder zurückkehrt ...", alarmierte vermutlich Hildegard Burjan zu dem Antrag „auf Einsetzung von Referentinnenstellen im Staatsamt für Inneres und Unterricht für das weibliche Bildungswesen". Und sie schlägt dabei, heute würde man sagen, frauenrechtlerische Töne an, wenn sie ihren Antrag dahingehend begründet, dass „in einem Amt, wo nur Herren beschäftigt sind, auch nicht das volle Verständnis für Mädchenbildung und Frauenarbeit aufgebracht werden kann". Bei der Berichterstattung über diesen Antrag weist sie ganz besonders auf die noch immer mangelhaft dotierte Mädchenschulbildung hin. So wurden in der Monarchie für die Knabenschulbildung mehr als 41 Millionen Kronen bereitgestellt, für die der Mädchen hingegen nur ein Betrag von 500 000 Kronen!

Ganz energisch verweist sie darauf, dass im neuen Haus Österreich hier ebenfalls noch kein Umdenken eingesetzt hat: „Hohes Haus! Über den alten Staat haben wir uns sehr entrüstet. Wir haben aber angenommen ..., dass der neue Staat und der jetzige Leiter des Unterrichtsamtes der Frage der Mädchenschulbildung viel mehr seine Aufmerksamkeit zuwenden werde, als es bisher geschehen ist. Wir müssen aber doch sagen, dass in allen anderen Fragen, auf allen anderen Gebieten bei energischem Vorgehen es doch immer wieder möglich gewesen ist, die entsprechenden Mittel von Seiten des Finanzamtes zu erreichen …, nur scheint es hier darin zu liegen, dass das Verständnis für die Notwendigkeit der Mädchenschulbildung und der Reform der Mädchenmittelschule nicht in ausreichendem Maße vorhanden ist."

Zu diesem Antrag erhält sie auch die Unterstützung der sozialdemokratischen Abgeordneten Therese Schlesinger, die noch zusätzlich auf die in der Verfassung beschlossene Gleichstellung aller Bundesbürger verweist und feststellt, dass sich daraus ergibt, dass „keiner Frau, weil sie Frau ist, irgendein Beruf, irgendein Amt, irgendeine Stellung in unserem Lande zu verweigern ist". Beide Mandatarinnen erhoben daher die Forderung, dass sämtliche Lehranstalten auch den Mädchen zu den gleichen Bedingungen wie den Knaben eröffnet werden. Außerdem sind an diesen Schulen auch weibliche Lehrkräfte zu beschäftigen.

Einigkeit herrscht bei den Abgeordneten Burjan und Schlesinger darüber, dass „diese Gesetzesbestimmung aber ganz auf dem Papier bleibt, solange den Frauen nicht die Möglichkeit gegeben ist, sich auch die Qualifikation für die verschiedenen Ämter und Berufe zu erwerben …".

Der Antrag wurde in der 102. Sitzung der Nationalversammlung am 1. Oktober 1920 angenommen und „der Regierung zur Würdigung abgetreten".

Keine Freunde in den eigenen Reihen verschaffte sich Hildegard Burjan auch mit ihrem Einsatz für ein Hausgehilfinnengesetz, mit dem sowohl die Rechtsgrundlagen als auch die Arbeits- und Lohnbedingungen geregelt werden sollten. „Das ist die, die die Hausgehilfinnen närrisch macht", hieß es in konservativen

Kreisen des Bürgertums. Diese Berufsgruppe, in der vor allem Mädchen vom Land zu finden waren, zählte zu den ausgebeutetsten Berufsgruppen, ähnlich den Heimarbeiterinnen. Ohne rechtliche Absicherung waren sie der Laune ihrer Herrschaft völlig ausgeliefert. In einer der ersten Selbstmordstatistiken nach dem Ersten Weltkrieg war der Stand der Hausgehilfinnen an oberster Stelle zu finden. Für manche dieser armen Wesen, wenn sie zudem noch ein Kind erwartete, schien der Freitod der einzige Ausweg zu sein.

Sich für die Rechte dieser Berufsgruppe besonders einzusetzen, war für Hildegard Burjan die konsequente Fortsetzung ihrer Politik für unterprivilegierte Frauen. Bei der Diskussion über den Entwurf für das neue Gesetz entluden sich die klassenkämpferischen Emotionen. Es war sicher ein großes Verdienst von Hildegard Burjan, dass hier ein Konsens zwischen den berechtigten Ansprüchen der Hausgehilfinnen und den Interessen der Hausfrauen gefunden wurde. Mit Stolz verweist sie daher bei ihrer Berichterstattung im Parlament darauf, dass es „das erste Mal ist, dass ein Gesetz, das von Frauen geschaffen wurde, in der Nationalversammlung zur Beratung kommt".

Bei den Debatten ging es hauptsächlich um die tägliche Ruhezeit, um eine wöchentliche Freizeit und um einen jährlichen, bezahlten Urlaub von einer Woche. Die Sozialdemokraten hätten am liebsten diesen Berufsstand überhaupt aufgelöst; Hildegard setzte sich dagegen unter Einhaltung bestimmter rechtlicher Auflagen für den Beruf der Hausgehilfin ein, der ihrer Ansicht nach vielen Mädchen, gerade jenen vom Land, eine Existenzmöglichkeit bot, die „besser als Fabriksarbeit" sei, weil sie hier doch den Anschluss an eine Familie hätten. Bedauernd stellte sie nur fest, dass mit diesem Gesetz, das am 26. Februar 1920 verabschiedet wurde, nicht die Kranken-, Alters- oder Invaliditätsversorgung für die Hausgehilfinnen geregelt wurde. Erst im Jahre 1925, als Hildegard bereits aus dem Parlament ausgeschieden war, kam es diesbezüglich zu neuen Verhandlungen. Über den Parteiobmann Dr. Ignaz Seipel intervenierte Hildegard mit Erfolg für die Einführung einer Alters- und Fürsorgerente.

Verfolgt man die politische Arbeit von Hildegard Burjan im Parlament, gewinnt man den Eindruck, dass es ihr doch öfters gelang, vor allem durch Sachlichkeit, fundierte Argumentation – ihre Stärke bestand darin, ihre Reden durch Zahlen und Fakten zu untermauern – die ideologische Kluft zwischen den beiden Regierungsparteien in gewissen Fragen zu überbrücken. Das ging so weit, dass sie in ihrem sozialen Engagement von den Vertretern der Sozialdemokraten oft besser verstanden und teilweise sogar unterstützt wurde als in den eigenen Reihen. So meinte einmal ein Vertreter dieser Partei: „Ja, die Frau Abgeordnete Burjan, das ist wahrhaft eine Sozialistin." Auch die sozialdemokratische Presse war ihr wohlgesinnt; so schreibt die „Arbeiter-Zeitung" am 31. Mai 1919 in einem Bericht über die Parlamentsdebatte bezüglich der Errichtung von Volkspflegestätten für erholungsbedürftige Kinder, wofür einige adelige Wirtschaftsbetriebe durch den Staat enteignet werden sollten, von „der warmempfindenden Frau Burjan, die sich ebenfalls dafür einsetzte, weil in diesem Moment alle anderen Interessen zurückgestellt werden müssen".

Hildegard Burjan war, obwohl sie die politisch Andersdenkenden als „arme Verirrte" bezeichnete, „für die man beten müsse", doch um Gemeinsamkeit bemüht. Mehr vermutlich als ihre männlichen Kollegen. Vor allem, wenn es um Frauenfragen ging, war meist der Schulterschluss mit den sozialdemokratischen Abgeordneten gegeben. Am 5. Juli 1920 berichtete die „Arbeiter-

Zeitung", dass „die christlichsoziale Abgeordnete Hildegard Burjan und unsere Genossin Adelheid Popp von der Regierung als Vertreterinnen zum Internationalen Frauenstimmrechtskongress nach Genf entsandt wurden".

Die Erzielung dieser Gemeinsamkeit war aber sicher auch ihrer ruhigen und bestimmten Art zuzuschreiben. Selbst bei heftigen Diskussionen und Angriffen verlor sie weder ihre Ruhe noch das Debattenziel aus den Augen. Die spätere christlichsoziale Abgeordnete Emma Kapral sagte über sie: „Es gibt Politikerinnen, die vergessen, dass sie Frauen sind, und sich nicht fraulich geben, während Frau Burjan immer sehr korrekt, sachlich und nicht frauenrechtlerisch war." Was sie aber nicht davon abhielt – wie die Parlamentsstenogramme der Zeit bezeugen –, sehr energisch für die Rechte der Frauen einzutreten.

Als sie später aus dem Parlament ausschied, sagte der Sozialdemokrat Dr. Julius Tandler zu ihr: „Gnädige Frau, es klingt wie das Gegenteil eines Komplimentes, wenn die feindliche Seite sagt, sie bedaure tief Ihr Weggehen, dennoch ist es echt gemeint."

Hildegard Burjan beschäftigte sich aber nicht nur mit Fragen der Sozialpolitik. In einem Vortrag, den sie am 7. März 1920 in der Volksakademie im achten Wiener Gemeindebezirk hielt, setzte sie sich mit dem Thema „Kommunismus und Christenheit" auseinander. Sie erläuterte darin die Unterschiede zwischen Kommunismus, Bolschewismus und Sozialdemokratie, zitierte Marx, Lenin und Bucharin und ging auf deren jeweiliges Programm näher ein. Woher Hildegard neben ihrem riesigen Arbeitspensum als Abgeordnete, neben der Abfassung zahlreicher Artikel, Reden usw., neben ihrer parallellaufenden Vereinstätigkeit noch die Zeit fand, sich mit der Ideologie einer politischen Richtung auseinander zu setzen, bleibt ungeklärt. Sie sieht es aber als ihre Aufgabe an, sich auch damit zu beschäftigen. Als tiefgläubige Christin weiß sie um die große Gefahr dieser Zeit, dass Menschen, ihrer existenziellen Sicherheit durch eine aus den Fugen geratenen Welt beraubt, allzu leicht einer Ideologie in die Arme getrieben werden können, die ihnen das Paradies auf Erden – „alle Macht in ihre Hände" – verspricht. Doch sie ist, wie sie es auch in ihrem Vortrag feststellt, zutiefst davon überzeugt, dass „wahres Christentum den Kommunismus überwinden wird". Aus der Sicht der politischen Umwälzungen, die sich im zu Ende gehenden 20. Jahrhundert in Europa vollzogen, ist ihre bereits 1920 getroffene Prognose von besonderem Interesse: „Der Kommunismus in allen seinen Formen, in Schattierungen und Nuancen, ist eine Fieberblüte unserer Zeit, eine Reaktion gegen die individualistische Überspannung, den unsozialen Geist der Herrenmenschen der Vorkriegsjahre. Er wird auch in Russland verschwinden und vernünftigeren, realen Wirtschaftsformen Platz machen." Nicht als Politikerin, nicht als Vertreterin einer Partei erhebt sie ihre warnende Stimme, sondern als eine vom Glauben erfüllte Frau.

Die Angst vor einer revolutionär-marxistischen Aktion war in diesen Tagen der jungen Republik weit verbreitet. Die Not der Heimkehrer, der Kriegsversehrten, der ihrer Heimat Beraubten, der Arbeitslosen war groß. Die Inflation wuchs ins Gigantische. Die Preise stiegen von Stunde zu Stunde. Der Schwarzhandel blühte. Streiks, Ausschreitungen und Demonstrationen gehörten zur Tagesordnung. Aus dem Ausland gelenkte Agitatoren nützten die Situation, ja heizten die Stimmung der Verzweifelten noch an. Am 13. April 1919 zogen Tausende in Wien zum Parlament und versuchten dieses zu stürmen. Die Volkswehr musste einschreiten – zurück blieben sechs Tote, mehrere Verletzte. Noch zweimal, am 17. April, dem Gründonnerstag desselben Jahres, und am 15.

Juni, fanden Putschversuche statt, durch die die Kommunisten die Einsetzung einer Rätediktatur erzwingen wollten. Die Regierung blieb, wie die Zeitungen schrieben, „Herrin der Situation". Trotzdem belasteten diese Ereignisse die erste Koalitionsregierung der jungen Republik schwer. Die Sozialdemokraten hatten sich ideologisch von den Kommunisten noch nicht abgesetzt, ja sie sympathisierten sogar mit den Ereignissen, die zur gleichen Zeit in Russland stattfanden. Eine Tatsache, die die Kluft zum Regierungspartner, der wieder unter dem Druck eines extrem rechten Flügels stand, vergrößerte. Durch die von den Sozialdemokraten angestrebte Veränderung der Gesellschaftsordnung durch die Reformierung verschiedener Gesetze war auch der Kulturkampf zwischen den beiden Parteien ausgebrochen. Die Liberalisierung der Ehegesetzgebung, die Schulfrage und der Abtreibungsparagraph 144 trieben die Polarisierung zwischen den verschiedenen Lagern voran. Die Wogen des Hasses gegen alles, was mit Kirche zu tun hatte, schlugen bei den Sozialdemokraten hoch.

Die in den Friedensverhandlungen mit den Siegermächten im französischen Saint-Germain-en-Laye gestellten Bedingungen führten die junge Demokratie in Österreich fast in den Abgrund und reduzierten durch die Gebietsabtretungen auch die wirtschaftliche Lebensfähigkeit des Landes.

Am 17. Juni 1919 trafen in Wien verschiedene Frauengruppierungen zu einer Protestversammlung zusammen, der sich nur die sozialdemokratischen Frauen nicht anschlossen. In einem gemeinsam verfassten Brief wollte man sich an den amerikanischen Präsidenten Thomas Woodrow Wilson, als den Sprecher der Siegermächte, wenden, um eine Milderung der „harten und unerträglichen Friedensforderungen von St. Germain" zu erreichen, deren Ausführungen bewirken könnten, dass sich „aus Selbsterhaltungstrieb ganze Völker aus Verzweiflung dem Bolschewismus in die Arme werfen" könnten.

Hildegard Burjan eröffnete das Treffen der Frauengruppen in Wien mit einem fulminanten Referat, in dem sie darauf hinwies, „dass zum ersten Male die Frauen als vollberechtigte Staatsbürger auf ihr Recht pochen, gehört zu werden". Sie stellte fest, dass diese Zusammenkunft in eine Schicksalsstunde des ganzen Volkes falle. Die Frauen haben Not, Leid und Entbehrungen auf sich genommen, weil sie die Hoffnung auf einen „beglückenden Frieden aufrecht erhalten habe". „Das aber, was man uns ins Land schicken will, ist kein Friedensengel, sondern ein Schreckgespenst." Hildegard verlas unter großem Beifall aller Anwesenden den Text des offenen Briefes an Präsident Wilson, in dem auf die Unannehmbarkeit der gestellten Friedensbedingungen verwiesen wurde und der mit dem Appell schloss, „die Stimmen der Frauen nicht ungehört verhallen zu lassen".

Die Siegermächte blieben aber auch gegenüber den Stimmen der Frauen und Mütter unnachgiebig und unversöhnlich.

Das nun zusammengeschrumpfte Österreich hatte nur die eine Chance, durch gemeinsames Bemühen aller staatstragenden Kräfte sowohl wirtschaftlich zu überleben als auch wieder zu Ansehen bei den europäischen Staaten zu kommen. Schon in diesen ersten Friedensjahren herrschte aber zwischen den Parteien Misstrauen und Hass – eine Situation, die sich in den folgenden Jahren noch steigerte und schließlich das gewaltsam herbeigeführte Ende der Ersten Republik Österreich und den Anschluss an Hitlerdeutschland im Jahre 1938 beschleunigte.

Eine kirchenfeindliche Propaganda der Sozialdemokraten stand den überhand nehmenden antisemitischen Tendenzen in der Christlichsozialen Partei gegenüber. Die Kluft zwischen den Ver-

100

tretern des Bürger- und Bauernstandes zu jenen der Arbeiterschaft vergrößerte sich gewaltig und war in den Dreißigerjahren, trotz der nationalen Bedrohung Österreichs von außen, auf beiden Seiten nicht mehr zu überbrücken. Die Vertreter der beiden Großparteien, der Moraltheologe und Priester Dr. Ignaz Seipel und der blendende Rhetoriker der Sozialdemokraten, Dr. Otto Bauer, repräsentierten schon in ihren Persönlichkeiten die ideologischen Gegensätze. Die Verschiedenheit der Weltanschauung zwischen diesen beiden Männern war so groß, dass sie keinen Weg zueinander finden konnten.

Im Juni 1920, knapp ein Jahr nach den ersten Wahlen, bricht die Koalition bereits auseinander. Ihr folgt eine sogenannte „Proporz-Regierung", d.h. jede Partei erhält nach ihren parlamentarischen Mandatsverhältnissen eine Regierungsbeteiligung. Auch das war keine Lösung, diese Situation verschärfte nur die politischen Spannungen und führte auch zu keiner Veränderung der wirtschaftlichen Notlage. Für den 17. Oktober 1920 wurden daher Neuwahlen ausgeschrieben.

Hildegard Burjan hat sich in den knapp eineinhalb Jahren ihrer politischen Tätigkeit bei den Parteikollegen, bei der gegnerischen Seite und vor allem bei den von ihr vertretenen erwerbstätigen Frauen einen Namen gemacht. Sie genießt Ansehen und Respekt. Sie wird, sollte die Christlichsoziale Partei die Mehrheit bei den nächsten Wahlen gewinnen, als künftige Sozialministerin genannt. Die Überraschung ist daher perfekt, als Hildegard Burjan bei einer Sitzung der Parteileitung mitteilt, bei den nächsten Wahlen nicht mehr kandidieren zu wollen. Von ihrem Entschluss ist sie trotz heftiger Bemühungen seitens der Parteikollegen nicht abzubringen. Dieser falle ihr zwar schwer, wie sie selbst zugibt, aber sie meint: „Man kann ja auch so viel Gutes tun."

Sie führte drei Dinge für ihr Ausscheiden ins Treffen: ihre Familie, für die sie kaum mehr Zeit hatte; ihren schlechten Gesundheitszustand, der sich durch die Strapazen der letzten Monate rapid verschlechtert hatte; und den Klubzwang. Unter letzterem litt sie als überzeugte Katholikin besonders. Es widerstrebte ihr, aus Parteiräson mitstimmen zu müssen, obwohl sie nach ihrem persönlichen Gewissen anders hätte handeln sollen. Nicht immer gelang es Hildegard, so wie Minister Dr. Josef Resch einmal bewundernd erzählte, die Klubmitglieder zu ihrer Meinung umzustimmen. „Es ist wohl eine einmalige Erscheinung, dass es einer Frau gelingt, einen Klub von 75 Männern zu ihrem Standpunkt zu bekehren."

Damals handelte es sich um den Abtreibungsparagraphen 144. Die Meinung der Christlichsozialen war gegen eine von den Sozialdemokraten geforderte Abschaffung der Bestrafung sicher geschlossener als in manchen anderen Fragen, besonders zu den Themen Ehe und Familie.

Was Hildegard bei der Begründung ihres Ausscheidens aus der Partei aber verschwieg, war, dass sie unter den zunehmenden antisemitischen Strömungen innerhalb der Christlichsozialen Partei, mit denen sie politisch, aber auch persönlich konfrontiert wurde, sehr litt. Obwohl getauft, wollte sie Ignaz Seipel – mit dem sie sehr befreundet war und dem die größten Chancen beim künftigen Wahlkampf eingeräumt wurden –, nicht dadurch schaden, eine Jüdin als eventuelles Mitglied in der Regierung zu haben. In den eigenen Parteireihen hätte sich dies, wenn Hildegards Herkunft einer größeren Gruppe bekannt geworden wäre, für Seipel und seine Führungsansprüche nachhaltig auswirken können.

Der Antisemitismus hatte im katholischen Österreich eine lange, unheilvolle Tradition. Als die Juden noch großteils aus dem öffentlichen Leben, von der Erreichung gesellschaftlicher Positionen ausgegrenzt waren, hatte sich die Aversion noch in Grenzen gehalten.

In der Mitte des 19. Jahrhunderts, zur Zeit der Hochblüte des österreichischen Liberalismus, erfolgte aber ihre rechtliche und gesellschaftliche Gleichstellung mit allen anderen Bürgern des Staates. Zugleich verschärften sich die antisemitischen Tendenzen. Ein Dorn im Auge vor allem der Mittelschicht waren die nun von Juden eingenommenen führenden Positionen im Wirtschafts- und Kulturleben.

Um die Jahrhundertwende waren es zwei Gruppen, die sich in ihrer politischen Auseinandersetzung antisemitischer Parolen bedienten. Im Gegensatz zum rassischen Antisemitismus einer kleinen nationalen Gruppe, die sich um Georg Ritter von Schönerer scharte, baute Dr. Karl Lueger, Wiens populärster Bürgermeister und Führer der Christlichsozialen Partei, seine politische Strategie sehr gezielt auf der wirtschaftlichen Angst der Kleinbürger auf, die sich durch die Juden in ihrer Existenz bedroht fühlten. „Jüdische Unternehmer beuten christliche Mehrheit aus", oder „Christen kaufen nur bei Christen ein" waren beliebte Wahlparolen. Als Führer einer christlichen Partei gab Lueger aber seinen antisemitischen Tendenzen auch noch einen konfessionellen Anstrich, um sich damit auch gleichzeitig die Gefolgschaft der Kirche zu sichern.

Nach dem Zusammenbruch der Monarchie, beim Aufbau des neuen Österreich, flammte der Antisemitismus besonders stark auf und belastete das Verhältnis der Großparteien gravierend. In der Christlichsozialen Partei, vor allem natürlich bei den Deutschnationalen, waren Juden von der aktiven Mitgliedschaft ausgeschlossen. Bei den Sozialdemokraten hingegen – obwohl sich auch dort manche Stimmen gegen die „Verjudung" erhoben – waren sie die führenden Köpfe der Partei, wie Victor Adler oder Otto Bauer. Was lag näher, als dass sich der politische Gegner im Wahlkampf antisemitischer Parolen bediente. So ist etwa in einem Wahlaufruf des Niederösterreichischen Bauernbundes zu lesen: „Hinaus mit der verjudeten Sozialdemokratie." Aus Angst vor der unsicheren Zukunft suchte man nach einem Feind, und der saß angreifbar im gegnerischen Lager.

Hildegard Burjan war eine Konvertitin und konnte sich daher in der Christlichsozialen Partei politisch betätigen. Trotzdem fällt auf, dass in keinem der Lebensläufe, die zur Zeit der Wahl in den verschiedenen Zeitungen abgedruckt wurden, ein Hinweis auf ihre jüdische Herkunft zu finden ist. Ja, sie selbst schien dies sogar bewusst zu verdrängen, denn wie könnte man es sich sonst erklären, dass Hildegard Burjan am 7. Juni 1919 bei einer Rede über die „Sozialen Aufgaben der katholischen Frau" in Graz auf die „jetzt sehr rege am Werk seienden jüdischen Ehereformer" hinwies? Ihr diesbezügliches Gespaltensein ist auch daraus zu ersehen, dass sie ihrer Tochter Lisa bis zu deren Hochzeitstag verheimlichte, Jüdin zu sein.

Die Konfrontation mit der antijüdischen Haltung der Wiener Gesellschaft, ja selbst der katholischen Kreise blieben ihr aber in ihrem öffentlichen Engagement trotzdem nicht erspart. So erzählte sie einmal einer ihrer engsten Mitarbeiterinnen, am ganzen Körper zitternd, dass bei einer Vorstandssitzung des Caritasverbandes Wien ihr Vorschlag, die pfarrliche Familienpflege durch eine Spendenaktion bei Damen der Wiener Gesellschaft zu finanzieren, mit folgender Bemerkung eines prominenten Vorstandsmitgliedes abgewiesen wurde: „Da würden ja dann die Damen Kohn und Jeiteles für katholische Schwestern zahlen."

Beim 2. Österreichischen Katholischen Frauentag im Jahre 1914, bei dem Hildegard Burjan den Festvortrag über „Die Stellung der Frau in Literatur und Theater" hielt, stellte in der anschließenden Diskussion Graf Marschall fest, dass „man es in Wien eben mit einer jüdischen Clique, mit der Übermacht der jüdischen Presse, mit dem zersetzenden Geist des Judentums zu tun habe …". Unverständlich, dass die üblicherweise mutige und redegewandte Hildegard solchen Äußerungen nicht energisch entgegentrat.

Wollte sie durch ihr Schweigen ihre in der Wiener Gesellschaft errungene Position nicht gefährden oder die ihres Mannes, der ebenfalls Jude war und inzwischen eine steile Karriere in der Wirtschaft gemacht hatte?

In keinem ihrer noch vorhandenen Briefe oder den erhaltenen Tagebuchfragmenten, auch nicht in Artikeln oder Referaten nahm sie je zur Judenfrage Stellung, obwohl sie ständig mit oft sehr gedankenlos dahingeplapperten antisemitischen Äußerungen, Sprüchen, Witzen und Vorurteilen gegenüber dem Judentum konfrontiert war. Selbst innerhalb der von ihr gegründeten Schwesterngemeinschaft war sie davor nicht gefeit. Ein von einer CS-Schwester dahingesungener Spottvers, „Jedes Judenmädel trägt jetzt einen Bubenschädel", muss wie ein Nadelstich auf sie gewirkt haben, denn auch sie trug auf Wunsch ihres Mannes, der neuen Mode entsprechend, kurze Haare. Obwohl sie sonst Schwestern schon wegen kleiner Ungehörigkeiten einen energischen Verweis erteilen konnte, schwieg sie aber hier.

Einigen Leuten muss aber doch ihre jüdische Abstammung bekannt gewesen sein, denn der spätere Bundesminister für Landesverteidigung und Kurzzeit-Bundeskanzler Dr. Carl Vaugoin erklärte bei der Aufstellung der möglichen Kandidaten für die Wahl im Herbst 1920, „dass er sich nicht noch einmal von einer preußischen Sau-Jüdin in seinem Wohn-Wahlkreis verdrängen lasse".

Abgesehen aber von all dem Unerfreulichen, war der Hauptbeweggrund für Hildegard Burjans Ausscheiden aus der Politik sicher ein von ihr damals schon als Lebensziel erkanntes Projekt, das auch von Dr. Ignaz Seipel sehr gefördert wurde.

Bereits vor dem Krieg zeichneten sich die Konturen zur Gründung einer religiösen Frauengemeinschaft, die sich voll und ganz der sozialen Arbeit widmen sollte, ab. In den letzten Kriegstagen nahmen diese Ideen bereits festere Formen an. Am 24. Oktober 1918 wurde der Verein „Caritas Socialis" gegründet.

Doch Hildegards Pläne gingen weiter, sie wollte nicht nur einen weiteren sozialen Verein gründen. Dafür brauchte sie Zeit, die sie zwischen Parlament, notwendiger Öffentlichkeitsarbeit und Familie nicht fand.

Mit Hildegard Burjan schied eine Frau aus dem politischen Leben, die sicher zu den brillantesten Rednerinnen und den begabtesten Politikerinnen der Ersten Republik zählte und der große Zukunftschancen zugeschrieben wurden. Ein großer Verlust für die Christlichsoziale Partei.

Geistliche Wegbegleiter

Hildegard Burjan stand wieder einmal an einem Wendepunkt in ihrem Leben. Und wieder fiel die Entscheidung für eine Richtung, von der sie spürte, dass sie in diese unbedingt gehen musste. Hatte sie nach ihrer Konversion zum katholischen Glauben auf eine weitere akademische Karriere verzichtet, um sich in Hinkunft „ganz für Gott und die Menschen" einzusetzen, so gab sie diesmal eine glänzend begonnene politische Laufbahn auf, um jenes Ziel zu verwirklichen, von dem sie fühlte, dass es die Aufgabe ihres Lebens sei. Nach ihrer Genesung in Berlin hatte Hildegard versucht, allein im Gebet den Willen Gottes für ihr weiteres Leben zu ergründen. Jetzt, mehr als zehn Jahre später, war ihr der Rat von Menschen wichtig, die ihr nun als Weggefährten bei der Verwirklichung ihres Lebenswerkes beistanden.

Der Erzbischof von Wien, Kardinal Friedrich Gustav Piffl, schätzte das soziale Engagement von Hildegard Burjan sehr. Als sie ihm noch vor dem Krieg von der Idee der Gründung einer Schwesterngemeinschaft erzählte, die vor allem im sozialen Bereich tätig sein sollte, reagierte er äußerst positiv.

Später, bei der Aufbauarbeit der Caritas Socialis, konnte Hildegard nicht nur stets mit dem Wohlwollen, sondern auch mit der tatkräftigen Unterstützung des geistlichen Oberhirten rechnen. Piffl nahm persönlich großen Anteil an allen Sorgen und Nöten und ließ sich über alle Pläne des sich ständig ausweitenden Arbeitsgebietes informieren. Humorvoll meinte er einmal selbst über sein großes Interesse: „Wenn beim Konsistorium die Sprache auf die Caritas Socialis kommt, dann schauen alle Herren auf mich, sie identifizieren mich geradezu damit."

Piffl war zeit seines Lebens sehr an der sozialen Frage interessiert. Als junger Kooperator in einer Pfarre in Floridsdorf, einem Wiener Arbeiterbezirk, eingesetzt, lernte er die Nöte der Menschen in der Praxis kennen. Er selbst bezeichnete diese Zeit als seine „soziale Schule". Unter dem Pseudonym „Loch im Ärmel" nahm er damals Zeit in der Zeitung „Gerechtigkeit", der Vorläuferin der „Christlichen Arbeiterzeitung", zu verschiedenen gesellschaftspolitischen Problemen pointiert Stellung. Er unterstützte auch sehr die Gründung eines „Christlichen Arbeitervereins", in dem die Arbeiterschaft ein geistiges Zuhause finden sollte. Später, als Erzbischof, zeigte er an der Weiterentwicklung des katholischen Vereinswesens ebenfalls reges und aktives Interesse.

Piffl war von der Sozialenzyklika Rerum novarum Leos XIII. und von den Ideen des Sozialreformers Carl von Vogelsang geprägt. Auch er nahm an den sogenannten „Enten-Abenden" teil, die einer der Mitstreiter Vogelsangs, der katholische Moraltheologe Franz M. Schindler, im Gasthaus „Zur goldenen Ente" in Wien veranstaltete. Diese Zusammenkünfte hatten vor allem die Auseinandersetzung mit der sozialen Frage zum Ziel. Dies war das geistige Umfeld, dem Piffl auch als Kardinal in seiner Umsetzung in die Praxis treu blieb. Schon sein Wahlspruch, „Der Arbeit, nicht der Ehre seien meine Kräfte geweiht", zeigte an, welchen Weg er auch als Bischof weiter verfolgen wollte.

Piffl suchte immer den Kontakt zu den Menschen, auch dann als er Oberhirte einer großen Diözese geworden war. Nicht selten konnten ihm seine „Schäflein" in der Straßenbahn oder auf einer Wanderung in der näheren und weiteren Umgebung Wiens begegnen.

Kardinal Piffl war einer der Männer, auf deren Rat und Hilfe Hildegard Burjan sich bei der Errichtung ihres Lebenswerkes, der CARITAS SOCIALIS, stützte.

109

Er war humorvoll, ein dynamischer Mensch und an allen Zeitproblemen gesellschaftlicher und politischer Natur äußerst interessiert. Und an solchen Problemen mangelte es wahrlich während seiner bischöflichen Amtszeit nicht. Am 1. Juni 1913 zum Bischof geweiht, steuerte er die Kirche von Österreich durch die Kriegsjahre, den Zusammenbruch der Monarchie und die Wirren der Nachkriegszeit. Die Auseinandersetzung zwischen der Sozialdemokratie und der Christlichsozialen Partei sowie die Kulturkampfstimmung der Zwanzigerjahre trafen ihn nicht nur als Repräsentanten der Amtskirche schwer, er litt auch menschlich sehr unter der Situation.

Piffl war daher froh, in der Diözese einen Menschen wie Hildegard Burjan zu haben, mit dem er konkrete, vor allem soziale und karitative Probleme besprechen konnte. Er wusste, dass er bei Hildegard Burjan immer ein offenes Ohr und vor allem auch Herz fand und dass sie Lösungsversuche nicht nur überlegte, sondern auch in die Tat umzusetzen versuchte. „Ich bin froh, jemand aus dem Laienstand zu haben, der sich mit solchem Eifer und solcher Unerschrockenheit für die Sache der Kirche einsetzt", meinte Piffl einmal im Gespräch über Hildegard Burjan.

In einigen katholischen Kreisen jedoch erzeugten diese bischöflichen Beweise des Lobes und der Anerkennung für Hildegard nur Unmut und Eifersucht. Dazu kamen noch andere Gründe, die Hildegard manchem suspekt erscheinen ließen: Sie kam von auswärts, sie war also nicht „gewachsen" im katholischen Leben von Wien, sie war Konvertitin und, das hatten sicher einige herausgefunden, sie war jüdischer Abstammung. Zudem war sie noch Gattin eines führenden Mannes der Wirtschaft und verkehrte auch in der gehobenen Gesellschaftsschicht. Dass sie aus dieser Position heraus aber auch jene Geldquellen erschloss, mit denen sie die verschiedensten Aktivitäten im kirchlichen Bereich zu Gunsten sozial Unterprivilegierter finanzierte, zählte in den Augen der Kritiker nicht. Am schwersten wog aber sicher, dass ihre Persönlichkeit so gar nicht dem traditionellen katholischen Frauenbild entsprach. Sie war eine ausgesprochen eigenständige Person, hatte zu verschiedenen Dingen eine fundierte Meinung, die sie auch in der Öffentlichkeit zu artikulieren verstand. Außerdem war Hildegard ein Genie in der Organisation von Unternehmungen, die andere schon von vornherein für aussichtslos gehalten hätten. Wenn es um die Sache ging, konnte sie eine Hartnäckigkeit entwickeln, vor der selbst hochgestellte Persönlichkeiten schließlich nur kapitulieren konnten.

Von versteckten Kritiken, von mancher heimlichen Intrige gegen ihre Person wusste sie. Es war Hildegard zwar nicht ganz egal, sie litt sicher darunter, aber sie konnte damit leben. Viel wichtiger wog für sie das Wohlwollen des Erzbischofs. Und der stand in jeder Situation zu ihr. Als sie, wieder bahnbrechend, ein Heim für ledige Mütter einrichtete, in dem die jungen Frauen mit ihren Kindern fürs Erste eine Bleibe fanden und dadurch von einem Verzweiflungsschritt abgehalten werden konnten, erhielt sie sogar von einigen Bischöfen drohende Briefe, damit nur „die Unmoral zu fördern". Piffl wehrte diese Angriffe ab und stattete dem Heim einen Besuch ab, um so seine Zustimmung zu dokumentieren.

Die Kampagne gegen ihre Person erreichte einen Höhepunkt, als sie, nach der Gründung der Caritas Socialis, in das Amt der Vorsteherin gewählt wurde. Für manche buchstabentreuen Katholiken schien die Welt zusammenzubrechen: eine verheiratete Frau und Mutter an der Spitze einer religiösen Gemeinschaft. Man schreckte auch nicht davor zurück, die jungen Schwestern diesbezüglich aufzuwiegeln.

Als man bei Kardinal Piffl in dieser Sache und wegen einer Ablöse von Hildegard Burjan vorstellig wurde, reagierte er äußerst temperamentvoll: „Wer mir damit noch einmal kommt, den werfe ich hinaus! Für mich ist die Frage ein für allemal abgeschlossen. Ich danke Gott, dass ich mit dieser Frau arbeiten darf." Er ließ Hildegard Burjan, die sich zwar schweren Herzens, aber gehorsam auch einer anderen bischöflichen Weisung gefügt hätte, ausrichten, dass „es seine heilige Überzeugung sei, dass sie an der Spitze der Schwesternschaft zu bleiben habe, bis Gott sie selbst abrufe."

Piffl akzeptierte auch voll und ganz die neue Form dieser Gemeinschaft, deren Mitglieder zwar nach den evangelischen Räten lebten, aber in ihrem Wirken nach außen nicht durch klösterliche Formen eingeengt wurden. Er wusste, dass die Caritas Socialis ihre Aufgaben auf sozialem Gebiet nur auf dieser Basis erfüllen konnte. „So wie die Caritas Socialis ist, will ich sie, und wenn sie ein Kloster wird, ziehe ich meine Hände von ihr zurück."

Die Basis der persönlichen Beziehung zwischen Hildegard Burjan und dem Oberhirten der Diözese beschreibt am besten ein weiteres Piffl-Zitat: „Wenn ich nur mehr so Leute hätte, die dem Bischof so gehorsam sind wie Frau Burjan, die nichts unternimmt, ohne mich zu fragen." Tatsächlich pflegte sie bei größeren Entscheidungen, sowohl im politischen wie im sozialen Bereich, sich Rat und Bestärkung für ihr Handeln beim Erzbischof zu holen.

Ihr „Ratholen" ging für unser heutiges Verständnis vielleicht in manchen Dingen aber auch zu weit. Als Hildegards Gatte ihr einmal ein der neuen Mode entsprechendes kurzes Kleid kaufte, ließ sie telefonisch bei Kardinal Piffl anfragen, ob sie es anziehen dürfe! Piffls Antwort war kurz und bündig: „Nicht tragen." Dazu muss man aber auch die Hintergründe dieser Anfrage in Modebelangen kennen. Die österreichischen Bischöfe führten zu dieser Zeit untereinander einen regen Schriftwechsel über die neuen Trends in der Damenmode. Der neue Zeitgeist dokumentierte sich nämlich auch in der Rocklänge und besonders in der Sportbekleidung der Frauen.

In ihrer Besorgnis wandten sich die Bischöfe sogar an Rom, um „Weisungen zu bewussten Sittlichkeitsfragen" zu erhalten. Im Dezember 1925 ließ der Heilige Vater Pius XI. ihnen „Praktische Direktiven" über die „Frauenkleidung in der Kirche, in der Stadt, bei Soireen und bei Landaufenthalten" übermitteln.

Dass der direkte Draht zum erzbischöflichen Palais für die Klärung einer aus heutiger Sicht belanglosen Modefrage von Hildegard bemüht wurde, war aber sicher eine Ausnahme. Sonst hatten Hildegard und Kardinal Piffl wichtigere Dinge zu besprechen. Als Kardinal Piffl am 21. April 1932 stirbt, ist Hildegard, gerade von einem Erholungsaufenthalt zurückgekehrt, tief erschüttert. Sie weiß, dass sie nun nicht nur einen verständnisvollen Berater, sondern auch einen väterlichen Beschützer ihres Lebenswerkes verloren hat. Die Ereignisse bald danach geben ihr Recht, aber davon später.

Piffl war der erste Weggefährte, von dem sie in diesem Jahr Abschied nehmen musste.

Mit Prälat Dr. Ignaz Seipel verband Hildegard Burjan eine ganz andere Beziehung, eine geistige Freundschaft, deren Dimension beiden vielleicht erst bewusst wurde, als es ans Abschiednehmen ging. Es war das geistige Messen und Ringen zweier kongenialer Menschen, die daraus ihre schöpferische Kraft und die Impulse für ihre Arbeit in Kirche und Gesellschaft schöpften.

Als Seipel einmal gefragt wurde, warum er Frau Burjan durch

seinen ewigen Widerspruch das Leben so schwer mache, meinte er: „Ich widerspreche ihr aus Prinzip. Ich weiß, dass alles gut ist, was sie sich zurechtlegt und in Angriff nehmen will. Sie braucht aber jemanden, der ihr ‚nein' sagt. Das gibt ihr Sicherheit und klärt ihre Pläne. Was sie als recht und notwendig erkannt hat, davon lässt sie sich ja ohnedies nicht abbringen."

Gleich die erste Begegnung beider bestand aus einem Klingenkreuzen auf Grund verschiedener Auffassungen. Seipel hielt im Februar 1917 auf Einladung von Prinzessin Klementine Metternich einen Vortrag über Richtlinien für die wirtschaftliche Tätigkeit der Frauenorganisationen. Es geschah dies im Rahmen des 4. Delegiertentages der „Katholischen Reichsfrauen-Organisation Österreichs". Unter den Teilnehmerinnen fiel dem Vortragenden eine elegante Dame auf, die eifrig mitschrieb, aber ihre Missbilligung an seinen Ausführungen durch ständiges Kopfschütteln zum Ausdruck brachte. In der anschließenden Diskussion widerlegte sie seine Thesen Punkt für Punkt. Seipel war beeindruckt und zeigte sich an einem weiteren Gespräch interessiert.

Eine gemeinsame Bekannte, Dr. Maria Maresch, die auf Intervention von Hildegard Burjan 1919 zu einer der ersten weiblichen Referentinnen im Unterrichtsministerium bestellt wurde, lud die beiden Kontrahenten zum Tee ein, und eine lebenslange Freundschaft begann. Sie hatten viele Gemeinsamkeiten – beide waren tief religiös, politisch und sozial sehr engagiert und darin auch im Denken ihrer Zeit weit voraus. Der von Seipel geprägte Satz von der notwendigen „Sanierung der Seelen" war beiden eine Richtschnur für ihr Handeln in allen Bereichen. Es gab aber noch andere Parallelen. Ignaz Seipel und Hildegard Burjan waren, trotz eines großen Bekanntenkreises, einsame Menschen. Über ihre inneren Gefühle zeigten sie sich verschlossen. Selbst in extremen

Situationen blieben sie beherrscht und verloren nicht die Haltung. Beide waren zeit ihres Lebens leidend.

Seipel war das fünfte Kind eines Wiener Fiakers. Die Mutter stammte aus Niederösterreich. Als der kleine Ignaz Karl drei Jahre alt ist, stirbt die stets kränkelnde Mutter, erst 29 Jahre alt. Bei der Einweihung einer kleinen Kapelle, die Hildegard Burjan 1927 im Geburtsort von Seipels Mutter in Weitenegg an der Donau erbauen ließ, kann man aus Seipels Worten das Manko seines Lebens, die fehlende Mutterliebe, heraushören: „Mit Ausnahme einer leisen Erinnerung in der Tiefe des Gedächtnisses habe ich meine Mutter nicht gekannt …" Dieser frühe Verlust des mütterlichen Schutzes prägte ihn. Als Schutz vor seelischen Verletzungen lernte er früh sich innerlich zurückzuziehen, von der Umwelt zu distanzieren. Ein Umstand, der Seipel später, vor allem in seiner Tätigkeit als Politiker, als Gefühlskälte ausgelegt und vorgeworfen wurde.

Der kleine Ignaz wuchs bei einer Schwester seines Vaters, da dieser bald wieder heiratete, auf. Er war ein guter Schüler, absolvierte das Gymnasium und trat 1895 in das Wiener Priesterseminar ein. 1899 wurde er zum Priester geweiht und bekam in Göllersdorf in Niederösterreich seine erste Kaplanstelle. Sein Studium zum Doktor der Theologie setzte er aber trotzdem fort. Einer seiner Professoren war der von ihm schon im Priesterseminar verehrte Moraltheologe Franz M. Schindler, der, wie bereits erwähnt, ein Mitkämpfer des Sozialreformers Vogelsang war und zu den Mitbegründern der Christlichsozialen Partei zählte.

Über Schindler begann sich Seipel schon sehr früh für die soziale Frage zu interessieren und fand dadurch den Zugang zur Soziologie und zur Volkswirtschaftslehre. Schindlers Anliegen war, dass sich die jungen Theologen nicht nur mit den christlichen Sittengesetzen allein auseinander setzten, um diese den Menschen nahe zu bringen, sondern dass sie sich auch mit deren Lebensumständen beschäftigen sollten.

Seipel sagte später einmal: „Wir sollten begreifen lernen, dass es dem Menschen schwer fällt, gut zu sein, wenn er in einer ungünstigen sozialen und wirtschaftlichen Umgebung lebt." Schindler beobachtete freundschaftlich den Weg seines Schülers zur Soziologie, die vorerst als wissenschaftliche Disziplin noch nicht anerkannt wurde und die, so Seipel, „wir später dann erfunden haben". In einem Brief an einen Bekannten schreibt Seipel Jahre später, dass Schindler und auch andere Professoren stets nur die soziale Frage vorgetragen haben und keine Soziologen waren, „obwohl er [Schindler] Pate bei der Geburt dieser Wissenschaft stand".

Der fertige Doktor der Theologie Ignaz Seipel absolvierte noch ein Zwischenspiel als Religionslehrer an einer Wiener Mittelschule, bevor er 1909 als ordentlicher Professor für Moraltheologie an die Universität Salzburg berufen wurde. Er war damals 32 Jahre alt.

Während der Salzburger Zeit bis zum Herbst 1917 machte sich Seipel nicht nur als Theologe einen Namen, sondern auch als Verfasser unzähliger publizistischer Arbeiten und als brillanter Vortragender, der zu den verschiedensten Themen als Referent eingeladen wurde. Die Interessen von Ignaz Seipel waren genauso vielfältig wie die von Hildegard Burjan. So schreibt zum Beispiel Seipel in Salzburg für Zeitungen auch Artikel über den Einfluss des Theaters „auf das sittliche und soziale Leben des Volkes", während Hildegard in Wien fast zur gleichen Zeit bemüht ist, einen Theaterring zur Förderung guten Theaters auf die Beine zu stellen. Unterstützt wurde sie dabei von Dr. Oskar Katann, dem späteren

Direktor der Bibliothek der Stadt Wien, mit dem Dr. Ignaz Seipel ebenfalls sehr befreundet war. Das ganze erst im Werden befindliche Unternehmen fand aber durch den Krieg ein Ende.

Während der Salzburger Zeit lernt Seipel auch den Moralpädagogen und überzeugten Pazifisten Friedrich W. Foerster kennen, von dessen Gedankengut Hildegard sich schon während ihrer Züricher Studienzeit sehr angesprochen gefühlt hatte. Beide Männer, die einander geistig sehr verbunden waren, mussten für ihr öffentliches Eintreten für den Frieden in der patriotisch-enthusiastischen Begeisterung der ersten Kriegsjahre viele Angriffe gegen ihre Person in Kauf nehmen. Die Idee zu einer 1917 in Wien stattfindenden „Friedensdiskussion" stammte von Seipel und Foerster.

Der Universitätsprofessor Seipel war auch als Mann der Kirche einer der Ersten, der sich intensiv mit der Frauenrechtsfrage auseinander setzte und die Frauen zum Dienst in Kirche und Gesellschaft aufrief. Seiner Ansicht nach sollte aber die Eingliederung der Frauen in das öffentliche Leben, die Übernahme von Ämtern, nur stufenweise, langsam erfolgen. Gegen das Frauenwahlrecht hegte er zuerst, ähnlich wie Hildegard, Bedenken. Er wollte „den Frauen das Hinabsteigen auf den politischen Kampfplatz ersparen". Später, als eine der führenden Persönlichkeiten der Christlichsozialen Partei, änderte er aber seine Ansicht; die Praxis zeigte, dass jede Stimme, auch die der Frauen, zur Stärkung der politischen Position wichtig war.

Wie Hildegard Burjan erkannte er früh, dass nach dem Krieg die Frauenfrage zu einem großen Problem werden würde, wenn „eine ganze Klasse von Menschen mit ihren bisherigen Lebensbedingungen in Widerstreit gerät und neue, den veränderten Verhältnissen angepasste noch nicht gefunden habe …". Auch darin, dass die Frauen an der Lösung des Problems selbst mitarbeiten müssten, vertraten Seipel und Burjan dieselbe Ansicht. Die einfühlsame Begründung, die der Priester Seipel dafür findet, wird nicht nur seine geistlichen Mitbrüder erstaunt haben: „Wie soll je ein Mann die Bedürfnisse und Hemmnisse des Frauenlebens vollkommen erfassen, da es doch seit der Weltschöpfung für den Mann kein Übergehen in die Frauenseele gibt, sondern nur ein Hinübersehen im Nebeneinanderwerden."

Seipel setzte sich daher auch für den Aufbau starker katholischer Frauenorganisationen ein, welche sich nicht nur karitativ betätigen, sondern die Rechte der Frauen auch in der Öffentlichkeit verteidigen sollten. In Hildegard Burjan lernte er eine der engagiertesten Verfechterinnen der Sache der Frau kennen.

Bereits während des Krieges verfasste Seipel verschiedene politische Publikationen, so auch sein Hauptwerk, das Buch „Nation und Staat", in dem er sein politisches Credo darlegte. Sein öffentliches Engagement wurde besonders durch den engen persönlichen Kontakt mit dem bekannten Völkerrechtler Professor Heinrich Lammasch gefördert. Auf dessen Einfluss ist, wie ein Biograf Seipels später auf Grund der Einsicht in die Tagebücher feststellte, das „weltweite, internationale Denken des späteren Staatsmannes Seipel zurückzuführen".

Lammasch gehörte dem Internationalen Schiedsgericht in Den Haag an und war Mitglied des österreichischen Herrenhauses. Auf Wunsch Kaiser Karls I. übernahm Lammasch in den letzten Wochen der Monarchie die Staatsgeschäfte. Seipel, der inzwischen nach Wien zurückgekehrt war, wo er die Nachfolge seines ehemaligen Lehrers Professor Schindler an der Wiener Universität antreten sollte, wurde von Lammasch als Minister für soziale Fürsorge in dessen Kabinett berufen.

Diese letzte Regierung der Monarchie hatte die äußerst schwierige Aufgabe, die Abdankung des Kaisers und die eigene Auflösung abzuwickeln. Dabei bewies der Theologe Seipel eminentes politisches Geschick und unglaubliche Zähigkeit bei den Verhandlungen. In der neuen Republik Deutschösterreich wurde er einer der engsten Berater der Christlichsozialen Partei und war maßgeblich an der Ausarbeitung des Wahlprogramms für die ersten demokratischen Wahlen beteiligt. In diese Zeit fällt auch der Beginn des engeren persönlichen Kontaktes zwischen Hildegard Burjan und Ignaz Seipel.

Seipel erkannte das politische Talent Hildegards und förderte ihren Einzug ins Parlament. Aus Seipels Tagebüchern geht die enge Zusammenarbeit dieser beiden politisch hoch motivierten Menschen aus den nur kurz notierten Hinweisen deutlich hervor. „Absprache mit Burjan, Termin mit B. im Parlamentsclub …" Als Hildegard bereits nach zwei Jahren ihre Abgeordnetenposition aufgibt, bedauert Seipel dies zutiefst. Doch er versteht ihren Entschluss und wird für sie in den nächsten Jahren, bis zu seinem Tod, ein wichtiger, manchmal auch ein schwieriger Berater und Wegbegleiter beim Aufbau der Caritas Socialis. Für Außenstehende ist seine Person so eng damit verbunden, dass manche über die junge Schwesterngemeinschaft nur als die „Seipel-Schwestern" sprachen.

Seipel litt nicht nur unter seiner menschlichen Einsamkeit, sondern auch an der falschen Einschätzung seiner Person. Letzteres ergab sich nicht nur aus seiner etwas introvertierten Persönlichkeit, sondern auch aus der von Feindbildern geprägten Auseinandersetzung zwischen den Christlichsozialen und den Sozialdemokraten. Für die Kirche war der Sozialismus, wie er sich damals präsentierte, die große Gefahr, die alle christlichen Wertvorstellungen gezielt untergraben wollte. Daher mussten alle Kräfte des bürgerlichen Lagers dagegen mobilisiert werden. Für Seipel wurde das nicht nur das zentrale Motiv seines Agierens als Politiker, sondern auch für sein politisches Engagement als Priester.

Für die Sozialdemokraten dagegen war gerade Seipel die Personifizierung dessen, was sie bekämpften – ein Sympathisant der Monarchie, ein Vertreter des bürgerlichen Lagers und ein Mann der Kirche. Besonders letzteres war oft Ziel wüstester Angriffe. Der „Pfaffe" Seipel wurde bewusst als Feindbild aufgebaut. Mit Hassparolen, „Nieder mit der Pfaffenregierung" oder „An den Galgen mit dem Seipel", wurde die Stimmung aufgeheizt.

Verständlich, dass Seipel froh war, im Ehepaar Burjan Menschen gefunden zu haben, bei denen er ein wenig ausruhen konnte. „Ich sehne mich recht nach ein bisschen Heim", schreibt er in einem Brief an Lammasch. Ein Zuhause hat er in der Wohnung von Alexander und Hildegard Burjan sicher gefunden, denn in seinen Tagebüchern finden sich immer wieder Mitteilungen wie „Sonntag bei Burjan" oder „Weihnachten bei Burjan", die den engen privaten Kontakt dokumentieren.

Hildegard verstand es auch sehr gut, einen kleinen, aber erlesenen Personenkreis zum Gedankenaustausch einzuladen, wo Seipel den Kleinkram und die gehässigen Angriffe des politischen Alltags etwas vergessen konnte.

Sein großes politisches Betätigungsfeld – als Führer der Partei, als Bundeskanzler und später als Außenminister – ließ ihm wenig Zeit für eine seelsorgliche Betätigung, was er sehr bedauerte. Es war ihm daher ein großes Bedürfnis, die Schwesterngemeinschaft Caritas Socialis als Priester begleiten zu dürfen. Dafür nahm er sich Zeit, selbst wenn er noch so müde war. Jeden vierten Sonntag im Monat hielt er den Gottesdienst in der Pramergasse und wenn es seine Zeit erlaubte, nahm er an den Vorstandssitzungen teil. Wie es bei diesem Arbeitspensum um seine Kräfte stand, zeigt eine kurze Eintragung in seinem Tagebuch nach einem Einkehrtag für die Caritas Socialis: „Gar nicht vorbereitet, sehr ermüdet." Nicht vorbereitet zu sein, traf den zu größter Selbstdisziplin und strengster Pflichtauffassung neigenden Menschen Seipel zutiefst in der Seele.

Am l. Juni 1924 wird Bundeskanzler Seipel Opfer eines Attentats. Ein Fanatiker verletzt ihn durch zwei Pistolenschüsse schwer. Als Hildegard davon erfährt, fasst sie sofort den Entschluss, einen Gebetssturm zu veranlassen. In der Kirche am Hof erwirkt sie die Erlaubnis zu einer nächtlichen Anbetung. In kurzer Zeit mobilisiert sie die katholischen Frauen Wiens. Am Abend ist die Kirche zum Bersten voll. Die ganze Nacht wird um die Genesung des Schwerverletzten gebetet. In den Morgenstunden zelebriert der päpstliche Nuntius eine heilige Messe und begibt sich anschließend ins Krankenhaus. Dort erfährt er, dass Seipel erstmals eine ruhige Nacht verbracht hat.

Hildegard überrascht ihre Mitarbeiterinnen aber mit einem weiteren Plan, sie denkt an eine Haussammlung, deren Ergebnis Bundeskanzler Seipel als Sühnegabe übergeben werden soll. „Es soll ein Zeichen dafür sein, dass trotz einiger Verhetzter das österreichische Volk zu ihm steht." Sie erwirkt beim Bürgermeister die Erlaubnis dafür und organisiert das Unternehmen. Als Seipel im September seine Geschäfte als Bundeskanzler wieder aufnehmen kann, erhält er von einer Delegation von katholischen Frauen eine ansehnliche Summe überreicht, die er für Bedürftige zur Verfügung stellt. Dass Hildegard der Motor dieses Unternehmens war, erfährt er nicht. Sie bleibt im Hintergrund. „Wir haben es ja für den lieben Gott getan", wehrt sie alle Aufklärungsversuche ihrer

CS-Schwestern ab. Die Verteilung des Geldes überträgt Seipel der Caritas Socialis.

Mehr als fünfzehn Jahre dauert diese tiefe Freundschaft zwischen Ignaz Seipel und Hildegard Burjan. Zu Beginn der Dreißigerjahre wird Seipels körperliche Verfassung immer schlechter. Er ist müde, geistig erschöpft und möchte sich am liebsten ins Privatleben zurückziehen. In einem Brief an den österreichischen Gesandten in Bern, Max Hoffinger, schreibt er: „Wissen Sie, was ich möchte? Ich möchte gerne in solcher Muße durch die Welt reisen, dass ich den einzelnen wertvollen Menschen, die sich mir nahen, die Zeit widmen könnte, die nötig ist, um ihnen näher zu kommen."

Seipel zählt aus der heutigen Sicht sicher zu den bedeutendsten Staatsmännern der Ersten Republik. Durch seine Währungspolitik konnte die Inflation gestoppt werden, wodurch die Wirtschaft neuen Aufschwung bekam. Auch international gewann das klein gewordene Österreich unter seiner Führung wieder an Ansehen. Trotzdem wurden die Angriffe des politischen Gegners auf seine Person nicht weniger. Auch innerhalb der Christlichsozialen Partei mehrten sich die Reibungsflächen. Seine Stellung als Mann der Kirche und zugleich als Parteipolitiker brachte ihn sehr oft ins Schussfeld der Kritik.

Einerseits erforderte die politische Situation von ihm öfter ein Agieren, das sich nicht immer mit seinen christlichen Grundsätzen vereinbaren ließ. Andererseits musste Seipel manchmal als besorgter Seelenhirte in der Club-Debatte auf einem rigoroseren Standpunkt beharren, vor allem in Fragen des Eherechts und bei Schulreformen, in denen sich seine Parteifreunde eher liberaler gezeigt hätten. Diese Gegensätzlichkeiten brachten nicht nur ihn als führende Persönlichkeit der Christlichsozialen in Konflikte, sondern heizten auch die kirchenfeindliche Propaganda der Sozialdemokraten weiter an, welche die verwundbare Stelle ihres Gegners genau erkannten. Das alles zehrte an seinen Kräften.

Von einer Mittelmeerreise, von der er sich etwas Erholung versprach, kehrt Seipel sterbenskrank zurück. An Hildegard schreibt er: „Es hat mich diesmal wirklich. Das unterernährte Herz gibt mir auch das subjektive Gefühl des Krankseins." Als er spürt, dass es mit ihm zu Ende geht, lässt er sie zu sich rufen. Erstmals kommen über seine Lippen Worte, die zeigen, was auch ihm diese Freundschaft bedeutet hat: „Ich habe keinen Schritt in meinem Leben getan ohne Ihren Rat und habe mir auch stets raten lassen." Mehr als drei Stunden verbringt Hildegard an seinem Totenbett. Als sie Seipel verlässt, weiß sie, zutiefst erschüttert, dass es ein Abschied für immer in dieser Welt war. Dr. Ignaz Seipel stirbt am 2. August 1932.

Einen der berührendsten Nachrufe hält sein größter und fanatischster Widersacher, der gezielt immer wieder die öffentliche Meinung gegen ihn aufgebracht hatte, der Sozialdemokrat Otto Bauer. Er bezeichnet ihn posthum nicht nur als „einzigen Staatsmann europäischen Formats", sondern findet an seinem Grab, fern aller Parteifeindschaft, auch Worte, die der wahren Persönlichkeit Seipels am umfassendsten gerecht werden: „Ein harter Kämpfer im öffentlichen Leben … persönlich ein reiner Mensch … und gütig im persönlichen Verkehr."

Hildegard Burjan wird dem Wegbegleiter und Förderer ihres Lebenswerkes später durch den Bau einer Kirche ein Denkmal über alle Zeiten hinweg setzen.

Keinesfalls unerwähnt in der Reihe jener Persönlichkeiten, die von Anfang an den Aufbau dieser neuen Form einer religiösen Gemeinschaft begleiteten, darf der Priester August Schaurhofer bleiben. Auch wenn sich die Wege infolge verschiedener Auffassungen über die Organisation der Caritas Socialis sowie sonstiger Missverständnisse zwischen der Vorsteherin und ihm knapp vor seinem Tod im Jahre 1928 trennten, wusste Hildegard weiterhin die Bedeutung seines Einflusses auf das Werden der Gemeinschaft über alles Trennende hinweg zu schätzen.

Selbst Jahre später, im Tätigkeitsbericht zur Generalversammlung der Caritas Socialis am 9. März 1930, gedenkt Hildegard Burjan nochmals in warmen Worten des Verstorbenen, „der durch seine wahrhaft ideale, edle Weltanschauung … die Wärme und Tiefe seines gütigen Herzens … die Schwesterngemeinschaft von Anfang an prägte …".

Hildegard hatte Schaurhofer schon bald nach der Übersiedlung nach Wien kennen gelernt. Die ersten Kontakte waren entstanden, als sich die beiden sozial engagierten Menschen im „Sozialen Kurs" trafen. Beide begannen – Schaurhofer war später auch Präses des christlichen Arbeiterinnenvereins – sich ab diesem Zeitpunkt für die Verbesserung der Lage der Arbeiterinnen einzusetzen. Beim „2. Österreichischen Katholischen Frauentag" im Jahre 1914, auf dem Hildegard Burjan ihr berühmtes Referat „Kinderelend und Heimarbeit" hielt, sprach August Schaurhofer über „Die sozialdemokratische Gefahr in der Arbeiterinnenbewegung".

So wie Hildegard Burjan sah auch er den einzigen Weg, die politische Vereinnahmung abzuwehren, darin, konkrete Maßnahmen zur Verbesserung der Lebensbedingungen der Arbeiterinnen zu setzen. Dieses von beiden vertretene Anliegen ergab nicht nur einen regen Gedankenaustausch, sondern auch eine Zusammenarbeit bei den von Hildegard gesetzten sozialen Initiativen.

Wie Hildegard begann sich Schaurhofer schon früh mit dem Gedanken einer Gemeinschaftsgründung auf sozial-religiöser Ba-

124

sis zu beschäftigen. Als Hildegard nach dem Krieg an die Realisierung ihrer sehr konkreten und auch schon weit gediehenen Pläne ging, fand sie daher in Msgr. August Schaurhofer einen eifrigen Mitarbeiter, der neben Prälat Seipel einer der geistlichen Führer der jungen Schwesterngemeinschaft wurde. Er war Beichtvater, Exerzitienleiter und übernahm vor allem die religiös-soziale Schulung der Schwestern.

Schaurhofer war gemeinsam mit Seipel im Priesterseminar gewesen und zählte ebenfalls zu den Schülern des Moraltheologen Franz M. Schindler. Unter dessen Einfluss begann er sich früh für die soziale Frage zu interessieren. Wie Seipel und Burjan war auch er vom Gedankengut Friedrich W. Foersters beeinflusst.

In einem Brief vom 31.3.1932 an Dr. Alfred Missong, der an einer Schaurhofer-Biografie arbeitete, schildert Seipel seine persönlichen Kontakte zu diesem: Schaurhofer und er waren im Priesterseminar in einem sozialen Zirkel gemeinsam tätig gewesen, später, nach der Weihe, verloren sie einander aus den Augen. Als Seipel als Nachfolger Schindlers von Salzburg nach Wien berufen wurde, war es ihm ein Anliegen, die jungen Theologen nicht nur in die wissenschaftliche Soziologie, sondern auch in die soziale Praxis einzuführen. Seipel wollte aus diesem Grund ein oder zwei in Theorie und Praxis erfahrene Geistliche zu Assistenten seiner Lehrkanzel machen. Dies war der Anlass, wieder Kontakt mit August Schaurhofer aufzunehmen. Seipel musste aber erkennen, dass dieser in den vergangenen Jahren eine andere Entwicklung als er, Seipel, durchgemacht hatte. „Schaurhofer war der Meister der sozialen Praxis geworden, nicht der Lehrer dieser." Seipel entschied sich daher für einen anderen Kandidaten. Doch alle diese Pläne wurden durch den Zerfall der Monarchie 1918 zunichte gemacht. Schaurhofer war eine charismatische Persönlichkeit, von tiefer

Liebe für alle Notleidenden, Gestrandeten und Gefallenen getragen. Sein soziales Engagement hatte ein tiefes religiöses Fundament. Seipel schreibt darüber an Dr. Missong: „Je älter er wurde, umso mehr wurde er selbst die Reinkultur der sozialen Liebe des Priesters."

Schaurhofer war aber nicht nur eine liebenswürdige, sondern auch eine etwas eigenwillige Persönlichkeit. Er sah stets nur den einzelnen Notfall und setzte ohne Prüfung des Falles auf spontane, persönliche Hilfe und erlitt dabei sehr oft Schiffbruch. Der Erstellung und dem Aufbau eines umfassenden Hilfskonzepts konnte er wenig abgewinnen. Verständlich, dass es zu Meinungsverschiedenheiten zwischen ihm und Hildegard kam. Außerdem hatte er auch wenig Verständnis für ihre strenge Arbeitsteilung als Vorsteherin der Schwesterngemeinschaft und als Ehefrau und Mutter. Zu Beginn der Jahres 1928 trennten sich beider Wege. Am 2. August desselben Jahres stirbt August Schaurhofer. Sowohl Hildegard wie auch viele CS-Schwestern, die ihn trotz allem sehr verehrten, waren davon tief betroffen.

Noch zu erwähnen unter den Wegbegleitern ist der Jesuitenpater Franz X. Jungmann, der 1923 von Hildegard für die geistliche Führung der Novizinnen gewonnen werden konnte und im Laufe der Jahre zu einem überaus wertvollen Berater wurde. Vor allem bei der Ausarbeitung der Bestimmungen für die Caritas Socialis leistete er durch seine ruhige und besonnene Art einen wertvollen Beitrag. Auch Jungmann vertrat, wie die Vorsteherin, die Ansicht, dass man der Caritas Socialis kein klösterliches Zwangskorsett anlegen dürfe, denn nur als freie Gemeinschaft könne sie ihren speziellen Aufgaben nachkommen.

Diese vier skizzierten, so verschiedenen Priesterpersönlichkeiten begleiteten Hildegard Burjan ein Stück des Weges beim Aufbau einer neuen religiösen Gemeinschaft. Piffl als Beschützer der Idee, Seipel als deren geistiger Führer, Schaurhofer prägend als eindrucksvolles Beispiel gelebter sozialer Liebe und Jungmann, der den Weg in die Zukunft vorbereitete. Die Beziehung dieser vier Männer zu Hildegard Burjan bestand in einem gegenseitigen Geben und Nehmen, im Raten und Helfen und auch im Aufeinanderprallen verschiedener Ansichten. In diesem Spannungsfeld wuchs ein Werk, dem jeder Einzelne den Stempel seiner Persönlichkeit aufdrückte, aber in einer für das Gelingen notwendigen Ergänzung.

Ein „Hilfstrupp Gottes"
wird gegründet

Es war nicht das übliche Kaffeekränzchen-Geplauder, das die beiden Damen an einem Novembertag des Jahres 1917 zusammenführte. Maria Maresch hatte Hildegard Burjan zu einer Ersatzkaffee-Jause – etwas anderes gab es ja in diesem letzten Kriegswinter nicht – eingeladen, weil Hildegard mit ihr ein Projekt besprechen wollte. Beide kannten einander schon seit Jahren, sie hatten sich 1910 beim Besuch des „Sozialen Kurses" kennen gelernt. Im Hause Dr. Maresch hatte Hildegard auch wenige Monate zuvor das erste längere Gespräch mit dem Moraltheologen Dr. Ignaz Seipel geführt.

An diesem Novembertag erörterten die beiden Damen die Errichtung einer Gemeinschaft von sozial engagierten Menschen, die sich nach der entsprechenden Schulung ganz der Arbeit für sozial Schwache, vor allem den Randschichten der Gesellschaft widmen sollten. „Ich halte die Idee überhaupt nicht für etwas Originelles, sondern für etwas, das in der Luft hängt", meinte Hildegard. Maria Maresch gab ihr Recht. Auch im „sozial-caritativen Arbeitskreis" unter der Leitung von Gemeinderätin Sophie Gärtner hatte man sich darüber schon Gedanken gemacht. Alle in der sozialen Arbeit Tätigen spürten den Mangel an fachlich geschulten Menschen, die in den verschiedenen Bereichen der Fürsorge dringend gebraucht würden. Mit ehrenamtlichen, freiwilligen Helfern allein war der vielfältig gewordenen Not nicht mehr beizukommen, auf dieser Basis konnte keine wirksame Hilfe geleistet werden.

Aus der Erfahrung ihrer Arbeit mit den Heimarbeiterinnen

hatte Hildegard sich bereits vor dem Krieg mit der Gründung einer auf sozialem Gebiet arbeitenden Schwesterngemeinschaft auseinander gesetzt. Der Kriegsbeginn hatte eine Konkretisierung aber zunichte gemacht. Unbeabsichtigt lieferte Kardinal Piffl, dem sie seinerzeit ihre Pläne erzählt hatte, den Anlass, den zurückgestellten Plan wieder aufzugreifen.

Als Piffl im Frühjahr 1917 das Meidlinger Asylspital aufsuchte, um dort den von der Polizei aufgegriffenen, geschlechtskranken Mädchen das Sakrament der Firmung zu spenden, war er von deren seelischer Not zutiefst erschüttert. Gleich am nächsten Tag ließ er Hildegard Burjan zu sich rufen und schilderte ihr die Situation der jungen Frauen, die zwar medizinisch gut behandelt wurden, aber ansonsten gänzlich sich selbst überlassen waren.

Piffl wusste, dass diese Angelegenheit, die ihm wirklich zutiefst nahe ging, bei Hildegard in guten Händen wäre. „Ihnen wird sicher was einfallen", meinte er. Hildegard fiel tatsächlich etwas ein, sie war überzeugt davon, dass den Mädchen nur wirksam geholfen werden könne, wenn sie nach ihrer Entlassung aus dem Spital für eine künftige Arbeit praktisch geschult werden und zugleich als Stütze für ihr weiteres Leben auch eine seelische und religiöse Betreuung erfahren.

Mit großem Einsatz und unter Einschaltung hoher Persönlichkeiten erhoffte sie, vom Ministerium für soziale Verwaltung eine Subvention für die Übernahme und Renovierung eines Hauses in der Hütteldorferstraße 289 im 14. Wiener Gemeindebezirk zu bekommen. In einem Briefwechsel mit Laura Stephelbaur schildert Hildegard die sich auftürmenden Schwierigkeiten und das Unverständnis der zuständigen Referenten, die meinten, „es sei schade um das Geld, weil solche Mädchen sich nicht ändern würden". Doch Hildegard war nicht so leicht zu entmutigen. „Ich habe sie schon alle halbtot geredet", lässt sie ihre Mitarbeiterin Stephelbaur wissen.

Ein halbes Jahr später bat sie Kardinal Piffl, die Einweihung eines „Heimes für sittlich Entgleiste" vorzunehmen. Einige Persönlichkeiten des öffentlichen Lebens, die mit ihrer Skepsis gegenüber dem Projekt Hildegard Monate vorher das Leben noch sauer gemacht hatten, nahmen nun an der feierlichen Eröffnung teil.

Bei ihrem Besuch bei Maria Maresch erzählte Hildegard, dass ihr damals beim Aufbau der Fürsorge für diese Mädchen wieder zu Bewusstsein gekommen sei, wie unbedingt notwendig es ist, sozial geschulte, lebenswarme und nicht lebensfremde Menschen für eine Mitarbeit an sozialen Projekten zu gewinnen. Hildegard meinte: „Letztlich wäre aller Einsatz zwecklos, wenn wir für eine künftige Arbeit nicht Frauen finden, die das als ihre Aufgabe empfinden und sich ganz der Sache widmen wollen." Nun sei sie aber etwas ratlos, wie es weitergehen sollte. „Wenn Gott mir nur ein Brieflein schicken wollte", seufzte Hildegard. Maresch, die Hildegard aufmerksam zuhörte, hatte plötzlich eine Idee. Sie solle sich doch mit Seipel, den sie ja kennen gelernt hatte und der nun von der Salzburger an die Wiener Universität berufen worden war, beraten und mit ihm über ihre Vorstellungen sprechen.

Hildegard traf sich also mit dem Moraltheologen Seipel. Sie erzählte ihm von ihrem Plan, eine Gemeinschaft von Schwestern zu gründen, die jederzeit einsetzbar sei. Einen „Hilfstrupp Gottes" sozusagen. Es sollten Menschen sein, die sich in die Welt der Not begeben, wobei es nicht nur um die materielle, sondern auch um die geistige Not gehe. Hildegard schilderte in beredten Worten ihre Vorstellungen. Nach ihren Erfahrungen gebe es in dieser Richtung eine Lücke im kirchlichen Angebot, und die Kirche als

„Mutter aller Gestrandeten hätte doch die Verpflichtung, auch Neuland im Bereich der sozialen Arbeit zu betreten".

Seipel war von der Idee angetan. Ihm war die „Greißlerei", wie er es nannte, in die die katholischen Frauen durch den Krieg hineingeraten waren, ein Dorn im Auge. Er hielt zwar die kriegsbedingte Schaffung von Warenausgabestellen und die Führung gemeinnütziger Wirtschaftsunternehmen zur Verbesserung der Lebenssituation für notwendig, aber er sah darin die Gefahr, dass die Frauen auch in Hinkunft dies für die soziale Arbeit halten würden. Er war der Ansicht, dass die Kirche ihre sozialen Angebote erweitern sollte und dass dafür neue Kräfte herangebildet werden müssten, die nicht nur organisiert, sondern dafür vor allem religiös geschult werden sollten. Seipel meinte, dass „die soziale Arbeit der Weinberg geworden ist, in den immer wieder, zu jeder Stunde des Tages, neue Arbeiter gerufen werden müssen".

Soweit ergab sich die Gemeinsamkeit der Ansichten, die Gegensätzlichkeit kam dann in der Diskussion über die zu wählende Form zutage. Seipel wollte eine lose Vereinigung von sozial interessierten Menschen, die ledig oder verheiratet waren, die ihrer Arbeit bezahlt oder ehrenamtlich nachgingen. Sein Wunsch war, einen möglichst großen Kreis von interessierten Mitarbeitern damit anzusprechen.

Das entsprach aber nicht Hildegards Idee. Sie wollte etwas ganz Neues schaffen, „nicht etwas Bestehendes, sondern der Zeitnot Angepasstes. Eine Gemeinschaft, die beweglich ist und sich auch bewegen lässt". Es sollte aber keine neue Ordensgründung erfolgen, da ging sie mit Seipel konform. Aber sie wollte eine Schwesternschaft gründen, die „ähnlich wie Klosterfrauen, aber in der Welt draußen das tun können, was andere nicht, eingeengt durch die Klausur, tun können". Sie kämpfte mit ganzem Einsatz ihrer

Person und mit glühendem Herzen für ihre Idee und gab schließlich doch nach, nicht weil sie von Seipels Gedankengang überzeugt wurde, sondern weil sie erst prüfen wollte, ob wirklich ihr Plan der Richtige wäre. Sollte sich dies erweisen, so würde Gott es fügen, meinte sie voll Vertrauen, und Seipel würde sich letztlich von ihrer Idee überzeugen lassen.

Auch eine lose Vereinigung braucht Richtlinien, und so ging Hildegard daran, solche auszuarbeiten. Als Patrone für die Neugründung wählte sie Maria, die „Mutter vom guten Rate", den heiligen Franziskus, den sie ja seit ihrer Studienzeit verehrte, und die heilige Katharina von Siena. Letztere war ihr als Frau in einer damals wie heute von Männern dominierten Kirche ein Vorbild geworden.

Mit dem Namen für die Vereinigung gab es Schwierigkeiten. Hildegard wählte und verwarf wieder, denn der Name sollte auch das Programm der Neugründung zum Ausdruck bringen. Seipel meinte einmal ironisch: „Sollen wir nicht in die Statuten einen Paragraphen aufnehmen, wonach nur alle vierzehn Tage der Name geändert werden darf?" Hildegard ließ sich aber nicht aus dem Konzept bringen. Sie entschied sich für Caritas Socialis, weil dies ihren Vorstellungen am besten entsprach. Als Leitmotiv wählte sie das Pauluswort „Caritas Christi urget nos"- „Die Liebe Christi drängt uns".

Nichts könnte treffender die Vorstellungen skizzieren, die Hildegard von dieser „Hilfstruppe der Kirche" vorschwebten. Erfüllt von der Liebe Christi und in seiner Nachfolge sollten Frauen, die sich dafür zur Verfügung stellten, sich jenen zuwenden, die aus der Armseligkeit ihres Lebens heraus an diese Liebe zu glauben verlernt haben.

Am 24. Oktober 1918, in einer Zeit, in der eine bestehende

132

Gesellschaftsordnung aus den Fugen geriet, wurde der erste Schritt zur Gründung dieser neuen Vereinigung gesetzt. Fünfzig Frauen und Mädchen, die bereits soziale Arbeit leisteten, hatten nach von Hildegard Burjan veranstalteten Exerzitien den Wunsch nach einer ständigen religiösen Betreuung geäußert. Sie fanden sich in der Kapelle des „Carolineums" in der Arbeitergasse 26 zusammen. Prälat Seipel als geistlicher Leiter brachte ihnen die von Hildegard verfassten „Leitsätze der Vereinigung Caritas Socialis" zur Kenntnis. Fürs Erste wurde ein monatliches Treffen zur praktischen und religiösen Schulung beschlossen. Eine Konstituierung des Vereins sollte später, bei günstiger Entwicklung erfolgen. Schließlich waren die Zeiten so turbulent, dass Pläne auf längere Sicht zunächst gar nicht gefasst werden konnten.

Für Hildegard war das nur ein Anfang. Sie wusste, dass die Vereinigung von einer endgültigen Form noch weit entfernt war. Mit ihr nahe stehenden Menschen führte sie nun viele Gespräche, um sich Rat zu holen, aber auch, um sich selbst über ihre eigenen Vorstellungen klar zu werden. Viele Stunden verbrachte sie vor dem Allerheiligsten, um im Gebet Klarheit darüber zu gewinnen, was Gottes Wille sei.

In der Öffentlichkeit nimmt man die Gründung dieses neuen Vereines vorerst kaum zur Kenntnis, was auch verständlich ist, denn die Ereignisse überschlagen sich, und die politischen Veränderungen stehen im Vordergrund. Nur die „Österreichische Frauenwelt" bringt zu Beginn des Jahres 1919 einen kurzen Bericht darüber: „Aus dem gleichen Bedürfnis nach religiöser Vertiefung der sozialen Arbeit, die die Stiftsdame Edith von Farkas in Ungarn zur Gründung der sozialen Missionsgesellschaft geführt hat, ist im vergangenen Jahr in Wien eine religiöse Gemeinschaft sozial tätiger Frauen entstanden, die die direkte und indirekte soziale Arbeit als ihre besondere, ihnen von Gott übertragene Lebensaufgabe betrachten. Geplant ist auch die Gründung eines Konvikts, in dem Frauen und Mädchen fachlich und religiös zu sozialer Arbeit geschult werden."

Obwohl Hildegard in der Zwischenzeit auch politisch tätig geworden und für die ersten Wahlen der jungen Republik Deutschösterreich in einem anstrengenden Wahlkampf ständig unterwegs war, beschäftigte sie der Gedanke, wie es mit der Caritas Socialis weitergehen sollte, doch intensiv. Wenn sie mit Seipel zusammentraf, brachte sie das Gespräch immer wieder auf die mögliche Umstrukturierung zu einer festeren Gemeinschaft. Seipel machte ihre Hartnäckigkeit schon nervös. Er war mit der jetzigen losen Form zufrieden, denn er sah die Sache auch aus einem parteipolitischen Blickwinkel. Eine Vereinigung sozial tätiger Frauen würde auch die christlichen Parteiinteressen unterstützen, was ihm als Spitzenmann der Christlichsozialen Partei nur recht sein konnte.

Hildegard hatte aber ein anderes Ziel im Auge. „Das Programm der Caritas Socialis sollte Menschen schaffen, deren Innerlichkeit so groß ist, dass sie mehr, als man mit äußerlichen Mitteln erreichen kann, Gemeinschaft bilden können. Das wäre eine wirkliche Form der Nachfolge Christi." Die Praxis gab ihr Recht. Es zeigte sich nämlich, dass die Arbeit, die verlangt wurde, den ganzen Menschen brauchte.

Der Anstoß für eine Änderung kam dann von einer Gruppe von Vereinsmitgliedern, was letztlich doch Seipels Zustimmung bewirkte. Diese erklärten nämlich, für eine ihnen zugewiesene Arbeit voll und ganz zur Verfügung stehen zu wollen. Als äußeres Zeichen ihrer freiwillig gewählten Lebensform in einer Gemeinschaft wollten sie aber ein einheitliches Kleid und einen Schwesternnamen annehmen. Auch dagegen protestierte Seipel zuerst, ließ sich aber doch von der Zweckmäßigkeit überzeugen. Der zweite Schritt konnte nun von Hildegard gesetzt werden – die Gründung einer Schwesternschaft.

Am 4. Oktober 1919 wurden 32 neue Mitglieder in den Verein Caritas Socialis aufgenommen, zehn davon als erste interne Schwestern, die sozusagen die Kerntruppe bildeten. Die anderen verblieben als externe Schwestern bzw. Mitglieder in ihrem persönlichen Umfeld.

Dies war nun die eigentliche Geburtsstunde einer neuen Gemeinschaft innerhalb der Kirche, geboren aus der Hellhörigkeit ihrer Gründerin auf die Not und die Zeichen der Zeit. Die Feierlichkeiten fanden bereits in der Heimkapelle der Gemeinschaft, in der Pramergasse 9 statt. Dieses Haus im 9. Gemeindebezirk beherbergte ursprünglich den „Verein katholischer Arbeiterinnen". Hier stand einst ein ehemaliges Jagdschloss von Maria Theresia, in der Bezirkschronik „Pramerschlössl" genannt, das 1905 der Demolierung zum Opfer gefallen war. Im Jahre 1906 wurde das neue Arbeiterinnen-Vereinshaus erbaut, das etwa 150 arbeitenden Mädchen Unterkunft bot.

In der Zeit des Umbruchs geriet die Leitung nicht nur in finanzielle Schwierigkeiten, sondern man wurde auch mit den von außen hineingetragenen politischen Strömungen nicht mehr fertig. Monsignore August Schaurhofer, Präses des Hauses, wandte sich in seiner Angst, das Heim für die katholische Sache zu verlieren, an Hildegard. Wenn die Caritas Socialis das Haus mit allen Rechten und Pflichten übernehmen und weiterführen wolle, sollte es in deren Eigentum als Schenkung übergehen. Hildegard sah zwar alle damit verbundenen Risiken, nahm aber das Angebot trotzdem an.

Als später durch die Inflation die auf dem Haus liegende Hypothek hinfällig wurde, machten einige Mitglieder des Arbeiterinnenvereines Schaurhofer den Vorwurf, das Haus voreilig abgegeben zu haben. Und der geistliche Konsulent, P. Innozenz, warf Hildegard sogar vor, bei den Verhandlungen „sehr raffiniert" vorgegangen zu sein. Im Jahre 1919 war die Leitung jedenfalls froh, jemanden gefunden zu haben, der sich in dieser schwierigen Zeit bereiterklärte, das Haus zu übernehmen. Die Pramergasse 9 wurde somit zum Stammhaus der Caritas Socialis und ist bis heute Sitz der Generalleitung der Schwesterngemeinschaft. In der Kapelle des Hauses sprachen die Neuaufgenommenen das von Hildegard verfasste Weihegebet:

„Aus Liebe zu Dir, o göttlicher Heiland, und im Vertrauen auf Deinen Gnadenbeistand weihe ich mich von heute an als Mitglied der Caritas Socialis Deinem Dienste in der Arbeit für meine Mitmenschen. Ich erkenne diese Arbeit als eine Aufgabe, die Du mir auferlegt hast, und ich danke Dir aus tiefstem Herzen dafür, dass Du mich würdigst, ein Werkzeug Deiner Liebe zu sein. Ich nehme mir ernstlich vor, meine Arbeit ganz in Deinem Geiste und nach dem Vorbild Deiner Heiligen zu verrichten. Ich nehme mir vor, in wahrer Selbstentäußerung nur Deine Ehre zu suchen, vor keiner Schwierigkeit und Mühe zurückzuweichen, mich durch keinen Misserfolg erschüttern, durch keinen Erfolg von Dir entfernen zu lassen. Ich nehme mir vor, stets nach Ruhe und Gleichmut, Demut und Geduld, Treue und Beharrlichkeit in der sozialen Arbeit zu streben. Segne, o liebevollster Heiland, meinen Vorsatz und präge ihn tief in mein Herz ein. Nimm mich mir selbst und erfülle mich mit Dir und Deinem Heiligen Geiste. Amen."

Aus der Hand des Erzbischofs erhielt jede Schwester ein geweihtes Abzeichen, das ein weißes Kreuz auf blauem Grund, in der Mitte die Goldlettern CS, zeigt. In der gemeinsamen Klei-

Hildegard Burjan im Kreis der CARITAS SOCIALIS-„Väter":
(v.l.n.r.) Prälat Dr. Ignaz Seipel, Msgr. Schaurhofer und Pater
Jungmann. Links und rechts neben Hildegard CS-Schwestern.

dung für die internen Schwestern entschied man sich für die Farbe Dunkelblau. Das Kleid war nach einem einfachen Schnitt angefertigt und hatte einen schmalen weißen Kragen. Bei der Arbeit im Hause wurde eine Art Holländerhäubchen getragen, auf der Straße entschied man sich für Hut mit Schleier. Hildegard legte großen Wert auf die Zweckmäßigkeit der Anfertigung, die Kleidung durfte bei der Arbeit nicht hinderlich sein.

In einer Zeit, in der die Angehörigen weiblicher Ordensgemeinschaften noch in einen mittelalterlich anmutenden Habit gehüllt waren und das Tragen von Flügelhauben selbst im Pflegedienst noch üblich war, schlug die moderne Aufmachung der CS-Schwestern wie eine Bombe ein. Selbst Jahre später, bei der Einreichung um die kirchenrechtliche Bestätigung, kostete es viel Mühe, beim Vatikan dafür die Bewilligung zu erreichen. Für Hildegard war die Frage der Kleidung eher eine Nebensache, aber wegen der Kritik daran musste sie sich auch damit auseinander setzen. Ihre Ansicht war, dass „die Kleidung innerhalb der Caritas Socialis nie eine Hauptfrage werden dürfe", sich dieses soziale Arbeitskleid aber in bescheidenem Rahmen der jeweiligen Mode anschließen dürfe. So tragen auch heute die Schwestern, wie viele andere im Berufsleben stehende Frauen, entweder ein schlichtes Kostüm oder Rock und Bluse. Nur die Brosche oder ein Anhänger mit dem CS-Zeichen kennzeichnet die Zugehörigkeit zur Gemeinschaft.

Solche und viele andere Probleme hatte Hildegard jetzt neben ihrer laufenden Arbeit zu bewältigen. Für ihre angegriffene Gesundheit fast zuviel. „Ausruhen kann ich mich später unter der Erde", wehrte sie alle Bedenken ihrer Freunde ab. Die politische Arbeit erforderte den Einsatz ihrer ganzen Person. Etwas nur halb zu tun, lag sowieso nicht in ihrem Naturell. Andererseits brauchte das noch zarte Pflänzchen Caritas Socialis ebenfalls ihre ungeteilte Zuwendung. Hildegard spürte, dass sie in naher Zukunft wieder eine Entscheidung würde treffen müssen.

Am 9. Oktober 1919 fand die erste konstituierende Sitzung des nun offiziell errichteten Vereins statt. Hildegard wurde zur Vorsteherin, Rosa Wense zu ihrer Stellvertreterin, Maria Hanslick zur Schriftführerin und Laura Stephelbaur, ihre treueste Mitarbeiterin seit Jahren, zur Kassierin gewählt. Dr. Ignaz Seipel wurde vom erzbischöflichen Ordinariat als geistlicher Beirat und Msgr. August Schaurhofer als dessen Vertreter bestätigt.

Im Frühjahr 1920 fuhr Hildegard nach Rom. Über Vermittlung von Kardinal Piffl erhielt sie bei Papst Benedikt XV. eine Privataudienz. „Die Arbeit unserer Caritas Socialis hat die allergrößte Billigung in Rom gefunden. Der Heilige Vater hat von Herzen seinen ganz besonderen Segen gegeben", konnte Hildegard bei ihrer Heimkehr berichten.

Hildegard wusste, dass es wichtig war, den internen Schwestern durch „Bestimmungen" Halt und Stütze zu geben. Rasches Handeln war notwendig, denn traditionelle Ordensgemeinschaften begannen sich interessiert zu zeigen, sich diese Neugründung als sogenannten „Dritten Orden" einzuverleiben. Einige Schwestern waren Drittordensmitglieder und erhofften sich von einer Angliederung eine bessere Position der Caritas Socialis innerhalb der kirchlichen Gemeinschaften. Hildegards Ansicht aber war, dass die CS etwas Bewegliches bleiben müsse, „einsatzbereit für jede Not, die auftaucht". Sie wollte keine Gemeinschaft aufbauen, die verschiedene soziale Aufgaben deshalb nicht übernehmen könnte, weil sie durch Klausur und starre Regeln zu sehr eingeengt wäre.

Sie war sich auch bewusst, dass gerade bei der Arbeit mit sittlich und wirtschaftlich gefährdeten Gruppen jene Vorurteile über-

wunden werden mussten, die diese Menschen gegenüber Ordens-
leuten zeigten. In einer Diskussion meinte sie einmal: „Wir haben
uns zu der freieren Form und dem Fehlen von Bindungen entschlossen, weil wir besonders großen Wert darauf legen, dass die
in der sozialen Arbeit tätigen Menschen auch auf unserer Seite
nicht weltfremd sind, sondern durch stetige Verbindung mit dem
Leben der ärmsten Schichten auch diese immer besser begreifen
lernen und immer feinhöriger für ihre Bedürfnisse werden." Also
keine durch klösterliche Formen eingeengte Gemeinschaft, darin
waren sich Prälat Seipel, Kardinal Piffl und Hildegard einig.

Die Caritas Socialis sollte auch, das war Hildegards Vorstellung,
stets etwas Werdendes bleiben, sie sollte wachsen und sich immer
wieder neue Arbeitsgebiete suchen und sich diesen anpassen können. Trotzdem, eine Lebensordnung war notwendig, ganz besonders im Hinblick auf die Schulung der Neueintretenden. Eine
wertvolle Hilfe dabei war ihr der Jesuitenpater Franz Jungmann,
der in seiner ruhigen Art manche Spannungen, die sich aus den verschiedenen Meinungen ergaben, überbrücken und abbauen half.

Eigentlich feilte Hildegard bis zu ihrem Tod im Jahre 1933 an
diesen Bestimmungen, weil sie der Ansicht war, dass sich die End-
fassung erst aus den Anforderungen des Alltags ergeben müsste.
Da die Schwestern bei ihrer Arbeit ständig Neuland betraten, ergaben sich auch immer wieder neue Aspekte.

Bald nach der Gründung erkannte Hildegard, dass nun die in
Gemeinschaft lebenden internen Schwestern einfach eine andere,
intensivere religiöse Führung erhalten müssten. Da auch für ihren
Lebensunterhalt und ihre Alterssicherung gesorgt werden musste,
stellten sich für die Leitung andere Überlegungen hinsichtlich der
Rechte und Pflichten als für die externen Mitglieder. Nach
nochmaliger gründlicher Überlegung besprach Hildegard mit

Prälat Seipel die sich nun doch stellende Notwendigkeit, die internen Schwestern zu einer religiösen Gemeinschaft zusammenzuschließen.

Seipel hatte jetzt nur mehr wenig dagegen einzuwenden und gab schließlich seine Zustimmung. Im Jahre 1922, drei Jahre nach der Gründung des Vereines, hatte Hildegard nun endlich das erreicht, was ihr von Anfang an vorgeschwebt war. Es war ein dornenvoller Weg voller Zweifel und Hindernisse gewesen, der ihr viel Mut und Entschlossenheit abverlangt hatte. Erfüllt von ihrem Auftrag war sie diesen aber gegangen, trotz aller Anfeindungen auch aus kirchlichen Kreisen, die sich über die neue Gemeinschaft oft abfällig äußerten. Ihrer Meinung nach sei diese „weder Fisch noch Fleisch", und die Gründerin wisse anscheinend selbst nicht, was sie wolle. „Das Merkmal der CS muss sein, dass Arbeit und Richtung nicht von vornherein fest umschrieben sein dürfen. Das könnte nur zur Versteinerung führen", das war Hildegards Antwort auf alle kritischen Stimmen.

Den Schwestern war es nun erlaubt, bei ihrer feierlichen Aufnahme in den internen Kreis das Versprechen abzulegen, nach den evangelischen Räten in Gehorsam, Armut und in Ehelosigkeit zu leben, solange sie der Caritas Socialis angehörten.

Im Jahre 1933, als Hildegard bereits schwer krank war, fuhr sie nach Rom, wo sie in einem Gespräch mit Kardinalstaatssekretär Eugenio Pacelli, dem späteren Papst Pius XII., die kirchliche Anerkennung für die Gemeinschaft in die Wege leitete. Im Jahre 1936, drei Jahre nach dem Tod der Gründerin, konnte Kardinal Innitzer die Schwesternschaft nach kanonischem Recht als „Societas iuris dioecesani" bestätigen. Konkret bedeutete das, dass deren Wirken als Glied der kirchlichen Gemeinschaft anerkannt, vorläufig aber noch auf die diözesane Ebene beschränkt war.

Erst 1964 erfolgte die Approbierung der Lebensregeln durch Rom durch das „Decretum laudis". Darin erklärte Papst Paul VI. die Caritas Socialis zu einer anerkannten gesamtkirchlichen Gemeinschaft.

Ein weiterer Gedanke Hildegards scheiterte nicht nur an den kirchlichen Schwierigkeiten, sondern auch an der fehlenden Zeit, diesen Plan auszuformulieren. Sie wollte neben den internen Schwestern auch einen Kreis von externen Schwestern weiterführen, die, ebenfalls ehelos und bescheiden lebend, das Ziel der Gemeinschaft in ihrem Beruf und ihrem persönlichen Umfeld verwirklichen sollten. Erst nach dem Zweiten Vatikanischen Konzil griff die Generalversammlung der CS im Jahre 1969 den Gedanken einer säkularen Form der Zugehörigkeit wieder auf. Neben der Kerntruppe gibt es nun auch eine externe Gruppe von Mitgliedern, die auf diese Weise verbunden mit den Zielen der Gemeinschaft lebt.

In der Anfangszeit der Gemeinschaft, in den Jahren 1920 bis 1930, wuchs die Zahl der internen Schwestern erfreulicherweise stark an. Viele junge Frauen fühlten sich von der Idee angezogen, sich in einer religiösen Gemeinschaft ganz der sozialen Arbeit widmen zu können. Wer an einer anderen Form der Zugehörigkeit interessiert war, konnte sich in dem von Hildegard wieder reaktivierten Verein „Soziale Hilfe" haupt- oder ehrenamtlich engagieren. So ergab sich letztlich für alle, die sich von den Zielen der Caritas Socialis angesprochen fühlten, eine Möglichkeit, in irgendeiner Form mitzuarbeiten. Die Not dieser Zeit war aber auch so groß und so vielfältig, dass es gar nicht genügend Helfer geben konnte.

In diese Zeit der Etablierung der Caritas Socialis fiel eine an und für sich belanglose Episode, die aber einerseits Seipels Einstellung zur Schwesterngemeinschaft beleuchtet und andererseits bei Hildegard Burjan die Realisierung eines schon längst in ihr schlummernden Entschlusses beschleunigt haben mag.

Am 20.1.1920 schreibt Ignaz Seipel an Marga Lammasch, der in Salzburg lebenden Tochter des inzwischen verstorbenen letzten Regierungschefs der Monarchie, dass die Caritas Socialis eine gute Entwicklung nehme, dass sie aber „darunter leidet, dass sowohl Hildegard Burjan als auch ich durch unsere politischen Arbeiten allzu sehr davon abgehalten sind, uns ihr zu widmen". Seipel macht ihr den Vorschlag, ob nicht sie, Marga Lammasch, nach Wien kommen könne, um die Leitung der Gemeinschaft zu übernehmen. Er schließt mit der Bemerkung, dass Frau Burjan sich dies ebenfalls vorstellen könne.

Dieser Vorschlag macht deutlich, dass Seipel die Caritas Socialis doch mehr oder weniger als sein geistiges Eigentum betrachtete. Dies aus zweierlei Gründen: Einerseits konnte aus dem Blickwinkel des Politikers diese neue Gemeinschaft, deren Mitarbeiter der Christlichsozialen Partei durchwegs nahe standen, dem Image der Partei auf Grund der geleisteten Arbeit nur nützlich sein. Und andererseits schien es für ihn, bei aller Wertschätzung für Hildegard Burjan und der Anerkennung ihrer Arbeit, außer Zweifel zu stehen, dass er als Mann der Kirche letztlich für die Führung und Formung der Caritas Socialis verantwortlich sei. Schließlich setzte auch Hildegard keine Initiative, ohne ihn vorher um Rat zu fragen.

Eigenartigerweise widersprach Seipel auch nie, wenn man ihm zu „seiner" Neugründung gratulierte oder die Angehörigen der Caritas Socialis sogar, wie bereits erwähnt, als „Seipel-Schwestern" bezeichnete. Als Hildegard einmal auf dieses Verhalten angesprochen und gefragt wurde, was nun wirklich den Tatsachen entspräche, meinte sie: „Wenn es um die Wahrheit geht, kann ich nur sagen, dass es meine Gründung ist. Er war ja immer nur dagegen." Was die Leute als richtig annahmen, war ihr egal. Ihr ging es nur um das Werk und nicht um das Ansehen ihrer Person.

Wenn man Hildegard Burjans geradlinige Verfolgung ihres Lebenszieles beobachtet, kann man sich nur schwer vorstellen, dass sie jetzt, erst am Beginn der Verwirklichung stehend, so ohne weiteres Seipels Vorschlag, die Leitung abzugeben, entsprochen hätte. Vielleicht hatte sie zu dem von Seipel so nebenbei erwähnten Gedanken nur genickt und gemeint, darüber müsste man sich ausführlicher unterhalten. Aber als ernst zu nehmendes Ansinnen hatte sie dies sicher kaum betrachtet. Außerdem wusste sie, dass das Werden der jungen Gemeinschaft sehr mit ihrer Person verknüpft war. Ein Auf- bzw. Abgeben der Leitung ihrerseits hätte sicher nur Verwirrung gestiftet und, bevor noch etwas wachsen konnte, zur Auflösung geführt.

Diese Begebenheit, zusammen mit anderen Faktoren, schien aber Hildegard zur Verwirklichung eines Entschlusses, den sie schon lange mit sich herumgetragen hatte, angeregt zu haben. Sie teilte dem völlig überraschten Ignaz Seipel mit, dass sie sich keiner Wiederwahl für die nächste Legislaturperiode stellen und sich aus dem politischen Leben zurückziehen würde. Ihren Beweggrund, sich nun mit allen Kräften dem Aufbau der Caritas Socialis zu widmen, akzeptierte Seipel letztlich.

Auf Hildegard wartete bereits eine Fülle von Aufgaben, die der dringlichen Erledigung bedurften, wie zum Beispiel die Errichtung eines Noviziates. Die ersten Schwestern kannte Hildegard von früheren gemeinsamen sozialen Aktionen; es war eine erprobte und erfahrene Gemeinschaft, die mit ihr die ersten Schritte auf sozialem Neuland wagte und gewohnt war, Hindernisse und

Schwierigkeiten zu überwinden. Problematischer wurde es mit den neu hinzugekommenen Schwestern. Diese brauchten nicht nur eine Führung, sondern auch eine religiöse und fachliche Weiterbildung. Es war nicht leicht, ständig mit der Not konfrontiert zu sein und Gestrandeten wieder ein Lebensziel zu zeigen. Da musste man schon selbst seelisch robust und tief im Glauben verankert sein, um diese extremen Belastungen auszuhalten.

Auch Helfer brauchen ein Rüstzeug und eine Stützung, das war Hildegard klar. Nur das Wie zeigte noch keine Formen. Monatliche Einkehrtage sowie religiöse Vorträge und Exerzitien gaben der Kerntruppe Halt und neue Kräfte, aber was sollte man den Neueintretenden bieten, den „Caritas-Babys", wie Hildegard sie liebevoll nannte? Die Fülle der Arbeit ermöglichte kaum das langsame Hineinwachsen in die Gemeinschaft. So manche zuerst hoffnungsvolle und von der Idee begeisterte Jungschwester fühlte sich von den auf sie einstürzenden Anforderungen bald völlig überrannt. Guter Rat war also teuer.

Die jungen Frauen waren zwar von der charismatischen Persönlichkeit Hildegards fasziniert, aber das allein genügte nicht. Außerdem hatte sie einfach nicht die Zeit, sich um jeden jungen Menschen persönlich so zu kümmern, wie es notwendig gewesen wäre.

Im Juni 1921 ergab es sich, dass an Hildegard die Bitte herangetragen wurde, in Maria-Enzersdorf bei Wien die Leitung eines Heimes für verwahrloste Kinder zu übernehmen. Einige Räume in diesem Haus standen leer. Der Gedanke entstand, in diesen das Noviziat unterzubringen. Laura Stephelbaur, jetzt Sr. Benedikta, wurde Hausoberin und zugleich als Novizenmeisterin eingesetzt.

Auch das war keine endgültige Lösung. Infolge der Entfernung von Wien waren keine zusätzlichen Betreuer zu gewinnen, und der wöchentliche Unterricht musste großteils von Hildegard allein abgehalten werden. Für sie bedeutete das eine ungeheure Belastung. Die Mühen der Fahrt und alle damit verbundenen Beschwernisse zehrten an ihren Kräften. Zudem konnte Sr. Benedikta bei bestem Willen ihren Pflichten als Novizenbetreuerin nicht im notwendigen Ausmaß nachkommen, da sie mit der Instandsetzung des total verwahrlosten Hauses schon vollkommen ausgelastet war. Ein halbes Jahr später wurde das Kinderheim von der Behörde endgültig aufgelöst.

Kardinal Piffl erwies sich in dieser Notsituation als dringend gebrauchter Helfer. Er bot Hildegard den alten Währinger Pfarrhof im 18. Wiener Gemeindebezirk an. Die Caritas Socialis sollte ihn vorerst in Pacht übernehmen. Mit einer wie durch ein Wunder über eine Gönnerin aufgetriebenen Geldspende konnte der Pfarrhof renoviert werden. Am 2. März 1922 nahm Kardinal Piffl die Einweihung des als Noviziat gedachten Hauses vor.

Da Hildegard Sr. Benedikta für anderweitige Arbeiten dringend brauchte, schickte sie Sr. Martha, die sie nun als Novizenmeisterin ausersehen hatte, zur geistlichen Orientierung für ihre künftige Aufgabe nach Tutzing in Bayern. Das erwies sich als totaler Fehlschlag. Sr. Martha wurde im Missionshaus der Benediktinerinnen in der klösterlichen Tradition geschult. Als sie nach Wien zurückkehrte, wollte sie diese monastische Strenge und auch Enge im Noviziat einführen, was sich aber mit den Aufgaben der Caritas Socialis nicht vertrug.

So war Hildegard wieder gezwungen, einen anderen Weg zu suchen. Fachlich sollten die jungen Frauen für ihre Arbeit nun in der „Sozialen Frauenschule", die ebenfalls in der Pramergasse untergebracht war, ausgebildet werden, und für die religiöse Führung gewann Hildegard den Jesuitenpater Jungmann als Spiritual.

146

Auch diese Lösung wurde nicht als optimal betrachtet, aber anders war die Ausbildung zu diesem Zeitpunkt noch nicht zu bewerkstelligen. Das Noviziat blieb zeit ihres Lebens Hildegards großes Sorgenkind.

Erst 1936, nach der kirchlichen Errichtung der Schwesterngemeinschaft, kam es zu einem, dem Wesen der Caritas Socialis entsprechenden Noviziat im Sinne des kanonischen Rechts.

Kritiker haben Hildegard dieses Fehlen einer fundierten Schulung der jungen Schwestern und deren dadurch entstehende Überforderung immer wieder zum Vorwurf gemacht und auch gemeint, sie kümmere sich gar nicht so intensiv um eine langfristige Regelung. Diese Unterstellung hat Hildegard stets energisch zurückgewiesen. Sicher maß sie einem Noviziat, da sie ja auch keinen Orden gegründet hatte, nicht jene Bedeutung zu, die Klostergemeinschaften mit dieser Zeit der Entscheidung, der Formung und des Hineinwachsens in die gewählte Lebensform verbanden.

Da sie sich in ihrem Leben allein zu einer Glaubensentscheidung durchringen musste, erwartete sie auch von anderen Menschen, dass diese ebenfalls ohne Hilfe, nur im Gebet und im Vertrauen auf Gott ihren für sie richtigen Lebensweg finden würden. Welchen Ängsten und Zweifeln jemand dabei ausgesetzt sein kann, vermochte sie nicht nachzuvollziehen. Diese mangelnde Einfühlsamkeit ergab sich aber sicher auch dadurch, dass sie, obwohl Vorsteherin, nicht mit ihren Schwestern in totaler Gemeinschaft lebte und daher von den gestellten Problemen und Anforderungen doch nicht unmittelbar berührt wurde. Ein Umstand, den sie schon als Mangel empfand. Sie spürte, dass sie als verheiratete Frau den notwendigen Rückhalt in einer Familie und bei ihrem Partner hatte.

„Jeder Mensch hat seinen Kreuzweg, ob es nun so aussieht oder nicht. Jeder muss ihn langsam gehen, weil er steil ist", antwortete sie einmal einer Schwester, die sich in ihrer Not an sie wandte. Die Opfergesinnung, die bei ihr besonders ausgeprägt war, setzte Hildegard auch bei den anderen voraus. Die geduldige Annahme des Kreuzes ist aber nicht jedem Menschen gleichermaßen gegeben. Mancher braucht dabei Stützung und Begleitung, um den Anruf des Lebens anzunehmen. Hildegards Antrieb, den Willen Gottes zu erspüren, ergab sich aus ihren ganz persönlichen Lebensumständen – aus ihrer Krankheit, ihrer wunderbaren Genesung und der danach erfolgten Konversion. Seit dieser Zeit betrachtete sie sich als Werkzeug Gottes und Ausführende seines Auftrages.

Wenn auch Hildegard manchmal zu viel voraussetzte, eines konnten ihr selbst kritisch eingestellte Menschen nicht absprechen: dass sie sich stets bemühte, wenn es ihre Zeit nur irgendwie zuließ, mit jeder Schwester Kontakt zu halten. Das ergab sich einfach aus dem Gefühl der Verantwortlichkeit für die sich um sie scharenden Frauen und Mädchen. Zahlreiche noch vorhandene Briefe geben Zeugnis davon, welch regen Anteil Hildegard nicht nur an der Arbeit, sondern auch an der persönlichen und familiären Situation jeder Schwester nahm. Sie vergaß keinen Namens- oder Geburtstag und überraschte die Schwestern auch manchmal mit kleinen Aufmerksamkeiten, die sie von ihren Reisen mitbrachte.

Ihre Sorge war von mütterlicher Liebe, aber auch von Strenge geprägt. Bei wem sie die richtige Einstellung zu den Zielen der Caritas Socialis vermutete, der konnte mit ihr rechnen, auch in Zeiten des Zweifels, dafür hatte sie Verständnis. „Wer nur ein ruhiges Plätzchen sucht, der ist hier fehl am Platz", sagte sie einmal zu neu aufgenommenen Schwestern. Tief gekränkt fühlte sich einmal eine Schwester, der Hildegard vorgeworfen hatte, sie sei nur in die Gemeinschaft eingetreten, „weil sie keinen Mann gefunden habe". Vielleicht wollte Hildegard mit einer solchen Äußerung die Betreffende nur provozieren, sich die möglicherweise verdrängten Gründe für die Entscheidung auch einzugestehen.

Das Credo ihres Tuns war aber in jenem Satz enthalten, den Hildegard immer wieder, vor allem gegenüber Neueingetretenen, zitierte: „Die Caritas Socialis braucht Menschen, die den Gedanken in der tiefsten Seele erfassen, denen die Caritas Socialis wirklich Lebensprogramm wird und die mit dem ganzen Herzen bei der Sache sind."

Hildegard war ein ausgesprochenes Führungstalent. Sie war energisch und mutig in der Durchsetzung von Zielen, und sie konnte die Menschen für diese begeistern. Trotzdem scheute sie sich nicht, auch selbst immer wieder den Rat und die Meinung von Schwestern einzuholen. Sie wusste, dass diese aus der Praxis der Arbeit eine andere Sichtweise einbringen konnten. „Wenn ich etwas unrichtig gemacht habe, dann würden Sie so gut sein, mir das zu sagen", ließ sie ihre Oberschwestern wissen. Wenn man sie von der Richtigkeit überzeugen konnte, nahm sie den Rat an, auch wenn einige ihrer Mitarbeiterinnen meinten, sie hätte Einwendungen nicht gerne gehört.

Die Zügel der Leitung hielt sie sicher sehr straff in ihren Händen. Wenn etwas Erfolg haben sollte, mussten eben bestimmte Regeln eingehalten werden, konnte nicht jede das tun, was sie gerade für gut und richtig hielt. Ungehörigkeiten ließ sie nicht durchgehen und Unpünktlichkeit war ihr zutiefst zuwider, dafür gab es strenge Verweise. Maria Maresch meinte einmal zu einer Freundin: „Wenn Hildegard gegen jemand etwas hat, kann sie sehr scharf sein."

Großen Wert legte Hildegard auch auf die Einhaltung der Ruhezeiten, auf Zeiten des Schweigens und der Besinnung. Für jede Schwester suchte sie auch einen Beichtvater aus, von dem sie wusste, dass er auf das Wesen des Beichtkindes eingehen konnte. Ein besonders boshafter Kritiker meinte einmal: „Die brauchen ja ein ganzes Domkapitel."

Aus den Protokollen der Vorstandssitzungen geht hervor, dass Hildegard die Schwestern auch bei der Formung und Gestaltung der Gemeinschaft mitreden ließ, ob es nun um zu erstellende Vorschriften, um die Ausbildung oder um den Umgang miteinander ging. Manche Schwester verbiss sich dann im Eifer oft in Nebensächlichkeiten. Als einmal heftig darüber diskutiert wurde, bei welcher Stelle des Angelus das Knie zu beugen sei, warnte Hildegard davor, Äußerlichkeiten zu großes Gewicht beizumessen. „Stellen wir uns doch immer die Frage: Hat die Sache für uns eine innere Bedeutung, einen Zweck, und dann entscheiden wir erst." Für sie zählte immer die innere Gesinnung.

Gründerin und Vorsteherin einer religiösen Gemeinschaft zu sein und zugleich das Leben einer Ehefrau und Mutter zu führen, bedeutete sicher eine extreme Herausforderung. Manchen Zwiespalt konnte Hildegard nur mit dem Einsatz ihrer ganzen Person und im Vertrauen darauf, dass ihr Weg Gottes Wille sei, meistern. Viel Zeit aber, über die Ungewöhnlichkeit der Situation nachzudenken, blieb ihr gar nicht. Die helfenden Hände der Caritas Socialis wurden bereits dringend gebraucht.

Die Caritas Socialis – ein Netz sozialer Hilfen

Jede Minute des Tages ist für Hildegard Burjan mit Arbeit ausgefüllt. Nur mit einer exakten Zeiteinteilung kann sie das riesige Arbeitspensum meistern. Für ihre umfangreiche Korrespondenz und für sonstige Schreibarbeiten, für die sie Ruhe braucht, bleiben ihr nur die Nachtstunden. Die Abende, sofern sie nicht von gesellschaftlichen Verpflichtungen belegt sind, gehören ihrem Mann. Alexander ist zwar ein sehr toleranter Ehemann, aber auf die abendlichen Gespräche mit seiner Frau legt er großen Wert.

Seufzend setzt sich also Hildegard auch diesmal wieder zu später Nachtstunde noch an ihren Schreibtisch. In wenigen Tagen, am 9. März 1930, wird die Generalversammlung der Caritas Socialis stattfinden, und sie hat noch nicht den Tätigkeitsbericht über die letzten drei Jahre zusammengestellt. Sie ist müde, sehr müde. Die körperlichen Schmerzen, die sie seit ihrer schweren Erkrankung zu ertragen hat, haben in den letzten Jahren zugenommen. Sie leidet zusätzlich noch an Diabetes, neigt zu Bluthochdruck und muss daher strenge Diät halten. Auch familiäre Sorgen bedrücken sie, mit ihrer Tochter Lisa gibt es jetzt oft Probleme. Erst unlängst hatte sie zu ihrer Sekretärin gemeint, dass man eigentlich gar keine außerordentlichen Bußwerke suchen müsse, „denn die von Gott geschickten Leiden und Schwierigkeiten zu ertragen genüge schon". An solchen war ihr Leben wahrlich reich.

Als Hildegard beginnt, sich Notizen über die einzelnen Arbeitsgebiete zu machen, Aufzeichnungen hervorholt und nachblättert, kann sie es selbst gar nicht glauben, was seit der Gründung der Caritas Socialis auf dem sozialen Sektor alles in Angriff genommen worden ist. Wie im Flug sind diese elf Jahre vergangen. Immer neue Aufgabengebiete sind dazugekommen, wurden aufgegriffen und weiterentwickelt. Es waren meist Projekte, für die sich keine anderen Helfer fanden. Das entsprach aber ganz dem Grundsatz, den Hildegard bei jeder Gelegenheit ihren Schwestern ans Herz legte: „Die Caritas Socialis muss jene Nöte erfassen, an denen andere vorbeigehen."

Auch die staatlichen Stellen hatten rasch erkannt, dass die neue Schwesterngemeinschaft sich in Extremsituationen bestens bewährt. Gerade auf dem Gebiet der Jugend- bzw. Gefährdetenfürsorge versuchte man daher, CS-Schwestern für einen Einsatz zu bekommen. Die Nachfrage überschritt oft das Angebot an zur Verfügung stehenden Schwestern. Hildegard hatte zwar den Vorsatz, nicht jede Arbeit zu übernehmen, aber infolge der Dringlichkeit der Situation konnte sie dann doch nicht Nein sagen. „Der Segen Gottes macht das Unmögliche möglich", meinte sie zu Maria Maresch, die einmal Bedenken äußerte, dass die Schwestern, großteils Neulinge in der Fürsorgearbeit, bereits so schwere Aufgaben übernehmen mussten.

Hildegard verließ sich da auf ihr Gespür – wen sie wo einsetzen konnte. Außerdem hatte sie in der Praxis der Jahre gelernt, dass es nicht immer auf die gute Ausbildung allein ankommt. Wissen allein genügt nicht, war ihre Ansicht. „Manche Schwester hat sich schon zu sehr auf ihr Können verlassen und hat dann in der praktischen Arbeit versagt. Bei der Caritas Socialis wird eben mehr verlangt." Dieses notwendige Mehr besaß sie selbst in überreichem Maße – nämlich Gottvertrauen. Mit Vertrauen auf Gottes Beistand hatte sie sich gleich nach der Gründung in die Gefährdetenfürsorge gestürzt, für die sehr viel Mut aufzubringen war. Vor allem bei der Betreuung der polizeilich aufgegriffenen Frauen, die großteils von Aggressivität erfüllt waren, womit sie mancher Schwester das Leben zur Hölle machen konnten und auch bewusst wollten.

Bekanntlich hatte Hildegard bereits 1917 auf Wunsch von Kardinal Piffl die Nachfürsorge für „sittlich Entgleiste" übernommen und dafür in der Hütteldorferstraße ein Heim eingerichtet. Nach dem Krieg stieg aber die Zahl der geschlechtskranken Frauen ständig an. Mehr als 2 000 lagen allein in den Spitälern Wiens! Die Behörden entschlossen sich daher, in den Räumen der ehemaligen Irrenanstalt in Klosterneuburg zusätzlich eine weitere Abteilung unterzubringen. Alte Prostituierte und junge sowie erstmals gestrauchelte Mädchen wurden hier zusammengesperrt. Die Zustände ließen für das Einzelindividuum kaum Zukunftschancen erhoffen. Nach Hildegards Vorstellung sollte eine Trennung erfolgen und die ganz jungen Mädchen extra erzieherisch betreut werden. Die behandelnden Ärzte zeigten Verständnis, aber gaben zu bedenken, dass weltliche Betreuerinnen für diesen Dienst, der rund um die Uhr notwendig wäre, kaum in Frage kämen.

Genau das war jetzt die Situation, für die Hildegard den Einsatz ihrer Schwestern geplant hatte. Da diese aber keine ausgebildeten Krankenschwestern waren, mussten noch einige bürokratische Hürden genommen werden, bis Hildegard am 1. April 1922 die ersten elf CS-Schwestern nach Klosterneuburg entsenden konnte. Gleich Missionarinnen haben sie ihre schwierige Aufgabe übernommen und diese trotz vieler von den Insassinnen initiierten Turbulenzen auch bestens gemeistert.

Große Unterstützung erhielten sie dabei von Msgr. Schaurhofer, der voll Geduld und Erbarmen sich der, wie er immer sagte, „nur verirrten Schäflein" annahm. In der Praxis ihrer Arbeit erin-

nerten sich die Schwestern nun öfter an die Worte ihrer Vorsteherin während der Ausbildung, dass man nur in kleinen Schritten
vorgehen könne und letztlich nur die unbeirrte persönliche
Zuwendung einen Menschen selbst in seinem großen Elend über-
zeuge, auch ein Geschöpf Gottes zu sein. Jetzt erst begriffen sie,
was Hildegard meinte, als sie einmal sagte, dass „der Erfolg oder
Misserfolg einer Arbeit nicht nach der Zahl der gebeteten Rosen-
kränze, nicht einmal der empfangenen Heiligen Kommunionen
der Schützlinge zu deuten sei …". Damals waren sie etwas
verblüfft darüber, jetzt aber erkannten sie, dass nur der innere
Wandel der ihnen Anvertrauten zählte, der sich oft nur langsam
vollzog und sich auch nicht immer sofort sichtbar zeigte.

Im Nachfürsorgeheim in der Hütteldorferstraße wurde bald der
Platz zu knapp, um die entlassenen Mädchen zur Nachbetreuung
aufzunehmen. Manche der in Klosterneuburg Entlassenen wollten aber gar nicht schon wieder in ein Heim. Was also tun mit ihnen? Sie brauchten dringend Arbeit und vor allem Halt und
Stütze, um nicht wieder in das frühere Milieu hineinzuschlittern.
Hildegard begann, eine „Nachfürsorgestelle" einzurichten, wo Ar-
beitsstellen vermittelt wurden, die Mädchen aber auch ihre Freizeit verbringen konnten.

Diese erste Maßnahme war aber nur improvisiert, denn auch
hier platzte man bald aus allen Nähten und die Aufenthaltsräume
waren viel zu klein. Durch Zufall erfuhr Hildegard von einem
ehemaligen Gutshof in Essling, am Stadtrand von Wien, der zu
pachten wäre. Sie hatte die Idee, dort ein neues Nachfürsorgeheim
einzurichten. Die Schwierigkeit lag aber darin, dass das Haus in
einem desolaten Zustand war. Woher das Geld für die notwendige
Renovierung nehmen?

Wieder einmal beriet sie sich mit Kardinal Piffl, und das Ergebnis dieses Gesprächs war eine kühne Idee: Hildegard sollte sich direkt um Hilfe an den Heiligen Vater wenden. Rasch entschlossen begab sie sich also mit ihrer Sekretärin Irmgard Domanig im Frühjahr 1924 nach Rom. Der Termin für eine Privataudienz bei Papst Pius XI. war vom Wiener Ordinariat fixiert worden. Leider kam es zunächst anders als geplant.

Am Tag nach der Ankunft erwachte Hildegard nicht nur mit Fieber, sondern auch mit wahren „Hamsterbacken" – der herbeigerufene Arzt konstatierte Mumps. An sich eine Kinderkrankheit, aber bei Erwachsenen nicht ungefährlich und bei Hildegards Diabetes möglicherweise mit schlimmen Folgen verbunden. Es blieb ihr also nichts anderes übrig, als das Bett zu hüten. Sie schickte Irmgard Domanig vorerst allein zur Überreichung des schriftlichen Ansuchens in das vatikanische Sekretariat.

Zwei Tage später kam die Anfrage, ob sich Frau Hildegard Burjan bereits imstande sähe, ihren Dankbesuch in einer vom Papst gewährten Audienz abzustatten. Ihre Bitte um finanzielle Hilfe war nämlich bereits erfüllt worden. Nichts konnte Hildegard nun mehr im Bett halten. „Diese entscheidende Hilfe muss eben mit einem großen Opfer erkauft werden", wehrte sie alle Bedenken wegen ihres Gesundheitszustandes ab. Eine dick vermummte Person kniete zum angegebenen Zeitpunkt vor Pius XI., der sie und die Caritas Socialis segnete.

Die Renovierung des Hauses in Essling wurde sofort in Angriff genommen, und zu Ostern 1925 konnte Hildegard Burjan nicht nur Kardinal Piffl, sondern viele andere Vertreter des öffentlichen Lebens beim Einweihungsfest begrüßen, bei denen sie nun doch Verständnis für dieses schwierige Gebiet innerhalb der sozialen Fürsorge wecken konnte.

Für den Tätigkeitsbericht 1930 vermerkt Hildegard: „Derzeit

werden 88 Mädchen im Rahmen der Nachfürsorge in Essling betreut. Sie erhalten dort nicht nur eine umfassende hauswirtschaftliche Ausbildung, sondern werden auch persönlich und religiös betreut, damit sie gut gerüstet wieder im Leben Fuß fassen können."

Die Not der Nachkriegszeit ließ auch die Zahl der ledigen Mütter ansteigen. Deren Schicksal und das ihrer Kinder griff Hildegard besonders ans Herz. Abtreibung, Kindesweglegung, Selbstmord oder gar Mord waren die Verzweiflungstaten mancher im Stich gelassenen jungen Frau. Durch die Übersiedlung nach Essling wurden die Räume in der Hütteldorferstraße frei. Hildegard sah es als Christenpflicht an, jenen zu helfen, die den Mut hatten, trotz aller Widrigkeiten ihrem Kind das Leben zu schenken. Sie machte daher dem Vorstand den Vorschlag, in den frei gewordenen Räumen eine Bleibe für ledige Mütter einzurichten.

Im Oktober 1924 fanden die ersten Frauen hier Unterkunft. Auf Grund der großen Nachfrage musste die Aufenthaltszeit auf zwei Monate vor der Geburt bis zu drei Monate nach dieser begrenzt werden. In dieser Zeit halfen die CS-Schwestern den Müttern, auch ihre Verhältnisse wieder etwas zu ordnen. Oft konnte der Kontakt mit dem Elternhaus wiederhergestellt werden, oder es wurde eine Arbeit für die junge Frau gefunden. Im Laufe der Jahre fanden hier Hunderte von Frauen Unterkunft.

Die Kritik aus „frommen" Kreisen an der angeblichen Förderung der Unmoral ließ nicht lange auf sich warten. Aber Hildegard hatte gar keine Zeit sich darum zu kümmern, denn ein weiteres Problem musste noch gelöst werden. Wo sollten die Frauen, wenn sie Arbeit gefunden hatten, aber allein auf sich gestellt waren, ihre Kinder unterbringen?

Wieder kam ein glücklicher Umstand zu Hilfe. Schon immer war es der Wunsch Hildegards und einiger Schwestern gewesen,

156

ein eigenes Haus für die Schwesternschaft zu erwerben. Es sollte darin sowohl das Noviziat wie der künftige Alterssitz für die CS-Schwestern untergebracht werden. Das sogenannte „Mackschlössl", eine alte Herrschaftsvilla mit Park in Kalksburg, in der Nähe von Wien, konnte 1928 nach langwierigen Kaufverhandlungen relativ günstig erworben werden.

Da vorläufig noch nicht alle Räume gebraucht wurden, richtete man dort eine Kinderkrippe ein, die nach dem großen Förderer der Caritas Socialis „Kardinal-Piffl-Kinderheim" genannt wurde. Hier fanden Kinder im Alter zwischen zwei Monaten und fünf Jahren Aufnahme und wurden von einer Oberschwester und den Novizinnen betreut.

Während Hildegard im März 1930 all diese Zahlen und Fakten der letzten Jahre zusammenstellt, muss sie an ein Gespräch denken, das sie vor kurzem mit ihrer engsten Mitarbeiterin Laura Stephelbaur führte. Es ging um die nun erfreulicherweise positivere Einstellung der Behörden zur Gefährdetenfürsorge. Stephelbaur meinte, dass dies vor allem auf das Konto der Caritas Socialis ginge, die hier wahre Pionierarbeit geleistet habe. Hildegard konnte darin nur zustimmen: „1917 haben mich Minister und Statthalter ausgelacht, wenn ich mit meinen Vorschlägen gekommen bin. Sie haben versucht, Witze zu machen über das traurige Los dieser Frauen. Heute kann das unseren Nachfolgern in diesem Arbeitsgebiet nicht mehr passieren."

Es waren wahrlich beschwerliche Wege, die sie mit ihren Schwestern in ihrer Arbeit in den letzten Jahren beschritten hatte, und es waren viele Vorurteile zu überwinden. Da sie von der Notwendigkeit ihrer Aktivitäten überzeugt war, ließ sie sich weder durch Kritik noch durch Spott beirren. Diese Haltung beeindruckte nicht nur, sondern überzeugte letztlich.

Auch in der staatlichen Fürsorge begriff man endlich, dass mit der „Heimaufbewahrung" allein kaum ein junger Mensch wieder auf einen geordneten Weg zurückzuführen ist. Die erfolgreiche Arbeit der CS-Schwestern, die auf individuelle und persönliche Betreuung ausgerichtet war, schien neue Wege auf dem Gebiet der Resozialisierung zu eröffnen.

Auf Wunsch von Polizeipräsident Johannes Schober übernahmen CS-Schwestern die Leitung eines Polizei-Jugendheimes im 3. Wiener Gemeindebezirk. Eine schwierige Aufgabe – aufgegriffene, verwahrloste Kinder und Jugendliche beiderlei Geschlechts sollten wieder auf den rechten Weg gebracht werden. Die Schwestern, denen es zwar gelang, das Heim von Grund auf neu zu organisieren, verzweifelten oft an der Aussichtslosigkeit ihrer Bemühungen bei den Zöglingen. Doch Hildegard tröstete sie immer wieder: „Und wenn wir auch nur einen Menschen retten können, zahlt sich dieser Einsatz aus."

Die „Seelenrettung" war für Hildegard das wichtigste Ziel bei der sozialen Arbeit: Alle Mühen und Opfer waren nicht umsonst, wenn auch nur ein Mensch wieder auf den Weg zu Gott geführt werden konnte. Vermutlich machte diese Einstellung das Geheimnis ihres Erfolges aus, sich nicht nur um die Verbesserung der Lebensumstände der Betroffenen zu kümmern, sondern vor allem um ihre seelische Gesundung.

Die nächste Anfrage kam bereits vom Niederösterreichischen Jugendamt. In Pyrawarth sollte ein Heim für psychopathische Mädchen neu organisiert werden. Drei Schwestern, die 1926 dort ihren Dienst antraten, schafften hier das scheinbar Unmögliche. Es kam aber noch mehr auf die Schwestern zu. Ein neuer, voll Pläne steckender Referent in der Jugendabteilung der Niederösterreichischen Landesregierung war von der Arbeit und den

Erfolgen der CS-Schwestern begeistert. Er beschwor Hildegard, ihm CS-Schwestern für das Heim für schwer erziehbare Knaben in Purkersdorf zu überlassen.

Der Anfang war für die zehn eingesetzten Schwestern die Hölle. Die fast 200 Zöglinge, zum Teil geistig behindert, hatten zuerst nur das Ziel, die „Klosterzwetschken zu tranchieren". Nicht nur Hildegard, sondern auch Kardinal Piffl versuchte, die Schwestern, die schon aufgeben wollten, in der schwierigen Anfangsphase zu stützen. Und – wie ein kleines Wunder – nach einem harten Jahr konnte auch in dieses Chaos Ordnung gebracht werden.

Die Zusammenarbeit mit den staatlichen Fürsorgestellen hatte Hildegard von Anfang an angestrebt, denn nur so, über alle Parteigrenzen hinweg, „kann unserem armen Volke am meisten gedient werden", war ihre Ansicht. Jetzt erwies es sich als günstig, dass die Caritas Socialis kein Orden war. Die teils liberalen, teils sozialdemokratisch besetzten Behörden hätten sicher keinen Klosterfrauen die Leitung ihrer staatlichen Heime überlassen. Die Caritas Socialis betrachteten sie dagegen eher als einen Zusammenschluss von Fürsorgeschwestern. Hildegard sah dies als eine Chance an, die christlichen Werthaltungen auch dort zu vermitteln, wo der Kirche bislang der Zugang verwehrt geblieben war.

Auch der angeschlossene Kreis der externen Schwestern erwies sich in dieser Hinsicht als günstig. Als zum Beispiel die Verhandlungen über die Übernahme der Leitung des Bundeserziehungsheimes in Hirtenberg deshalb scheiterten, weil das zuständige Ministerium einer religiösen Betreuung der Zöglinge nicht zustimmen wollte, schlug Hildegard Dr. Margarete Ansion, die dem externen Schwesternkreis angehörte, für den Posten der Direktorin vor. Ansion bekam die Stelle und konnte viele Jahre im Geiste der Caritas Socialis wirken.

Eine besondere Freude bereitete es Hildegard, dass nun auch der geistliche Führer der Gemeinschaft, Prälat Seipel, von der Richtigkeit des eingeschlagenen Weges überzeugt war. Er hatte eingesehen, dass die von Hildegard gewählte Form der Gemeinschaft am besten der vielfältigen Not der Zeit gerecht werden konnte.

Sie erinnerte sich an die letzte Generalversammlung am 27. November 1927, als der sonst eher zurückhaltende Seipel spontan das Wort ergriff: „Es ist eine merkwürdige Sache, unsere Caritas Socialis, sie ist ein Anfang von Etwas mit sehr schwankenden Statuten, in denen Unklarheiten bestehen, die von Zeit zu Zeit ausgeglichen werden müssen. Wir sehen aber, dass da irgendetwas lebt und wächst in einer ganz merkwürdigen Art. Wir arbeiten an einer hoffnungsvollen Sache, die sich nach dem Leben entwickelt. Wir können nur nach und nach versuchen, die Statuten danach aufzubauen und bei verschiedenen Gelegenheiten dem nachhelfen, was sich eigentlich von selbst entwickelt hat. Ein Beweis, dass es nicht auf den Buchstaben ankommt, sondern der Geist es ist, der lebendig macht ..." Lob und Zustimmung hörte man von Seipel äußerst selten, diesen kargen Worten war aber zu entnehmen, dass er sich nun doch voll und ganz mit dem Werk Hildegard Burjans identifizierte.

Das kleine Pflänzchen Caritas Socialis, an dessen Werden zu Beginn nur einige wenige geglaubt hatten, war in den vergangenen Jahren stattlich gewachsen. Aber nicht nur nach außen, was die verschiedenen Arbeitsgebiete betraf, sondern auch nach innen. Mit tiefer Freude kann Hildegard diese Tatsache in ihren Bericht für das Jahr 1930 aufnehmen. Die einzelnen Mitglieder, ob intern oder extern, sind in diesen Jahren zu einer wirklichen Gemeinschaft zusammengewachsen, „in einer gegenseitigen Ergänzung und Bereicherung". Die Kraft und die Begeisterung für das gemeinsame Ziel wurde aus der Pflege des gemeinsamen Gebetes und auch aus dem alle Mitglieder einmal im Monat vereinenden Gottesdienst gewonnen. „Dieser gibt uns nicht nur die eigentliche geistige Grundlage, sondern bringt auch die Erneuerung des Gemeinschaftsbewusstseins in die Caritas Socialis … dieses Bewusstsein gibt uns Kraft und Stärke für jene Stunden, in denen die Sonne nicht ganz hell scheinen will."

Am 1. Jänner 1930 gehörten der Caritas Socialis 92 Schwestern und 47 Novizinnen an. In den vergangenen Jahren hatte die Zahl derer, die dem Ruf der Verkündigung der sozialen Liebe folgten, erfreulicherweise ständig zugenommen. Für das weitgesteckte Aufgabengebiet, das es zu betreuen galt, trotzdem zu wenig. Ohne die freiwilligen bzw. ehrenamtlichen Helfer des Vereines „Soziale Hilfe", der von Hildegard reaktiviert worden war, wären die organisatorischen Arbeiten gar nicht zu bewältigen gewesen.

Hildegard hatte die Gabe, Leute zur Mitarbeit zu motivieren, zu begeistern und mitzureißen. Eine Dame der Wiener Gesellschaft meinte einmal zu Irmgard Domanig: „Als ich unlängst zu Frau Burjan ging, wollte ich ihr sagen, dass ich nicht mehr so viele Verpflichtungen übernehmen könnte. Nach der Unterredung hatte ich noch zehn weitere Aufträge dazubekommen."

Hildegard vertrat immer schon die Ansicht, vor allem während ihrer politischen Tätigkeit, dass die Frau nicht nur ein Recht auf Arbeit, sondern auch eine Pflicht zu dieser habe. Das bezog sich nicht nur auf eine außerhäusliche Erwerbsarbeit, sondern konnte auch in ehrenamtlichen Tätigkeiten, im Dienst am Nächsten bestehen. Hildegard waren nur jene „Drohnen der gehobenen Gesellschaftsschicht", wie sie es einmal in einem Artikel unverblümt nannte, ein Dorn im Auge, die sich jeder Verpflichtung entzogen und „für die das Leben nur zu Putz, Unterhaltung und Genuss da zu sein scheint". Sie war der Ansicht, dass man diese Frauen sehr wohl als „brave, fleißige Mitarbeiterinnen gewinnen könnte, wenn man ihnen beizeiten eine ernste Arbeit zuweisen würde …". Und Mitarbeiterinnen konnte Hildegard für ihre vielen Aktivitäten immer brauchen. Zum Beispiel für die Bahnhofsmission.

Anfang Mai 1922 ließ Kardinal Piffl Hildegard Burjan zu sich bitten. Ob sie nicht die von Gräfin Luise Fünfkirchen-Liechtenstein 1904 ins Leben gerufene Bahnhofsmission, die aus Geldmangel und infolge der Kriegswirren aufgelöst worden war, reaktivieren könnte? Hildegard bejahte, erbat sich aber Bedenkzeit, um sich die Sache bezüglich der Organisation und vor allem der dafür notwendigen Mitarbeiterinnen durch den Kopf gehen zu lassen.

Der Erzbischof winkte aber ab, das ginge leider nicht, denn in drei Tagen fände in Fribourg in der Schweiz ein „Internationaler Mädchenschutzkongress" statt, und er hätte schon telegrafisch die Teilnahme zweier Delegierter angekündigt. Verschmitzt lächelnd meinte Piffl: „Im Drang der Geschäfte habe ich total vergessen, Sie zu informieren, dass Sie und Ihre Sekretärin diese beiden Abgesandten sind. Aber wie ich Sie kenne, schaffen Sie das schon."

Hildegard konnte ihrem großen Förderer keine Bitte abschlagen und dies war zudem ein Thema, das sie brennend interessierte. So versuchte sie, in einer wahren Blitzaktion die notwendigen Unterlagen zu bekommen, denn sie sollte als offizielle Vertreterin Österreichs auch ein kurzes Statement abgeben. „Ich bin fast in die Erde versunken, als ich erst erkannte, was da für Vorbereitungen notwendig gewesen wären", sagte sie nach ihrer Rückkehr zu ihrem Mann. „Aber wir haben es geschafft und es hat sich die Mühe ausgezahlt."

Irmgard Domanig begleitete sie. Während der Fahrt wurden die Unterlagen gesichtet, das Referat entworfen und sogar ins Französische übersetzt. Als der Zug am Zielort einfuhr, war Hildegard für das Kommende gerüstet. Nur ihr kranker Körper machte ihr wieder einen Strich durch die Rechnung.

Zuerst gab es aber eine Überraschung für das am Bahnhof wartende Empfangskomitee. Abgesandte eines Kardinals konnten doch wohl nur zwei Priester sein, hatte man in Fribourg gedacht. Von der Verblüffung, als zwei elegante Damen sich als österreichische Delegierte vorstellten, mussten sich die Herren erst erholen. Außerdem hatten sie für die erwarteten Geistlichen die Zimmer nicht im Hotel, sondern in der Clinique Clement reservieren lassen, weil sich dort eine Hauskapelle befand, in der die geistlichen Herren auch die heilige Messe lesen könnten.

Für Hildegard erwies sich diese Unterkunft aber als ein Glücksfall. In der Nacht erwachte sie mit starken Halsschmerzen. Der Chef der Klinik, Professor Clement, konstatierte Angina und verordnete Bettruhe. Doch da kam er bei Hildegard schlecht an. Sie hatte einen Auftrag übernommen und den würde sie auch ausführen. Mit der ihr eigenen Energie überwand sie trotz Fiebers ihre Mattigkeit und hielt am 12. Mai 1922 vor internationalem Publikum ein Referat zum Thema Mädchenschutz.

Hildegard konnte in diesen Tagen viele wertvolle Kontakte mit anderen Delegierten knüpfen, die von ihren mit Überzeugungskraft vorgetragenen Thesen sehr angetan waren. Das war sehr wichtig, weil sie jetzt tatsächlich entschlossen war, die Bahnhofsmission in Österreich wieder ins Leben zu rufen.

Zuerst musste sie aber nach ihrer Rückkehr das Bett hüten. Sie bekam starke Schmerzen im Knie und sollte das Bein ruhig halten. Diese erzwungene Ruhepause bedeutete für Hildegard Höllenqualen, aber sie versuchte, die Zeit doch irgendwie zu nützen. Sie begann, einen Plan für die künftige Arbeit zu entwerfen. Es galt, zuerst ein „Komitee für Mädchenschutz" zu gründen, durch das die Aktion Bahnhofsmission finanziell und organisatorisch abgesichert werden konnte.

Insgesamt fünfzehn katholische Vereine, die sich ebenfalls mit Mädchenschutz befassten, schlossen sich an. Auf dieser Basis konnte man auch beginnen, die notwendigen Helfer zu gewinnen. Erstes Ziel war, die fünf Wiener Bahnhöfe zu besetzen. Um auf jedem Bahnhof einen kleinen Raum als Anlauf- bzw. Informationsstelle einrichten zu können, mussten wieder bürokratische Hürden bewältigt werden. Hildegard hatte schon Übung darin und schaffte es wieder.

Erfreulich war, dass sich doch genügend Helferinnen für die stundenweise Tätigkeit zur Verfügung stellten. „Ich opfere die paar Stunden gerne, vielleicht findet sich dann auch für meine Kinder ein guter Schutzengel, wenn sie einmal in die Welt hinaus müssen" – mit diesen Worten bot zum Beispiel eine mehrfache Mutter ihre Mithilfe an. Ausgerüstet durch eine Kurzschulung und mit schriftlichen Anleitungen sowie mit dem Adressmaterial der wichtigsten Behörden versehen, gingen die Helferinnen an ihre Arbeit.

Vor allem ging es um die Betreuung alleinreisender Frauen und Mädchen. Nicht immer handelte es sich dabei nur um Durchreisende, den größeren Anteil stellten Mädchen vom Land, die es in die Großstadt zog, um dort eine Verdienstmöglichkeit zu finden. Die Zahl der Gefahren, die hier in dieser turbulenten Zeit auf die unerfahrenen Geschöpfe lauerten, war groß. Die Bahnhofshalle war nicht nur ein Umschlagplatz für Keiler des internationalen Mädchenhandels, sondern auch für Zuhälter, die hier „Ware" für ihre Etablissements suchten. Daher war es notwendig, dass man den Mädchen kurzfristig, bis sie eine feste Bleibe fanden, auch eine Schlafstelle zur Verfügung stellen konnte. Eindringlich machte Hildegard allen klar, dass ohne dieses Unterkunftsangebot die Bahnhofsmission mehr oder weniger zwecklos wäre. In der Pramergasse, dem Sitz der CS-Generalleitung, im Währinger Pfarrhof und in der Klementinengasse, wo später ein Bahnhofsmissionsheim entstand, konnten Schlafstellen zur Verfügung gestellt werden.

Ungefähr 2 000 Mädchen machten pro Jahr von diesem Angebot Gebrauch. Mit einigem Stolz vermerkt Hildegard für ihren Bericht, dass 130 ehrenamtliche Helferinnen im vergangenen Jahr 10 060 Dienststunden in den verschiedenen Missionen geleistet haben. Die Leitung der Bahnhofsmission hatte nun Frau Hofrat Paula Netoliczka übernommen. „Den betreuten Frauen und Mädchen wird Hilfe bei der Arbeitssuche, bei Behörden usw. angeboten. Gute Kontakte gibt es nun auch mit den anderen Bundesländern, wo sich ebenfalls solche Anlaufstellen etabliert haben. Auch die Zusammenarbeit auf internationaler Ebene ist gut. Auch wir konnten, wie aus einem Bericht des Völkerbundes hervorgeht, damit unseren Beitrag zur Bekämpfung des Mädchenhandels leisten", konnte Hildegard die Generalversammlung informieren. 1938 wurde diese segensreiche Einrichtung vom Hitler-Regime verboten.

Als nach dem Zweiten Weltkrieg Europa von einer Flüchtlingswelle überrollt wurde, waren es wieder CS-Schwestern, die im Sinne ihrer Gründerin in diesem Chaos durch die Bahnhofsmission eine Oase der Hilfe boten.

Aus der Erfahrung der Bahnhofsmission entstand der Gedanke, generell für die infolge Arbeitslosigkeit, Umsiedlungen und anderer trister Umstände ständig anwachsende Zahl obdachloser

Frauen Unterkünfte bereitzustellen. Das städtische Asyl war gerade für alleinstehende Frauen nicht sehr zu empfehlen. Hildegard Burjan setzte sich daher mit Polizeipräsident Schober, der ihre Arbeit sehr schätzte, in Verbindung. Ihn konnte sie bald von der Notwendigkeit rascher Maßnahmen überzeugen, aber schwieriger wurde es mit den zuständigen Referenten im Präsidium, die von der Sache gar nichts hielten.

„Könnte ich mit den Herren nicht selbst sprechen", bat Hildegard, als ihr Schober deren ablehnende Haltung mitteilte. Er war damit einverstanden, weil er wusste, dass sie selbst immer der beste Anwalt ihrer Anliegen war, und beraumte einen Sitzungstermin an. Mit beredten Worten schilderte Hildegard die Situation, mit der die Caritas Socialis tagtäglich konfrontiert wurde. „Die vorhandenen Unterkunftsstellen in unseren Heimen sind total überbelegt. Täglich müssen wir Frauen wegschicken, für die sich beim besten Willen kein Plätzchen findet. Selbst in unserem Sprechzimmer haben wir nachts schon Matratzen liegen."

Und eindringlich appelliert Hildegard an das Gewissen der Männer: „Jene Mädchen, die wir heute abweisen müssen, weil Sie uns nicht helfen wollen, diese armen Geschöpfe, die niemanden haben, der sich um sie kümmert, werden vielleicht dadurch auf jenen Weg getrieben, auf dem sie Monate später Ihre Polizeiorgane dann aufgreifen. Sie aus diesem Milieu wieder herauszuholen, dafür ist es dann zu spät bzw. kostet dies den Staat dann mehr Geld als jetzt die Zurverfügungstellung einer Unterkunftsmöglichkeit."

Nach einer Stunde heftiger Diskussion zeigten sich die Herren einsichtig. Zwei Schlafsäle und ein Zimmer für die diensthabende Schwester in der Berggasse sowie im der Pramergasse nahegelegenen Polizeigebäude waren das Ergebnis. Polizeipräsident Schober war beeindruckt von Hildegards Argumentationskünsten: „Gnädige Frau, ich habe heute viel von Ihnen gelernt. Sie können die Menschen besser behandeln als ich."

Das notwendige Mobiliar mussten Hildegard und ihre Helferinnen selbst auftreiben. Im Juli 1924 konnte die Unterkunftsstelle eröffnet werden. Die in den nächsten Jahren erfolgte Inanspruchnahme durch 14 533 Frauen mit 65 073 Übernachtungen bestätigte die Notwendigkeit dieses sozialen Angebots.

Über ein ihr besonders am Herzen liegendes Projekt konnte Hildegard Burjan in ihrem Bericht für das Jahr 1930 nur die Erfolge im Ausland aufzählen, in Österreich stieß sie damit noch auf Widerstand. Es war das Gebiet der Familienpflege.

Schon als Politikerin hatte sie sich mit dieser Idee befasst: Speziell geschulte Helferinnen bzw. Schwestern sollten den Müttern beistehen, wenn diese durch Geburt eines Kindes, durch Krankheit oder in einer anderen schwierigen Situation ihren Familienaufgaben nicht nachkommen konnten. In einer der ersten Vorstandssitzungen nach der Gründung der Caritas Socialis stellte Hildegard bereits nachdrücklich fest: „... ich werde alles tun, um unsere Schwestern gerade in der Familienpflege einzusetzen." Ihr schwebte die Einstellung einer Pfarrschwester zu diesem Zweck in jeder Pfarre vor. Auch Kardinal Piffl hieß diesen Gedanken gut.

Im Jahre 1925 wurde in Wien mit fünf Schwestern begonnen. Hildegards Ziel wäre es gewesen, „die ganze Großstadt mit einem Netz dieses Hilfsangebotes zu umspannen, damit auch durch diese karitativ-soziale Arbeit Christus zu den Menschen getragen wird". So schreibt sie in einem Brief an eine Schwester: „Die Familienpflege halte ich für eine der notwendigsten sozialen Aufgaben der Gegenwart."

Die notwendigen finanziellen Mittel sollten durch das von Hildegard gegründete „Familienpflegekomitee" aufgebracht werden. Diesem gehörten Mitglieder an, die satt erbrachter eigener Hilfstätigkeit regelmäßig Beiträge einzahlten. Mehr als hundert Frauen konnten dafür gewonnen werden. Trotzdem gelang es Hildegard nicht, mit diesem Projekt in Wien in größerem Umfang Fuß zu fassen. Wieder stößt sie gerade innerhalb der katholischen Kreise auf eine Mauer der Ablehnung, der Kritik und des Neides.

Der Bischof von Leitmeritz in der Tschechoslowakei, Dr. Josef Groß, der Hildegard Burjan bei der von ihr initiierten Erzgebirge-Aktion schätzen gelernt hatte und von ihr nur mit Hochachtung als einer „Frau mit besonderem Charisma" sprach, lud Hildegard ein, im Sudetenland die Idee der Familienpflege zu verwirklichen. Nach Beratung mit Kardinal Piffl und Prälat Seipel sagte sie zu. Der Vorstand beschloss, vorerst einmal zwei Schwestern zu entsenden. Zur wirtschaftlichen Absicherung der Schwestern und vorbeugend gegen eine Absplitterung von der Schwesterngemeinschaft in Österreich wurden bezüglich der Übernahme der Aufgabengebiete genaue Verträge ausgearbeitet.

Am 16. Oktober 1926 übernahmen die ersten „Auslands-Schwestern" ihre Aufgabengebiete. Als die Zahl der in die Tschechoslowakei entsandten Schwestern immer größer wurde, gründete Hildegard dort einen Verein „Caritas Socialis", dessen Vorstand ausschließlich aus Funktionären tschechischer Vereine bestand und der für die Arbeitseinteilung und den Lebensunterhalt der eingesetzten Schwestern verantwortlich war. Da es auch hier wieder zu Quertreibereien kam, weil einige ortsansässige Organisationen versuchten, die kleine Gruppe der CS-Schwestern in ihren Einflussbereich zu bekommen, bestand Hildegard nachdrücklich darauf und ließ dies auch schriftlich festhalten, dass die Schwestern ausnahmslos der Jurisdiktion des Wiener Mutterhauses unterstellt blieben.

Um den Kontakt zu den Schwestern aufrecht zu erhalten, unternahm Hildegard sehr viele Reisen ins Sudetenland. Nicht selten passierte es, dass einer völlig überraschten Schwester plötzlich ihre Vorsteherin gegenüberstand. Immer brachte sie dabei kleine Geschenke mit und hatte ein offenes Ohr für alle Probleme, die sie oft persönlich zu regeln versuchte.

Für die Generalversammlung 1930 hält Hildegard fest, dass der Tätigkeitsbereich der Schwestern auf Grund der Verhältnisse in der Tschechoslowakei viel umfassender geworden sei, als ursprünglich geplant war. Die „Gemeindeschwestern", wie sie dort genannt wurden, springen nicht nur beim Ausfall der Mutter ein oder übernehmen die Krankenpflege, sondern sie ersetzen oft Arzt und Hebamme, wenn die örtlichen Gegebenheiten das rasche Herbeiholen von Hilfe nicht zulassen. Sie sind unentbehrliche Stützen des Priesters geworden, helfen bei der seelsorglichen Betreuung, bei vereinsrechtlichen Tätigkeiten, in der Kinderfürsorge und und und ...

Hildegard weiß, dass an „ihre" Schwestern, die auf sich allein gestellt, ohne den Rückhalt der Gemeinschaft, ihre Arbeit verrichten müssen, oft übermenschliche Anforderungen gestellt werden, welche ihre seelischen Kräfte manchmal überfordern.

„Wenn da nicht Gottes Gnade mithilft, wäre ein solches Werk gar nicht zu wagen", schreibt Hildegard. „Die Zahlen sprechen für sich bzw. dokumentieren die einmaligen Leistungen – 84 838 Arbeitsbesuche bei 7 841 Familien mit 5 447 Nachtwachen. Das sind aber nur jene Tätigkeiten, die wir überhaupt zahlenmäßig erfassen können."

Eine der bahnbrechenden Ideen Hildegard Burjans, der Arbeitsbereich der Familienpflege, der heute aus dem sozialen Angebot unseres Wohlfahrtssystems nicht mehr wegzudenken ist, hatte damit außerhalb Österreichs seinen Anfang genommen. Die Schwestern hatten in der Tschechoslowakei durch ihre aufopfernde Tätigkeit eine Caritasbewegung in Schwung gebracht, die sich sehen lassen konnte. Fast vorausschauend meinte Hildegard einmal: „Selbst wenn die Caritas Socialis aus der Tschechoslowakei verdrängt werden sollte, wollen wir uns damit abfinden und uns freuen, dass wir die Wegbereiter für eine so segensreiche Arbeit sein durften." Im Jahr 1946 wurden die CS-Schwestern tatsächlich aus dem Land gewiesen.

Die Familienpflege im Sudetenland war der erste Auslandseinsatz von CS-Schwestern. Der Ruf ihrer unkonventionellen Arbeitsweise, ihr Bemühen, bei ihrer Arbeit immer wieder Neuland zu betreten, drang nun auch nach Deutschland. 1927 bat die Münchner Stadträtin Elsa Schultes in einem Telefongespräch Hildegard Burjan, ihr „um Himmels willen dringend CS-Schwestern zu schicken". Sie brauche diese dringend für die Leitung eines groß angelegten Ledigenheimes in München, dem auch ein Lehrmädchenheim angeschlossen sei.

Hildegard wehrte zunächst ab, sie hatte gerade die Arbeitseinteilung für das nächste Jahr gemacht. „Ich brauche die Schwestern selbst, unsere Aufgabengebiete hier werden immer mehr." Die energische Stadträtin ließ aber nicht locker, sie kam selbst nach Wien und überredete Hildegard schließlich doch noch. Zuerst waren es zwölf Schwestern, 1928 schon 20, die in München arbeiteten. Der Vorstand der Caritas Socialis trat zu einer Krisensitzung zusammen. Man sah die Entscheidung der Vorsteherin mit etwas gemischten Gefühlen – es waren schließlich junge Schwestern dabei, deren Ausbildung noch nicht abgeschlossen war. Hildegard rechtfertigte sich damit, dass sie dies wohl bedacht habe, aber von der Dringlichkeit der Anfrage überzeugt sei. Durch mehrere Blitzreisen nach München versuchte sie in der Folge, nicht nur den notwendigen Kontakt mit den Schwestern zu halten, sondern diesen auch seelische Stütze zu geben.

Am 1. April 1936 mussten die „Ausländerinnen" auf Befehl der nationalsozialistischen Stadtverwaltung ihr Arbeitsgebiet in München verlassen.

Das Jahr 1928, erinnert sich Hildegard zu dieser nächtlichen Stunde, als sie mit ihrem Bericht schon fast zu Ende ist, war überhaupt ein turbulentes Jahr. „Wie habe ich das überhaupt durchgestanden?", fragt sie sich nach diesem Rückblick.

Nach dem Ersuchen aus München kam schon die nächste Anforderung aus Berlin. Der Katholische Frauenbund Deutschlands hatte in Berlin-Charlottenburg eine Soziale Frauenschule mit einem angeschlossenen Internat errichtet. Die Präsidentin, Frau Heßberger, schrieb an Hildegard Burjan: „Unsere Versuche, Ordensschwestern einzusetzen, sind schiefgelaufen. Wir finden niemanden für die Leitung ... könnten Sie uns nicht helfen ... mit vier Schwestern wäre uns schon gedient ..." Seufzend hat Hildegard damals den Brief weggelegt. Gerade erst haben sich die Wellen der Auseinandersetzung bezüglich München gelegt, und schon soll sie wieder mit einem neuen Vorschlag in den Vorstand gehen? Diesmal hat auch sie Bedenken, trotz ihrer Verbundenheit mit Berlin – sie wird diese Tage des Leides, der Krankheit und des Glücks der Bekehrung, die sie in dieser Stadt erlebte, nie vergessen – wie werden sich aber Wiener und Berliner Lebensart und Denkweise miteinander vertragen?

171

Die resoluten Damen des Frauenbundes ließen nicht locker. Sie kündigten sogar an, die Schwestern per Flugzeug höchstpersönlich abzuholen. Hildegard kapitulierte, denn wer selbst Durchsetzungsvermögen besitzt, dem imponiert so ein Vorgehen. Am 15. Oktober 1928 übernahmen vier Schwestern die Leitung. Was Hildegard befürchtet hatte, trat aber bald ein. Die Berliner Damen mischten sich allzu viel in die Arbeit der Schwestern ein. Ein Hilferuf ließ Hildegard nach Berlin kommen. Bei einer ad hoc einberufenen Sitzung mit den Vertreterinnen des Frauenbundes erklärte Hildegard exakt, welche Unzulänglichkeiten nach ihren Informationen abzustellen und welche Veränderungen notwendig wären. Diese könnten aber nur dann durchgesetzt werden, wenn den CS-Schwestern mehr Eigenverantwortung zugebilligt würde. Sollten die Damen dies nicht akzeptieren, so würden die Schwestern wieder mit ihr nach Hause fahren.

Die Damen waren vorerst sprachlos über diese Direktheit, stimmten aber dann vorbehaltlos allen Forderungen zu, was sie in der Folge auch nicht zu bereuen hatten. Noch Jahre später fand ein Vorstandsmitglied des Berliner Frauenbundes nur bewundernde Worte für die Persönlichkeit Hildegard Burjans: „Den Geist, der die Schwesternschaft beseelte, konnte man nur auf die Gestalt der Gründerin zurückführen, vorausgreifende Modernität, wurzelechte Kontinuität und alles vereinende stille Hingabe. Frau Burjan entfachte das heilige Feuer des Anfangs, das die Ersten durchglühte … ihre geistige und geistliche Kraft durchwaltete Einsatz und Regel der Schwestern …"

Doch auch diese Wirkungsstätte mussten die CS-Schwestern später infolge der sich zuspitzenden politischen Lage verlassen.

Es war sehr spät geworden, als Hildegard die Aufzeichnungen für die Generalversammlung am 9. März 1930 weglegte. Alles, was in diesen vergangenen Jahren an Aktivitäten geschehen war, hatte sie gar nicht zu Papier bringen können. Schließlich gehörte die Organisation der vielen gesellschaftlichen Veranstaltungen, mit denen sie die zusätzlichen finanziellen Mittel für ihre diversen Arbeitsprojekte aufbrachte, ebenso dazu wie die Betreuung der Zeitschrift „Soziale Hilfe".

Vor allem die organisatorischen Arbeiten waren ungemein zeitaufwändig, besonders für die „Bettelfeste", wie Hildegard den jährlichen Christkindlmarkt, die Wohltätigkeitslotterien oder die öffentlichen Sammlungen nannte. Diese Veranstaltungen bedeuteten für sie nicht nur Einnahmequellen, sondern sie wollte damit auch das „soziale Gewissen" der finanziell besser gestellten Gesellschaftsschichten wachrütteln und sie auf die Not ihrer Mitmenschen aufmerksam machen.

Zu den besonderen gesellschaftlichen Ereignissen dieser Zeit zählten bald die von Hildegard Burjan veranstalteten sogenannten „Routs". Dabei handelte es sich um Abendempfänge, für die verschiedene Repräsentationsräume, z.B. in der Hofburg, im Bundeskanzleramt oder im Redoutensaal den glanzvollen Rahmen boten und durch die Anwesenheit prominenter Persönlichkeiten aus Politik und Gesellschaft ein besonderes Flair erhielten. Die Wiener Gesellschaft riss sich bald darum, dort eingeladen zu werden, und zahlte dafür gern einen hohen Eintrittspreis.

Wieder blieb Hildegard der Vorwurf nicht erspart, sowohl ihre ehemalige politische Stellung als auch die berufliche ihres Mannes dafür auszunützen, Kontakte zu hochgestellten Persönlichkeiten zu knüpfen, um diese für ihre Ziele zu gebrauchen. Warum sollte sie dies aber nicht tun? Mit den spärlichen öffentlichen Subventionen und den Mitgliedsbeiträgen des Vereins „Soziale Hilfe" hätte sie die von der CS erbrachten sozialen Angebote kaum finanzieren können. Sie brauchte eben zusätzliche Geldquellen und fand nichts dabei, diese über den gesellschaftlichen Ehrgeiz mancher Zeitgenossen zu erschließen.

Geschenkt wurde ihr dabei nichts, denn für diese Abende waren immense organisatorische Vorarbeiten notwendig. Einladungslisten mussten erstellt und Spenden für die Tombola erbettelt werden. Das Programmangebot brauchte außerdem viel Fingerspitzengefühl. Nicht immer waren ihr dabei die sich zur Verfügung stellenden ehrenamtlichen Helferinnen eine große Hilfe. Manche Dame der Gesellschaft, in praktischer Arbeit eher ungeübt, verkomplizierte oft den Ablauf der Dinge noch mehr und machte Hildegards Eingreifen mit möglichst viel Takt und Feingefühl notwendig. Ein wenig verzweifelt meinte sie einmal, man müsse ähnlich Franz von Assisi ein „Narr in Christo" sein, um dies alles freiwillig auf sich zu nehmen. „Ich könnte das schönste gesellschaftliche Leben führen, die große Dame sein, die sich allen Luxus und die herrlichsten Reisen gönnen könnte, und da laufe ich herum wie eine Bettlerin, bis ich vor Schmerzen und Müdigkeit nicht mehr weiter kann … Da muss ich mich manchmal fragen, ob das alles eine Narretei von mir ist, ob am Ende alles Täuschung ist … Man hat ja nur ein Leben zu leben …"

Trotz solcher gelegentlicher und menschlich verständlicher Anwandlungen wusste Hildegard, dass dies ihr Weg war und sie ihn gehen musste.

Und schon wieder entstand eine neue Idee in ihr, deren Verwirklichung sie noch in diesem Jahr angehen wollte. Von der zunehmenden Arbeitslosigkeit und den Auswirkungen der Inflation wurde in dieser Zeit nun auch die bürgerliche Mittelschicht betroffen. Es handelte sich dabei vor allem um mittlere und höhere Angestellte, um Akademiker, die ihre Armut zu verstecken ver-

174

suchten, weil sie sich ihrer schämten. Diesen Gruppen war oft schwer zu helfen.

Was hatte Seipel einmal zu Hildegard gesagt? „Sie sind ein Genie im Entdecken von Not und in der Entwicklung von Abhilfemaßnahmen." Sie hörte Lob zwar nicht gerne, aber von Seipel einmal eines zu hören, freute sie doch. Und er traf mit dieser Äußerung genau den Kern der Sache, denn Hildegard wusste auch diesmal wieder einen Weg, um helfen zu können. Ihr schwebten Ausspeisungsstätten vor, wo um einen geringen Betrag – es waren dies dann 20 Groschen – einmal täglich eine warme Mahlzeit erhältlich sein sollte. Diese Aktion nannte sie später „St. Elisabeth-Tisch".

Erfahrungen in der Beschaffung von Lebensmitteln und deren Verteilung hatte sie ja im Krieg schon gewonnen. In dieser Märznacht, als sie ihren Bericht abschließt, nimmt sie sich vor, möglichst bald mit Kardinal Piffl über das neue Projekt zu sprechen. Vielleicht könnte er im Erzbischöflichen Palais dafür einen Raum zur Verfügung stellen?

Im Winter 1930/31 gab es dann nicht nur in der Wollzeile, in der Residenz des Erzbischofs, eine solche Essensstelle, sondern noch an 26 anderen Orten in den verschiedensten Bezirken Wiens. Pro „Tisch" konnten 40 bis 60 Personen verköstigt werden. Später kam noch der „Krankentisch" für Bettlägerige dazu, denen das Essen in die Wohnung gebracht wurde. Damit legte bereits Hildegard Burjan den Grundstein für eines der größten Sozialprojekte unserer Zeit, für die Aktion „Essen auf Rädern".

Später erweiterte Hildegard das Angebot noch durch die „St. Elisabeth-Lesestuben", wo sich frierende Menschen im strengen Winter bei Kaffee und Gebäck sowie guter Lektüre für einige Stunden aufwärmen konnten.

175

Hildegards Organisationstalent war genial zu nennen. Nicht nur dass der Anstoß wieder von ihr kam und es ihr auch wieder gelang, alles Nötige dafür zusammenzubetteln, konnte sie auch die „höhere" Wiener Gesellschaft zur Mitarbeit motivieren. Es wurde sogar als schick betrachtet mitzuhelfen. Mit gutem Beispiel gingen die Gattinnen der Regierungsangehörigen und des diplomatischen Corps voran. Trägerinnen prominenter Namen standen mit Schöpf- und Kochlöffel ausgerüstet nach dem von Hildegard erstellten Dienstplan auf ihrem Posten. Für manche freiwillige Helferin wurde dieser Dienst am Nächsten zu einer persönlichen Bereicherung, die sie später nicht missen wollte und ihrem Leben vielleicht einen neuen Sinn gab.

Es begann schon zu tagen, als Hildegard endlich mit ihrer Schreibarbeit für die Generalversammlung fertig war. Sie war erschöpft und verspürte eine Vorahnung in sich, dass ihr nicht mehr viel Zeit bleiben sollte, um alle Pläne, die sie noch vorhatte, zu verwirklichen. Es war tatsächlich ihr letzter Rechenschaftsbericht, den sie bei der Generalversammlung am 9. März 1930 persönlich vortragen konnte.

Leben in zwei Lebenswelten

Wenn es um die Anschaffung neuer Kleider ging, spielte sich im Hause Burjan mit einer Regelmäßigkeit immer wieder dieselbe Szene ab. Alexander hatte sich daran schon gewöhnt und trug es mit Humor. „Hilderl, Deine Garderobe entspricht nicht mehr ganz der neuesten Mode. Du brauchst zumindest ein neues Kleid." „Brauch' ich das wirklich, die Kleider vom letzten Jahr sind doch noch ganz passabel?" Alexander blieb unerbittlich: „Ich hol' Dich morgen ab. Halte Dir einen Termin frei." Diese Gespräche endeten meist mit Hildegards Stoßseufzer: „Um wie viel einfacher wäre es, wenn ich Dominikanerin geworden wäre …"

Dieser scherzhafte Dialog zwischen den Ehepartnern über eine nicht gerade welterschütternde Angelegenheit macht aber deutlich, auf welch verschiedenen Ebenen sich Hildegard Burjans Leben tagtäglich abspielte. Sie musste nicht nur das Kunststück vollbringen, zwei einander völlig konträr gegenüberstehende Lebenswelten im Alltag zu verbinden, sondern sie musste auch persönlich mit den sich daraus ergebenden Spannungen fertig werden. Tagsüber war sie die Vorsteherin einer Schwesterngemeinschaft, die sich der Armut und Ehelosigkeit verschrieben hatte, und abends ging sie heim zu ihrer Familie in die Hietzinger Nobelvilla. In ihrem Büro in der Pramergasse gaben sich die Außenseiter der Gesellschaft die Türklinke in die Hand, und an der Seite ihres Gatten empfing sie oft nur wenige Stunden später die Spitzen aus Politik und Wirtschaft zu exklusiven gesellschaftlichen Veranstaltungen.

Hildegard Burjan, wie Alexander sie liebte: als „grande dame"
der Wiener Gesellschaft ...

… und so, wie sie sich selbst wohl am liebsten sah:
im schlichten dunklen Kleid.

Wie sie diese Situation selbst empfand, darüber sprach Hildegard eigentlich nie. Hie und da erwähnte sie zwar schon, dass sie auch ganz gern das einfache Schwesternkleid tragen würde und es doch bedauerlich sei, dass sie nicht mit ihren Schwestern zusammenleben könne. Das war aber schon alles, mehr gab sie dazu nicht von sich.

Als eine Freundin sie einmal auf die Diskrepanz zwischen ihrer Lebensweise und dem von den Schwestern geforderten Gemeinschaftsleben ansprach, dessen Reglement ja auch von Hildegard entscheidend mitgestaltet worden war, meinte sie nur: „Es gibt keinen einzigen von den evangelischen Räten, den nicht jemand, der in der Welt lebt und sogar verheiratet ist, befolgen kann."

Sicher ist es einerseits der ausgeglichenen Art Hildegards und andererseits dem großen Verständnis von Alexander Burjan zuzuschreiben, dass die Reibungsflächen innerhalb der Familie und vor allem für die Partnerschaft dadurch nicht zu groß wurden. Das Ehepaar war sich in herzlicher, von gegenseitigem Respekt getragener Liebe zugetan. Alexander hieß natürlich nicht alles gut, was seine Frau ständig an neuen Aufgaben übernahm; vor allem der Gefährdetenfürsorge, einem Herzensanliegen Hildegards, stand er sehr ablehnend gegenüber. Sonst war er aber sehr stolz auf sein energisches und tüchtiges „Hilderl".

Alexander Burjan hatte in Österreich eine steile Karriere gemacht. Bereits neun Jahre nach der Übersiedlung von Berlin nach Wien, im Jahre 1919, wurde er zum Direktor, und schon 1924 zum Generaldirektor der „Österreichischen Telephonfabrik AG" bestellt. Im Jahre 1929 wurde das Unternehmen von Amerikanern gekauft und mit der Telephon-Telegraphenfabrik Czeija, Nissl & Co. fusioniert. Burjan wurde schließlich 1932 als Generaldirektor mit der Leitung beider Unternehmen betraut.

Als man Anfang der Zwanzigerjahre auch in Österreich an die Gründung einer Radiogesellschaft dachte, war Alexander der Erste, der dem damaligen Bundeskanzler Dr. Ignaz Seipel von der Idee erzählte und ihn über die Möglichkeiten dieses neuen Mediums informierte. Die Gelegenheit dazu ergab sich ja bei den zwanglosen privaten Zusammenkünften im Hause Burjan. Alexander Burjan wurde später auch in den Verwaltungsrat der 1924 gegründeten RAVAG (Österreichische Radio-Verkehrs-AG) entsandt, wo er den Verband der Radioindustrie vertrat.

Repräsentation wurde im Hause Burjan nun groß geschrieben und von Alexander auch sehr genossen. Räumlichkeiten standen dafür genügend zur Verfügung, denn die Burjans waren 1925 von der Altgasse in eine Villa in der Larochegasse, ebenfalls im 13. Bezirk, übersiedelt. Hildegard war nicht gerade glücklich darüber, denn in der anheimelnden kleineren Wohnung hatte sie sich wohler gefühlt.

Zudem war die Führung eines so großen Haushalts doch eine enorme Belastung. Es stand zwar genügend Hauspersonal zur Verfügung, aber die Anweisungen für die Menüfolge großer Abendessen – manchmal kamen bis zu vierzig Personen – blieben doch der Hausfrau vorbehalten. Hildegard war zwar eine ausgezeichnete Organisatorin, aber für ihre Hausfrauenpflichten fand sie doch wenig Zeit. Täglich ging sie schon zeitig in der Früh aus dem Haus, zuerst in die Kirche zum täglichen Messbesuch, dann brachte ihr Mann sie mit dem Auto in die Pramergasse. Am Abend kam sie todmüde nach Hause, und dann war der Tag oft noch lange nicht zu Ende. Alexander nahm ihr, so weit es ihm möglich war, vieles an Hausfrauenpflichten ab. Er kümmerte sich um die notwendigen Einkäufe, überprüfte die Haushaltsabrechnungen und brachte sogar seine Hemden selbst in die Reinigung.

So tolerant Alexander sonst war, so cholerisch konnte er aber reagieren, wenn er bei seinem Heimkommen noch CS-Schwestern vorfand. Da Hildegard sich öfters körperlich sehr elend fühlte und zu Hause bleiben musste, die notwendigen Besprechungen der Arbeitseinsätze, die zu erledigende Korrespondenz etc. aber keinen Aufschub duldeten, ergab sich eben die zeitweise Anwesenheit einer Oberschwester oder Sekretärin. Sein Ruf in ihr Zimmer, „Hilderl, es wird Zeit zum Essen", war das Signal für die Anwesenden, schleunigst zu verschwinden, bevor sich der Groll des Hausherrn steigerte. Empfindlich durfte niemand sein, denn es konnte schon passieren, dass aus dem Nebenzimmer seine kräftige Stimme zu vernehmen war mit der ungenierten Frage: „Was machen denn die Vogelscheuch'n noch da?"

In seinen vier Wänden wollte Alexander Burjan Ruhe und vor allem seine Frau für sich allein haben. Bei allem Verständnis für Hildesgards Aufgaben, aber irgendwo musste Schluss sein, und zwar, dies ließ er unmissverständlich wissen, vor seiner Haustüre.

In all den Jahren hatten beide einen Kompromiss gefunden, wie sie ihre so verschiedenen Arbeitsbereiche aufeinander abstimmen können, und mit den gelegentlichen Zornausbrüchen ihres Mannes hatte Hildegard umzugehen gelernt. Das Kreuz, das ihnen das Leben für ihre Partnerschaft auflud, bestand in der von Jahr zu Jahr schlechter werdenden körperlichen Verfassung Hildegards. Die ständigen Schmerzen zehrten auch an ihren seelischen Kräften.

Hildegard konnte zwar vieles mit ihrer Energie überspielen, aber Alexander spürte ja doch, wie seine Frau litt. Gerne hätten sie auch noch mehrere Kinder gehabt, aber schon die Geburt Lisas hatte Hildegard in Lebensgefahr gebracht. Seit Jahren schon hatten die Ehegatten getrennte Schlafzimmer, weil Hildegard wegen

Hildegard Burjan mit ihrer 1910 geborenen Tochter Lisa

ihres Gesundheitszustandes schlecht schlief. Ihrem zurückhaltenden Naturell entsprach es, dass sie mit niemandem über ihr Intimleben sprach. Daher glaubte Maria Maresch zuerst sich verhört zu haben, als Hildegard in einem der ganz seltenen Gespräche von Frau zu Frau einmal ein sehr persönliches Problem anschnitt: „Alles glaube ich der Kirche, nur nicht, dass die Geburtenbeschränkung verboten sein soll."

Hildegard war sexuell eine eher unterkühlte Frau – flirten lag ihr nicht und aus dem Hofieren der Männer machte sie sich auch nichts. Im privaten Kontakt war sie dem männlichen Geschlecht gegenüber sehr zurückhaltend, ja fast spröde. Ihren Mann liebte sie aber von ganzem Herzen, und diese ungewöhnliche Äußerung aus ihrem Mund zeigte, dass durch ihren Gesundheitszustand ihr Eheleben schon schwer belastet wurde.

Trotz der immer knapp bemessenen Zeit versuchte Hildegard aber möglichst viel an den Interessen und Vorlieben ihres Mannes teilzuhaben. Das gemeinsame Frühstück gehörte zum täglichen Ritual. Sie besprachen dabei den Tagesablauf, fixierten Besuchstermine, und Alexander las das Neueste aus der Zeitung vor. Es war eine der kostbarsten Stunden des Tages, die beide nicht missen wollten, aber für Hildegard oft unendliche körperliche Qualen einbrachte. Sie war zuckerkrank und gerade in der Früh packte sie oft ein unbändiges Durstgefühl. Da sie aber anschließend immer in die Hietzinger Pfarrkirche zur heiligen Messe ging und täglich auch kommunizierte, durfte sie nach damaliger Regelung – obwohl ihre Krankheit sicher eine Ausnahme gerechtfertigt hätte – nichts zu sich nehmen. Ihrem Gatten zuliebe nahm sie aber trotzdem am meist sehr reichlich gedeckten Frühstückstisch Platz, ohne selbst davon etwas zu haben.

An der beruflichen Tätigkeit ihres Mannes nahm sie regen Anteil. In wirtschaftlichen Angelegenheiten entwickelte sie oft einen Weitblick, über den Alexander nicht nur staunte, sondern von dem er auch profitierte.

Dr. Kurt Schuschnigg, der letzte Bundeskanzler der Ersten Republik, der ebenfalls öfters Gast im Hause Burjan war, meinte nach Hildegards Tod über sie, dass „sie ihren Mann an geistiger Kapazität überragte und sich dieser Überlegenheit auch bewusst war". Nur, räumte er ein, verstand sie dies geschickt zu kaschieren, denn sie war eine viel zu kluge Frau, um sich damit in den Vordergrund zu spielen. Ihre geistigen Fähigkeiten verband Hildegard mit einer liebenswürdig-distanzierten Art, die sie nicht nur zu einer perfekten Gastgeberin, sondern auch zu einer angenehmen Gesprächspartnerin machte. Wenn es erforderlich war, nahm sie an der Seite ihres Mannes ihre Repräsentationspflichten als „Dame par excellence" wahr.

Welche moralischen Zweifel das ihr aufgezwungene Doppelleben trotzdem bei ihr hervorriefen, beweist wieder eine für Außenstehende an sich harmlose Begebenheit: Als Hildegard bei einem Aufenthalt in Meran in einer Parfümerie eine teure Hautcreme für sich selbst gekauft hatte, stellte sie plötzlich ihrer Begleiterin ganz erschrocken die Frage: „Glauben Sie nicht, dass dies gegen den Geist der Armut verstößt?"

Kühl und den Kern der Sache treffend reagierte sie dagegen einmal, als eine Bekannte etwas spitz meinte, ob sich denn die hübsche Stoffblume an ihrem Kostümrevers mit den Regeln der Schwesterngemeinschaft vereinbaren lasse. „Wenn Sie sich daran stoßen, dass ich eine Stoffblume trage, also etwas ganz Harmloses, Einwandfreies, das aber vielleicht einer armen Heimarbeiterin einen Tag Lebensunterhalt geboten hat, so sieht man, dass Sie über soziale Zusammenhänge noch wenig nachgedacht haben …"

Diese beiden Äußerungen dokumentieren sehr deutlich Hildegards unterschiedliche Verhaltensweise in gewissen Situationen. Wenn es um religiöse Haltungen ging, konnte sie sehr kindlichemotionell reagieren. Um keinen Preis wollte sie Gott oder „den lieben Heiland" auch nur unbedacht beleidigen. Kühl und überlegt, manchmal sogar mit einer gewissen Härte, konnte sie dagegen argumentieren, wenn es um ein gesellschaftspolitisches Thema ging und sie dazu eine feste Ansicht hatte.

Gerade diese charakterliche Gegensätzlichkeit machte aber das Besondere ihrer Persönlichkeit aus.

Bei dem Versuch, Hildegards Privatleben zu skizzieren, kommt man nicht umhin, sich auch mit einer Seite ihres Wesens auseinander zu setzen, wo sie sich, fügt man alle Aussagen von ihr nahe stehenden Menschen zusammen, völlig konträr zu den sonst von ihr vertretenen Lebensgrundsätzen zeigt – Hildegard Burjan als Mutter.

Lisa, die 1910 geboren wurde, entwickelte sich zu einem Sorgenkind der Eltern, wozu Vererbung und Lebensumstände gleichermaßen beitrugen. Von den ungarischen Vorfahren ihres Vaters erbte sie das ungestüme Temperament, das die emotional beherrschte Mutter oft erschreckte.

Lisa wuchs als typisches Einzelkind auf, umsorgt und umhegt in einem großen Haushalt, in dem sich immer jemand fand, der auf ihre spontan geäußerten Wünsche einging. Den engen Kontakt zum Hauspersonal, vor allem als heranwachsendes Mädchen, sah Hildegard aber gar nicht gerne. Was Lisa fehlte, war eine feste Bezugsperson, die das ungestüme, nach Zärtlichkeit hungernde junge Wesen mit liebevoller Strenge ins Leben geleitet hätte.

Als Halbwüchsige erzählte Lisa ihren Freundinnen, dass sie als Kind sehr traurig darüber war, dass ihre Mutter so wenig Zeit für sie hatte. Mit sechs Jahren kam Lisa in das Internat der Dominikanerinnen in Hütteldorf-Hacking, am westlichen Stadtrand Wiens. Hildegard hatte sich nach reiflicher Überlegung und Beratung mit ihrem Beichtvater dazu entschlossen. Sie erhoffte sich damit für ihr Kind nicht nur eine gediegene Allgemeinbildung, sondern auch das, was sie als Mangel ihres eigenen Lebens betrachtete – eine gute katholische Erziehung. Die starren Regeln einer Klosterschule waren aber für das empfindsame Kind nichts.

Lisa litt sehr darunter, dass sie so selten Besuch von ihren Eltern bekam. Als sie einmal gefragt wurde, warum dies so sei, meinte sie altklug: „Mami hat keine Zeit, weil sie ihre Caritas Socialis hat." Hildegard, die ihre Tochter zwar innig liebte, aber überschwängliche Gefühlsbezeugungen eher ablehnte, beklagte sich wieder, dass „bei Lisa nichts in die Tiefe" ginge.

So entwickelte sich Lisa zu dem, was man ein schwieriges Kind bezeichnen würde. Das Ergebnis war, dass sie sich einerseits in übertriebener Weise gefühlsmäßig an eine Klosterschwester anschloss, und andererseits dauernd für Aufregung im Internatsleben sorgte. Beides trieb solche Blüten, dass sich die Oberin gezwungen sah, Hildegards Vertraute, Irmgard Domanig, zu bitten, den Eltern mitzuteilen, dass sie Lisa aus dem Internat nehmen sollten, „sonst würde man sie noch hinauswerfen".

Domanig konnte die Gemüter aber wieder beruhigen, und Lisa blieb bis zu ihrem 16. Lebensjahr in der Obhut der Dominikanerinnen. Zwischendurch verbrachte sie zur Ausheilung eines Lungenspitzenkatarrhs ein Jahr in der Schweiz, wo sie auch die Erstkommunion durch Eugenio Pacelli, den späteren Papst Pius XII., empfing. Hildegard konnte aber, genauso wie später bei der Firmung, nicht dabei sein, weil sie wieder einmal krank war und das Bett hüten musste.

Als Lisa heranwuchs und wieder im Haus der Eltern wohnte, bemühte sich Hildegard sehr, eine Beziehung zur Tochter aufzubauen. Dazu war es aber wohl schon zu spät, denn Lisa steckte mitten in der Pubertät und war noch schwieriger als vorher. Dass Hildegard die Freunde ihrer Tochter genau auswählte und den Umgang mit denen verbot, deren Elternhaus nicht ganz ihren moralischen Vorstellungen entsprach, war zwar gut gemeint und entsprang vor allem der Sorge um Lisa, verbesserte aber das Verhältnis zwischen Mutter und Tochter nicht.

Eine Zeitlang zeigte sich Lisa vom religiösen Leben ihrer Mutter sehr beeindruckt. Sie beteten oft abends gemeinsam den Rosenkranz, und Lisa nahm zu Hildegards Freude sogar an Wallfahrten und einmal auch an Exerzitien teil. Plötzlich verkündete sie ins Kloster gehen zu wollen. Als sie die Freude ihrer Mutter bemerkte, schwenkte sie um und erklärte lakonisch: „Jetzt freut's mich nicht mehr."

Hildegard versuchte nun, Lisa in die Gesellschaft einzuführen, und nahm sie zu Geselligkeiten und Tanzveranstaltungen mit. Auch zu Hause durfte Lisa Feste geben, doch was nützte das alles, wenn sie bemerkte, dass ihre Mutter die Gästeliste genau kontrollierte und sie nur jene Freunde einladen durfte, die ihrer Mutter genehm waren.

Der Erfolg dieser übertriebenen Fürsorge war, dass Lisa versuchte aus dem „goldenen Käfig" auszubrechen und sich unsterblich verliebte. Als die Burjans Erkundigungen einholten, waren sie entsetzt. Was sie über die Familie des Angehimmelten erfuhren, war mit ihren Vorstellungen von einem künftigen Schwiegersohn unvereinbar. Es gab Ausgehverbot, Szenen, Weinkrämpfe Lisas.

Auf einer Tanzveranstaltung der CV-Studentenverbindung Marco Danubia bemerkte Hildegard, dass sich ein junger Mann sehr für Lisa interessierte. Diesmal waren die eingeholten Auskünfte ausgesprochen positiv. Er stammte aus gutbürgerlichem Haus, war im Jesuitenkolleg Kalksburg erzogen worden und hatte Jus studiert. Dr. August Weisser war sechs Jahre älter als Lisa und stand als Finanzkommissär am Beginn einer akademischen Beamtenlaufbahn.

Hildegard verfiel nun auf die wahnwitzige Idee, dass nur eine Heirat mit einem „anständigen" Mann Lisa gesittet und fügsam machen könne. Der Kontakt wurde hergestellt, die beiden Elternpaare fanden einander sympathisch, und die jungen Leute setzten den elterlichen Plänen keinen Widerstand entgegen. So wurde die Hochzeit für den 23. Oktober 1930 angesetzt. Sie war das gesellschaftliche Ereignis dieses Herbstes. Die Trauung wurde von Kardinal Piffl in der Wiener Hofburgkapelle vorgenommen, als Trauzeugen fungierten der Landeshauptmann von Niederösterreich, Dr. Karl Buresch, und der Bundesminister für Verkehr, Eduard Heinl.

Die zwanzigjährige Lisa fühlte sich aber keineswegs wie eine glückliche Braut. Als ihr im Zuge der Hochzeitsvorbereitungen die Eltern mitteilten, dass sie jüdischer Abstammung sei, bedeutete dies für sie einen Schock, von dem sie sich nur schwer erholte. Dem Bräutigam war die Eröffnung mehr oder weniger gleichgültig. Je näher der Hochzeitstermin rückte, desto schlechter wurde Lisas Gemütsverfassung. „Gerne möchte ich mit Euch tauschen, um nur nicht heiraten zu müssen", vertraute sie knapp vor der Trauung einer langjährigen Hausangestellten an.

Wie glücklich dagegen Hildegard war, zeigt, dass sie jeder Oberschwester persönlich einen Geldbetrag mit der Bemerkung zukommen ließ, „sich am Ehrentag der Tochter einen schönen Tag zu machen".

Das junge Paar zog nach der Hochzeitsreise in eine von den Burjans finanzierte Wohnung in der Karlgasse im 4. Wiener Bezirk. Alexander Burjan nahm sich vor, seine guten Beziehungen einzusetzen, um bessere Beförderungsbedingungen für seinen Schwiegersohn zu erreichen. August Weisser war aber mit seiner momentanen Stellung zufrieden.

Fünf Monate nach der Hochzeit kam eine aufgelöste Lisa ins Elternhaus und erklärte unter Tränen, „mit diesem Mann nicht länger leben" zu können. Nur mühsam konnten die geschockten Eltern aus ihr herausbekommen, was denn passiert sei. August Weisser war ein äußerst ruhiger, aber nervlich wenig belastbarer Mensch, Lisa dagegen eine temperamentvolle Frau. Zudem war er, so gab Lisa an, zur Vollziehung der Ehe unfähig. Sicher lag es auch an Lisa, denn sie war, wie sie später erzählte, erst knapp vor der Eheschließung von ihrer Mutter über die Geschlechtlichkeit von Mann und Frau aufgeklärt worden.

Vielleicht hätte eine therapeutische Beratung den beiden jungen und unerfahrenen Menschen aus ihrer Konfliktsituation heraushelfen können. Daran dachte aber niemand, und die Situation war außerdem bereits restlos verfahren. Lisa lag wenig an einer Aufrechterhaltung dieser Verbindung, und auch August Weisser scheint keine Schritte zur Lösung des Problems unternommen zu haben.

Hildegard Burjan wandte sich in ihrer Verzweiflung an Kardinal Piffl, und der riet natürlich aus seiner Sicht: Sofort die Tochter nach Hause nehmen und die Annullierung in Rom einreichen. Ein Jahr später, am 5. Mai 1931, wurde die Ehe von Lisa und August Weisser „infolge einverständlichen Ansuchens von Tisch und Bett geschieden". Ein weiteres Jahr später kam auch von Rom die päpstliche Dispens zur Annullierung der Ehe.

Hildegard war von diesem Schicksalsschlag zutiefst getroffen. Ihrem Mann machte eher der gesellschaftliche Klatsch zu schaffen. Nicht nur über die Auflösung der Ehe, sondern auch über die so rasch erfolgte kirchliche Dispens. Sie dagegen zermarterte sich mit Selbstvorwürfen, was sie falsch gemacht habe. „Gibt es denn einen Gott?" – dieser Aufschrei gegenüber einer CS-Schwester zeigt, wie tief verwundet die tiefgläubige Frau war. Sie, die sonst in Geduld und Demut alle Beschwernisse ihres Lebens auf sich nahm.

Als sie etwas Abstand gewonnen hatte, musste sie sich aber doch eingestehen, dass ein Großteil der Schuld an dieser Entwicklung bei ihr selbst lag. Sie war ihrer nach Zärtlichkeit und Geborgenheit hungernden Tochter doch vieles an mütterlicher Zuwendung schuldig geblieben. Noch auf dem Totenbett wird sie einbekennen: „An Lisa habe ich versagt."

Lisa nahm nach der Scheidung wieder ihren Geburtsnamen an und bildete sich zur Dolmetscherin für Englisch und Französisch aus. Nach dem Zweiten Weltkrieg verlegte sie ihren Wohnsitz nach Jahren in England nach Rom. Persönliche Gespräche über ihre Kindheit oder ihre Mutter lehnte sie stets ab.

Lisa liebte ihre Mutter, aber aus einer respektvollen Distanz. Sie war sicher auch stolz auf sie, vor allem deshalb, weil ihre Freundinnen sie um die berühmte und erfolgreiche Mutter beneideten. Sie hätte ihre Mutter aber gerne mehr für sich gehabt. Sie litt stets unter dem Gefühl des Abgeschobenseins, zuerst ins Internat, dann in eine Ehe. Das Leben dieser Frau, die nie wieder heiratete, wurde davon geprägt.

Eine ihr nahe stehende Freundin skizzierte ihr Charakterbild so: „Ich kenne Lisa jetzt seit dreißig Jahren. Sie ist eine arme Person, sie kommt nie zur Ruhe; sie ist gehetzt, gejagt. Sie weiß nicht, soll sie das oder jenes, hat gute Ideen, dann kommt ihr wieder etwas dazwischen." Dass sie als Tochter immer an der überragenden Persönlichkeit ihrer Mutter gemessen wurde, empfand Lisa stets als Belastung.

Diese zwiespältige Haltung Hildegards ihrer Tochter gegenüber stieß selbst bei ihr nahe stehenden Menschen auf Unverständnis. Ganz zu schweigen von jenen, die ihrer Person sowieso kritisch gegenüberstanden. Hildegard Burjan war eine Frau, die in ihrem Lebensstil und den Freiheiten, die sie für sich in Anspruch nahm, ihrer Zeit um Jahrzehnte voraus war. Sie war eine der ersten Frauen, die studierte, sie war politisch tätig, und sie war Gründerin einer Gemeinschaft, die nicht dem damaligen traditionell-kirchlichen Verständnis entsprach. Nur ihrer Tochter drängte sie ein von Kirche und Gesellschaft geprägtes Rollenverhalten auf. Es war das Frauenbild der höheren Gesellschaftskreise, von dem sie sich anscheinend in ihrem privaten Lebensbereich doch nicht lösen konnte.

Der Heimgang –
„Nichts war Täuschung"

Die Wolken, die zu Beginn der Dreißigerjahre am politischen Himmel aufzogen, wurden immer dunkler. In Österreich trieb die Konfrontation zwischen den Christlichsozialen und den Sozialdemokraten einem Höhepunkt zu, was vor allem von den Wehrverbänden dieser beiden politischen Lager, der „Heimwehr" und dem „Schutzbund" angeheizt wurde. Auch durch rasch aufeinander folgende Regierungsum- bzw. -neubildungen gelang es nicht, die innenpolitische Krisensituation in den Griff zu bekommen.

In Deutschland stieg Anfang 1930 die neue nationalsozialistische Partei unter Adolf Hitler zur zweitgrößten Partei auf. Natürlich hatte das auch seine Auswirkungen auf Österreich, denn die Aktivitäten der österreichischen Nationalsozialisten, kurz Nazi genannt, bekamen dadurch Auftrieb. Mit Besorgnis beobachtete man diese Entwicklung in katholischen Kreisen.

Die Herbstkonferenz der österreichischen Bischöfe des Jahres 1931 setzte sich erstmals mit der Frage der nationalsozialistischen Bewegung in Österreich auseinander. Für eine bischöfliche Stellungnahme war es auch bereits höchste Zeit, denn NS-Funktionäre begannen schon intensiv Kontakte mit führenden Katholiken aufzunehmen, da man sich zeitgerecht der Unterstützung des katholischen Lagers versichern wollte.

Man war besorgt, aber über das Wie des Reagierens nicht ganz einig. Diözesanbischof Ferdinand Pawlikowski von Graz-Seckau berichtete seinen Mitbrüdern über die Lage in Deutschland – der deutsche Episkopat sprach sich einhellig gegen den Nationalsozialismus aus – und über den Stand der Bewegung in den einzelnen Bundesländern in Österreich. Nach eingehender Beratung einigte man sich darauf, derzeit noch keine offizielle Stellungnahme seitens der Kirche abzugeben, aber im Fastenhirtenbrief des Jahres 1932, mit dessen Abfassung Bischof Sigismund Waitz, damals Apostolischer Administrator von Innsbruck-Feldkirch, beauftragt wurde, die Fehler und Irrtümer aufzuzeigen und auch abzulehnen.

Am 7.2.1932 stellten die österreichischen Bischöfe in ihrem gemeinsamen Hirtenwort zur Fastenzeit fest, dass man vom Nationalsozialismus ebenso wenig wie vom Kommunismus erwarten könne, dass er die Übel der Zeit bannen könne. Im Gegenteil, so wurde betont, man befürchte, dass noch mehr Verwirrung und Feindseligkeit in das Volk hineingetragen werden würde. Außerdem lassen Äußerungen von namhaften Führern dieser Bewegung klar eine feindselige Einstellung gegen die katholische Religion und Kirche erkennen.

Für etwas Verwirrung unter dem katholischen Fußvolk sorgte aber wenige Tage nach der Veröffentlichung der besorgten Worte der geistlichen Oberhirten ein in der „Berliner Börsenzeitung" erschienenes Interview mit dem österreichischen Staatsmann Prälat Ignaz Seipel. Die österreichische Presse zitierte einige Passagen daraus. In diesen drückte sich Seipel zwar vorsichtig, aber doch wohlwollend über die nationalsozialistische Bewegung aus. Er betonte darin seinen schon öfters dargelegten Standpunkt, dass man eine Zusammenarbeit mit einer neuen Partei, die bei demokratischen Wahlen großen Stimmenzuwachs bekommen habe, seitens der etablierten Parteien nicht ablehnen könne. Man müsse auch radikale Flügelparteien mit Aufgaben betrauen. Eine Ausgrenzung sei undemokratisch. Positiv bezeichnete Seipel auch die

„glühende Vaterlandsliebe der nationalsozialistischen Studenten",
die er auf deutschen Hochschulen kennen gelernt habe. Im Übrigen sei er der Meinung, man müsse „die Entwicklung abwarten".

Seipel verfiel, wie auch andere führende Persönlichkeiten dieser
Zeit, in den schwer wiegenden Fehler, zu fixiert auf die Gefahren
des Bolschewismus zu sein und jene des NS-Regimes zu unter-
schätzen. Im Gegensatz zu Hildegard Burjan.

Wenn Seipel beim Sonntagsplausch im Hause Burjan seine Ansichten darlegte, stieß er bei Hildegard immer auf heftigen Widerspruch. Äußerst engagiert warnte sie vor dieser gefährlichen Un-
terschätzung, denn sie war der Ansicht, dass „man diesen Hitler
ernst nehmen muss. Man muss sich mit dieser Bewegung auseinander setzen. Sie ist totalitär und wird bis zum Äußersten gehen.
Sie wird keine Konzessionen zulassen, nur ein Für und Wider."

Dieser fast prophetische Weitblick, der ihr auch in anderen Fragen eigen war, lag nicht nur in ihrem politischen Gespür allein begründet, sondern auch in ihrer Abstammung. Gerade sie als Jüdin, wenn auch getauft, war mit dem Antisemitismus in Österreich, der sich manchmal verdeckt, manchmal offen da und dort
zeigte, ständig konfrontiert. Sie ahnte, dass diese neue Ideologie
mit ihrem betonten Deutschtum die unterschwellig vorhandene
Aversion der Österreicher gegen alles was jüdisch ist zur Durchsetzung ihrer Ziele anheizen wird. Visionär in ihrer Vorausschau
sagte sie 1933, knapp vor ihrem Tod, als bereits die ersten antijüdischen Ausschreitungen in Österreich begannen, zu Freunden:
„Ich weiß, dass ihr später noch oft sagen werdet: Wie gut, dass
Hildegard das nicht erleben musste …"

Sicher hatte Hildegard Angst vor der Ausbreitung des Bolschewismus. Auch sie setzte sich vehement, vor allem während ihrer
politischen Tätigkeit, gegen alle Versuche einer marxistischen Un-

terwanderung in Österreich ein. Aber sie übersah infolge der einen Gefahr nicht die andere, die sich bereits in unmittelbarer Nähe abzeichnete.

Die Entwicklung, die Seipel vorerst abwarten wollte, nahm bald einen rascheren Verlauf, als vorhersehbar war. Bei den Landtagswahlen im April, Mai und November des Jahres 1932 erzielten die Nationalsozialisten nun auch offiziell in Wien, Niederösterreich, Salzburg und Vorarlberg beachtliche Erfolge. Die Christlichsoziale Partei verlor, vor allem in Wien, fast die Hälfte ihrer Wähler.

Kardinal Piffl blieb dieses Debakel erspart, er starb drei Tage vor dem Wahltermin. Hätte er den Stimmenverlust seiner Partei erleben müssen, vielleicht hätte er dafür wieder dasselbe ins Treffen geführt, was er bereits 1915 bei einem Parteitag der christlichsozialen Parteiführung kritisch vermerkte, dass er „die Grundsatzlosigkeit und die unkirchliche Haltung dieser Partei zutiefst bedaure".

Wo immer die Ursachen dafür lagen, die politische Lage spitzte sich zu. Der Propagandachef der NSDAP, Dr. Joseph Goebbels, ließ sich auf Grund der Erfolge seiner österreichischen Gesinnungsfreunde bei seinen Auftritten bei Kundgebungen in Wien bereits umjubeln. Und im Wiener Rathaus kam es zwischen Sozialdemokraten und Nationalsozialisten nicht nur zu verbalen Angriffen, sondern auch zu Prügelszenen.

Die Katholiken Österreichs erwarteten sich nun dringend eine Stellungnahme der Kirche. In einer Anweisung an den Klerus stellten die Bischöfe fest, dass die Einstellung des Nationalsozialismus zur Kirche an zwei Fragen, die vom Apostolischen Nuntius in Österreich, Enrico Sibilia, vorgegeben wurden, zu prüfen sei: 1. an der Ehefrage und 2. an der religiösen Erziehung in der Schule.

„Wenn sich das NS-Regime hier kirchenfeindlich zeige, könne kein Katholik den Nationalsozialisten seine Stimme geben." Von der Kirchenkanzel aus sollte man dies den Gläubigen als Richtschnur für ihr Verhalten mitteilen. Unabhängig davon nahmen aber führende Katholiken Gespräche mit Vertretern der NS-Bewegung auf, um die grundsätzliche Einstellung der Nationalsozialisten zum Christentum zu sondieren.

Vom 22. bis 24. November 1932 tagte in Salzburg die Herbstkonferenz der Bischöfe. Bei dieser legte der Linzer Diözesanbischof Johannes Gföllner das Konzept eines Hirtenwortes vor, in dem er zum „wahren und falschen Nationalsozialismus" Stellung nahm. Nach einer ausführlichen Generaldebatte über eine etwaige Veröffentlichung entschloss man sich zur Abgabe einer „hinhaltenden" (dilatorischen) Stellungnahme.

Sehr beeinflusst wurde diese Haltung vom neuen Wiener Erzbischof Dr. Theodor Innitzer, der ebenfalls Gespräche mit Vertretern der nationalsozialistischen Partei führte und deshalb bat, diese durch die Veröffentlichung eines ablehnenden Hirtenbriefes nicht zu unterlaufen.

Während die Kirche noch abwartete, kam es vor allem in Wien zu ständigen Störaktionen der Nazis und zu den ersten Ausschreitungen gegen Juden, vor allem auf dem Boden der Wiener Universität. Öffentliche Kundgebungen von Nazi-Bonzen aus Deutschland bildeten in Wien keine Ausnahme mehr.

Der Theologieprofessor und nunmehrige Kardinal von Wien, Theodor Innitzer, Sudetendeutscher und in der Regierung Schober 1929 Sozialminister, schätzte ebenfalls die bolschewistische Gefahr höher ein als die der nun auch in Österreich Fuß fassenden NS-Bewegung. Bestärkt in seiner Haltung fühlte er sich auch noch durch Rom.

Am 2. April 1933 erklärte er bei einer Versammlung der katholischen Männerbewegung, dass Papst Pius XI. ihm gegenüber seine große Besorgnis über den gottlosen Bolschewismus ausgesprochen hätte. Innitzers Ansicht war es daher, dass es vielleicht angebracht wäre, eine gewisse Toleranz gegenüber dem Nationalsozialismus zu üben, um durch diesen eine weitere Ausbreitung des Bolschewismus zu stoppen. Dass er damit nur den Teufel mit dem Beelzebub austreiben würde, erkannte er leidvoll erst, als es zu spät war.

Auch die gezeigte Verhandlungsbereitschaft, bei einem etwaigen Machtwechsel für die Kirche von Österreich einen besseren Status zu erreichen, als es dem deutschen Episkopat gelungen war, entpuppte sich letztlich ebenfalls als falsche Einschätzung der Situation. Dieses Taktieren war auch für den unrühmlichen Aufruf der österreichischen Bischöfe im März 1938, für den Innitzer verantwortlich zeichnete, und in dem die österreichischen Katholiken aufgefordert wurden, bei der kommenden Volksabstimmung für den Anschluss an Hitlerdeutschland zu stimmen, letztlich bestimmend. Das Erkennen der wahren Sachlage kam zu spät.

Auch das sah Hildegard Burjan voraus, als sie bei einer kleinen Feier im engsten Freundeskreis anlässlich ihres 25. Hochzeitstages folgende Behauptung aufstellte: „Ihr werdet sehen, die Nazis werden auch in Österreich siegen, und die Bischöfe werden sich mit dem neuen Regime arrangieren wollen."

Einige Mitbrüder Innitzers durchschauten die Situation aber doch schon früher. Der Linzer Bischof Gföllner veröffentlichte im Alleingang am 21. Jänner 1933 in seiner Diözese einen Hirtenbrief, in dem er nachdrücklich feststellte, dass es unmöglich sei, „gleichzeitig guter Katholik und wirklicher Nationalsozialist zu sein". Die Bischöfe Ignaz Rieder in Salzburg und Ferdinand Paw-

likowski in Graz übernahmen für ihre Diözesen diesen Hirten-
brief im Wortlaut. Wütende Angriffe der Nationalsozialisten und
Schmieraktionen an kirchlichen Gebäuden waren die Antwort.
Gföllner hielt aber unbeirrt an seiner Meinung fest und legte den
katholischen Eltern in einer Predigt im Dom öffentlich nahe, ihre
Kinder rechtzeitig vor den schädlichen Einflüssen abzuschirmen:
„Noch ist es Zeit, aber es ist bereits höchste Zeit!"

Und das war es wirklich. Am 30. Jänner 1933 wurde Adolf Hitler deutscher Reichskanzler. Die schlechte wirtschaftliche Lage
und die damit verbundene Massenarbeitslosigkeit ebneten den
Nationalsozialisten in Deutschland den Weg zur Macht. Der Zusammenbruch der New Yorker Börse im Jahre 1929 hatte die gesamte Weltwirtschaft in eine Krise gestürzt. Auch Deutschland
und Österreich blieben davon nicht verschont. In Österreich erreichte im Februar 1933 die Zahl der Arbeitslosen ihren Höchst-
stand. Von den 600 000 gemeldeten Personen waren 200 000
sogenannte „Ausgesteuerte", die infolge der langen Dauer der
Beschäftigungslosigkeit keine staatliche Unterstützung mehr
bekamen. Sie waren auf Almosen angewiesen. Betroffen davon
war besonders stark der Mittelstand, Angestellte und Akademiker,
die oft mit Straßenmusik ihr Leben fristeten. Wen wundert's,
dass man bereit war, jedem zu folgen, der einen Weg aus dieser
Misere versprach?

Innenpolitisch nahm in dieser Zeit in Österreich der Parteien-
streit solche Formen an, dass die von außen allen gemeinsam drohende Gefahr von den Kontrahenten übersehen wurde. Das zusätzlich noch mangelnde Demokratieverständnis erschütterte die
junge Republik in ihren Grundfesten. Am 4. März 1933 kam es
bei einer dringlichen Sitzung im Parlament bei einer Abstimmung
zu einem formalen Fehler. In der dadurch ausgelösten heftigen

Kontroverse legten die drei Parlamentspräsidenten nacheinander ihr Amt zurück, um als Abgeordnete ihrer Partei beim nächsten Abstimmungsgang mitstimmen zu können. Das Ziel war, einen, wenn auch knappen Stimmenvorsprung gegenüber der Gegenpartei zu erreichen. Es kam aber zu keiner weiteren Abstimmung mehr. Bundeskanzler Dr. Engelbert Dollfuß, der sich bei der Führung der Regierungsgeschäfte auf die parlamentarische Mehrheit von nur einer Stimme stützte, sah nun durch die „Selbstausschaltung des Parlaments" seine Stunde gekommen.

In den nächsten Monaten setzte er gemeinsam mit den Christlichsozialen verschiedene Maßnahmen, um Österreich in einen autoritären Staat umzuwandeln. Er wollte dadurch weitere Gewinne der Nationalsozialisten verhindern, aber auch freie Hand für eine neue Gesellschafts- und Wirtschaftsreform gewinnen.

In dieser von politischen und wirtschaftlichen Krisen geschüttelten Zeit begann Hildegard Burjan ihr „Haus zu bestellen". Sie spürte, dass ihr Leben dem Ende zuging und Gott sie bald heimholen würde. Ihre Weggefährten waren ihr auf diesem letzten Weg bereits vorausgegangen. Der Erste war ihr großer Förderer Kardinal Gustav Piffl, Erzbischof von Wien.

Als Hildegard von einem Erholungsaufenthalt aus Italien am 21. April 1932 nach Hause kam, erreichte sie ein telefonischer Anruf – Kardinal Piffl hat einen Schlaganfall erlitten und ist in den Morgenstunden verschieden.

Beim feierlichen Begräbnis trifft sie Dr. Ignaz Seipel. Sie ist entsetzt über seine schlechte körperliche Verfassung. Hildegard spürt in ihrem Herzen: Er wird der Nächste sein. Nur wenige Monate später, am 2. August 1932, wird Hildegard, die sich mit ihrem Gatten gerade in Zürich befindet, vom Tod ihres geistigen Freundes benachrichtigt. Die Nachricht, obwohl sie darauf vorbereitet war, vor allem nach der letzten Aussprache vor ihrer Abreise, trifft sie zutiefst. Sie verbringt eine lange schlaflose Nacht im Gebet für den Verstorbenen.

Am Morgen überrascht sie ihren Mann mit der Mitteilung: „Ich muss dem Gedächtnis Seipels eine Kirche bauen!" Alexander ist entsetzt. „Woher willst du das Geld nehmen? Weißt du überhaupt, in was du dich da einlässt?" Er weiß aber zu gut, dass solche Einwände Hildegard kaum von ihrem Entschluss abbringen können. „Das ist purer Wahnsinn. Heute, wo wir in der tiefsten wirtschaftlichen Depression leben, willst du eine Kirche bauen? Du wirst dich zugrunde richten und es doch nicht durchführen können!"

Doch Hildegard schüttelt nur den Kopf; sie fühlt, dass dies eine Verpflichtung gegenüber dem toten Freund ist, die sie übernehmen muss. Seipel hat immer sehr unter den Kirchenaustritten gelitten, die aus Protest gegen seine politischen Maßnahmen vom Parteigegner geschürt worden waren. „Darum muss ich eine Kirche bauen, durch die die Menschen wieder zum Glauben zurückfinden. Eine Pfarrkirche in einem Arbeiterviertel soll es sein. Das ist der Trost, den seine Seele verlangt. Mach dir keine Sorgen, die Kirche wird gebaut werden."

Nach Wien zurückgekehrt, beruft Hildegard eine außerordentliche Sitzung ein, an der alle in Wien anwesenden Vorstandsmitglieder und Oberschwestern der Caritas Socialis teilnehmen. Sie skizziert ihre Idee, dem Andenken des ersten geistlichen Leiters der Gemeinschaft durch den Bau einer Kirche ein Denkmal zu setzen. Hildegard stellt sich vor, damit auch die Errichtung eines Seelsorge- und Fürsorgezentrums zu verbinden. Die Leitung und Führung soll in den Händen von CS-Schwestern liegen. Zur Freude Hildegards wird der Plan einstimmig angenommen.

Der erste Schritt ist gesetzt, der nächste, der getan werden musste, ist schon schwieriger. Wie soll man das dafür notwendige Geld aufbringen? Überschlagsmäßig gerechnet wird zirka eine Million Schilling dafür benötigt. Eine horrende Summe in diesen Zeiten. Unter Hildegards Führung wird ein Plan entworfen. Ein Komitee soll gegründet werden. Um die Übernahme des Ehrenschutzes wird man Bundespräsident Dr. Wilhelm Miklas bitten. Als Mitglieder will man versuchen, sich aller Bischöfe, des Bundeskanzlers, der christlichen Landeshauptleute und des Dekans der theologischen Fakultät zu versichern. Geklärt muss auch die Bewilligung für die Errichtung einer Pfarrkirche durch das erzbischöfliche Ordinariat werden. Hildegard beschließt, in den nächsten Tagen diesbezügliche Gespräche einzuleiten.

Laura Stephelbaur spricht sich für eine gezielte Öffentlichkeitsarbeit, die sofort in Angriff zu nehmen sei, aus. Durch Aufrufe in Zeitungen und Flugzettel an alle Haushalte soll die Bevölkerung über das Vorhaben informiert werden.

Das Auftreiben der finanziellen Mittel wurde aber zum schwierigsten Problem. Nicht nur infolge der wirtschaftlichen Krise, sondern auch deshalb, weil die Freunde und Förderer und damit auch die Financiers der von Hildegard initiierten Aktivitäten immer weniger wurden. Im August 1932, wenige Tage nach Seipel, stirbt auch der ehemalige Polizeipräsident und Kurzzeit-Bundeskanzler Schober. Ein Grund mehr für Hildegard, sich mit dem eigenen Abschied von dieser Welt bewusst auseinanderzusetzen und zugleich alles daran zu setzen, das geplante Vorhaben noch unter Dach und Fach zu bringen: „Nun hat der liebe Gott alle Persönlichkeiten, mit denen meine Arbeit verbunden war, abberufen – Schaurhofer, Piffl, Seipel und nun Schober. Es kommt eine neue Zeit und eine neue Generation von führenden Menschen. Mich allein hat Gott noch übrig gelassen. Ich muss den Gedächtnisbau in Sicherheit bringen, dann werde auch ich gehen dürfen."

Bevor nicht ein Großteil des Geldes gesichert war, konnte man nicht an die Ausschreibung des Projektes gehen. Eine Lotterie, bei der beachtliche Preise zu gewinnen waren, erzielte zwar einen schönen Reinerlös, der aber im Endeffekt doch in keinem Verhältnis zum Arbeitsaufwand stand. Insgesamt 40 000 Lose wurden aufgelegt und mussten verkauft werden. Die ausgesetzten Preise waren beachtlich. Der erste Preis war ein Weekendhaus, der zweite eine vom Papst für diesen Anlass gestiftete Emailarbeit – die „Madonna della Sedia". Viele „Franziskus-Wege" waren für Hildegard wieder notwendig, um sich dies alles zu erbetteln.

Das erzbischöfliche Ordinariat bewilligte eine zusätzliche sonntägliche Kirchensammlung für das Bauvorhaben. Trotzdem ergab eine Zwischenbilanz anlässlich einer Vorstandssitzung im Dezember 1932, dass „trotz eifrigster Bettelarbeit der Erfolg noch eher gering ist". Der von Hildegard eingereichte und vom Vorstand genehmigte Antrag, mit der Gesamtdurchführung des Kirchenbaus den Verein „Soziale Hilfe" zu betrauen, „weil die Caritas Socialis finanziell damit zu schwer belastet wäre", stellte das Unterfangen zwar auf eine breitere finanzielle Basis, löste aber nicht die Probleme.

Hildegard hatte eine Idee: „Könnte man nicht das Ansuchen für eine Haussammlung in ganz Wien stellen?" Darüber konnten alle Anwesenden nur den Kopf schütteln: „Das ist doch absurd." Wien hatte eine sozialdemokratische Gemeinderegierung, und dort würde man kaum für einen Kirchenbau, schon gar nicht zum Gedenken an einen der heftigst attackierten politischen Gegner, die Bewilligung erteilen. Hildegard wollte dennoch den Versuch wagen, Bürgermeister Karl Seitz kannte sie noch aus ihrer Zeit im

Parlament. Sie suchte rasch um einen Gesprächstermin an. Seitz zeigte sich bei diesem Besuch sehr moderat: „Ich habe Ihre Arbeit im Parlament nicht vergessen, gnädige Frau. Ich habe Ihr Engagement immer sehr bewundert. Wenn ich Ihnen einen Gefallen tun kann, bitte, führen Sie die Sammlung durch."

Zwei Tage später erreichte Hildegard ein Telefonanruf von Seitz: „Sie haben mir was Schönes angetan. Der ganze Gemeinderat ist über mich hergefallen, weil ich eine Sammlung für eine klerikale Sache bewilligt habe. Aber ich bleibe bei meiner Zusage."

Das Ergebnis der Sammlung, insgesamt 200 000 Schilling, war beachtlich. Anscheinend war den Wienern das Gedächtnis an Seipel doch etwas wert. Auch eine Seipel-Matinee in der Wiener Staatsoper brachte eine erkleckliche Summe, da sich berühmte Künstler, wie Kammersänger Richard Mayr und der Dirigent Clemens Krauss, kostenlos für dieses gesellschaftliche Ereignis zur Verfügung stellten.

Hildegard konnte es nun wagen, an den Erwerb eines Bauplatzes und auch an die Ausschreibung des Projektes zu denken. Wieder kam ihr ein Zufall dabei zu Hilfe. Über den Stadterweiterungs-Fonds wurde sie über den günstigen Erwerb eines Bauplatzes informiert, der durch ein Testament mit dem Servitut belastet war, dass „dieses Grundstück nur für den Bau einer Kirche verwendet werden darf". Der Platz war ideal, im 15. Wiener Gemeindebezirk, mitten in einer vornehmlich von Arbeiterfamilien bewohnten Gegend.

Der Entwurf des bekannten österreichischen Architekten Clemens Holzmeister gefiel Hildegard am besten, auch seine Begründung für die gewählte Form: „Schauen Sie, wir leben in einer armen Zeit, die Kirche wird in einem bescheidenen Bezirk stehen; der Mann, zu dessen Gedächtnis sie errichtet wird, war schlicht und arm bis zum Tod. Da muss man franziskanische Formen wählen."

Bereits das Modell löste große Kontroversen und Pressepolemiken aus. Es war ein Bau geplant, der für die damalige Zeit noch ungewöhnlich war, der aber für die Zukunft Maßstäbe im modernen Kirchenbau setzte. Bald hatte man in der Öffentlichkeit auch einen Spitznamen dafür – die „Paternoster-Garage".

Diese Turbulenzen führten dazu, dass Hildegard, bereits schwer krank, Anfang Mai 1933 mit den Entwürfen nach Rom fuhr, um sich die Zustimmung des Heiligen Vaters dafür einzuholen. Kardinalstaatssekretär Pacelli hegte bei der Ansicht der Pläne zwar auch einige Befürchtungen, ob der Heilige Vater mit der nüchternen Fassade einverstanden sein werde, aber die päpstliche Zustimmung wurde dann doch ohne Schwierigkeiten gewährt.

Jetzt stand einer Grundsteinlegung nichts mehr im Wege. Hildegard fixierte den Termin in Absprache mit Bundeskanzler Dollfuß, der diese vornehmen sollte. Dollfuß hatte dem Projekt nicht nur seine Unterstützung zugesagt, sondern dieses auch tatkräftig gefördert. Auch die Abfolge des Festprogramms stellte Hildegard noch im Detail auf. Mit dem Bundeskanzler besprach sie auch die weitere Vorgangsweise bezüglich der von ihm initiierten „Bauhelferaktion", wodurch eine Vermehrung des Baukapitals erfolgen sollte.

Als am 30. Juli 1933 bei strömendem Regen die Grundsteinlegung des Seipel-Gedächtnisbaues erfolgte, weilte Hildegard Burjan nicht mehr unter den Lebenden. Sie war Seipel nachgefolgt.

Die Feier war ein großes Ereignis für das katholische Wien. Viele Organisationen, katholische Vereine, der Heimatschutz usf. stellten Abordnungen. Kardinal Theodor Innitzer zelebrierte eine

Feldmesse. Eine Ehrenwache des Bundesheeres und Chargierte der Studentenverbindungen flankierten den Altar. Innitzer und Dollfuß gedachten bei ihren Ansprachen nicht nur jenes Mannes, dem dieser Bau gewidmet sein sollte, sondern auch jener Frau, die den Beginn dieses Werkes wahrlich mit ihren letzten Kräften vorangetrieben hatte.

Die „Reichspost" schrieb darüber: „Wir wissen es, übers Grab hinaus waltet ihr Geist, so wird ihr letztes Werk, der Ignaz-Seipel-Gedächtnisbau, die Kirche und das Volksfürsorgehaus in Wien der Vollendung entgegenwachsen."

Hildegards treue Sekretärin und spätere zweite Frau Alexander Burjans, Irmgard Domanig, übernahm die Leitung des Baukomitees. Bereits ein Jahr später, am 29. September 1934, erfolgte die Einweihung der Kirche durch Kardinal Innitzer.

Als man am Abend dieses Tages die sterblichen Überreste von Prälat Seipel in die Krypta überführte, wurde zugleich auch ein zweiter Sarg hierher gebracht. Bundeskanzler Dr. Engelbert Dollfuß, der große Förderer des Baues, fand hier ebenfalls seine letzte Ruhe. Dollfuß wurde am 25. Juli 1934 von nationalsozialistischen Putschisten im Bundeskanzleramt ermordet. Die sogenannte „Kanzlergruft" wurde in den folgenden Jahren, in denen das Weiterbestehen der Republik Österreich nur mehr eine Frage der Zeit war, zu einem österreichischen Nationalheiligtum. 1938 verfügten die neuen NS-Machthaber die Schließung der Krypta. Seipel wurde auf dem Wiener Zentralfriedhof beigesetzt, Dollfuß auf dem Hietzinger Friedhof.

Die Kirche am Vogelweidplatz ist dem verklärten Christus geweiht. Ein großes Christkönigmosaik von Karl Sterrer bedeckt im Inneren die ganze Altarwand. Eine romanische Marienstatue und eine moderne Pietà des blinden italienischen Künstlers Masuelle

MDCCCLXXXIII   MDCCCCXXXIII

DER EDLEN UND GROSSEN FRAU
DR·PHIL·HILDEGARD BURJAN
DIE AUS HEROISCHEM GLAUBENSMUT IHR LEBEN
DEM DIENSTE GOTTES IN DEN WERKEN DER
NÄCHSTENLIEBE OPFERTE · SIE GRÜNDETE DIE
SOZIALE HILFE
UND DIE
CARITAS SOCIALIS
UND ERRICHTETE IHREM GROSSEN ZEITGENOSSEN
DR·IGNAZ SEIPEL
NACH SEINEM TODE DIESEN GEDÄCHTNISBAU·
ES WAR IHR LETZTES LEBENSWERK/DURCH DAS
LEIDVOLLE MENSCHEN AUS DER NOT DER SEELE UND
DES LEIBES ZU GOTT GEFÜHRT WERDEN SOLLEN
IN TE DOMINE SPERAVI
NON CONFUNDAR IN AETERNUM

Gedächtnistafel für Hildegard Burjan in der Kirche am
Vogelweidplatz. Um dem von ihr verehrten Mitstreiter Seipel mit
dieser Kirche ein Denkmal errichten zu können, setzte
Hildegard Burjan all ihre Kräfte ein.

sind Spenden von Bundeskanzler Dollfuß. Erwähnenswert ist, dass sich auch der italienische Faschistenführer Benito Mussolini mit einem Geschenk für die Seipel-Gedächtniskirche einstellte, und zwar mit einem Kreuzweg mit Bronzemedaillons. Einen prachtvollen Metall-Gong widmete „dem Gedächtnis Seiner Exzellenz Monsignore Dr. Ignaz Seipel, als Zeichen immerwährender Freundschaft zwischen China und Österreich" die chinesische Regierung in Nanking.

Seit der Gründung bis heute wird die Pfarre von der Kongregation der Oblaten des hl. Franz von Sales betreut.

Eine Bronzetafel in der Kirche und eine Marmortafel in der Vorhalle erinnern nicht nur an die beiden österreichischen Staatsmänner Seipel und Dollfuß, sondern auch an jene Frau, von deren Energie und Durchsetzungsvermögen der Bau dieser Kirche getragen wurde.

Hildegard Burjan wirkte in den letzten Monaten ihres Lebens fast wie eine Getriebene. Alexander und alle, die ihr nahe standen, waren besorgt über den immensen kräfteverschleißenden Einsatz, den sie sich selbst abverlangte. „Ich muss noch alles regeln", wehrte sie alle Bedenken, sich doch etwas Ruhe zu gönnen, ab.

Neben den Aktivitäten für den Kirchenbau liefen ja auch alle anderen Arbeiten weiter, sowohl in der Caritas Socialis als auch im Verein „Soziale Hilfe" . Außerdem lastete jetzt die Verantwortung ohne den Beistand ihrer geistlichen Berater und Förderer allein auf ihren Schultern. Und gerade zu diesem Zeitpunkt passierte es, dass ihr Lebenswerk in Gefahr geriet, sich plötzlich in eine andere Richtung zu entwickeln.

Hildegard wollte ja bekanntlich von Anfang an keinen neuen Orden gründen, sondern eine Gemeinschaft, „die als eine bewegliche Hilfstruppe der Kirche auf sozialem Gebiet" eingesetzt werden konnte. Da gab es auch zwischen ihr und Seipel eine einhellige Ansicht. Diskussionen gab es anfangs nur bezüglich der Organisationsform und des anzusprechenden Kreises. Auch Kardinal Piffl war entschieden gegen eine neue klösterliche Gemeinschaft. Er meinte sogar einmal dezidiert, wenn „die Caritas Socialis ein Kloster wird, ziehe ich meine Hand davon zurück".

Vereinzelt gab es unter den Schwestern aber immer wieder welche, die ihr Gemeinschaftsleben doch gerne klösterlich ausgerichtet gesehen hätten. Dass Hildegard Burjan als verheiratete Frau das Amt der Vorsteherin innehatte, sorgte schon die ganzen Jahre hindurch in der Diözese für Sticheleien. Nach dem Tod von Seipel und Piffl hielten manche ihre Stunde für gekommen.

Am 19. September 1932 bekam die Erzdiözese Wien einen neuen Oberhirten: Dr. Theodor Innitzer. Im Spätherbst 1932 bat Hildegard Erzbischof Innitzer, in die Caritas Socialis zu kommen. Sie wollte ihm nicht nur alle in Wien anwesenden Schwestern und Mitarbeiter vorstellen, sondern auch, wie es in so einem Fall üblich ist, der Form halber ihr Amt als Vorsteherin in die Hände des Diözesanbischofs zurücklegen, um von diesem dann in ihrer Position erneut bestätigt zu werden. Doch es kam anders.

Nicht nur für Hildegard, sondern auch für einen Großteil der Schwestern war der Schock groß, als Innitzer den Formalrücktritt wirklich annahm. Mit gewundenen Worten begründete er seine Entscheidung, dass die Caritas Socialis nun aus ihren eigenen Reihen eine Vorsteherin wählen sollte. Damit gab er zu verstehen, dass er mit der Berufung einer verheirateten Frau als Leiterin einer religiösen Gemeinschaft nicht einverstanden war. Über die Gründe für Innitzers Vorgehen gibt es verschiedene Meinungen. Zeitgenossen meinten, dass er einerseits „Einflüsterern" allzu bereitwillig sein Ohr lieh und andererseits zu voreiligen Entschlüssen neigte, ohne die betreffende Angelegenheit vorher ausführlich geprüft zu haben. Ein zusätzlicher Aspekt ist sicher auch darin zu sehen, dass Innitzer es in dieser Zeit nicht für opportun hielt, eine Jüdin, wenn auch eine konvertierte, an der Spitze einer katholischen Gemeinschaft zu belassen.

Was immer auch im Einzelnen oder in der Summe für die Haltung des Kardinals ausschlaggebend war, Tatsache ist, dass die Caritas Socialis damals in Gefahr geriet, zugleich auch eine andere Strukturierung zu bekommen.

Darüber war Hildegard zutiefst bestürzt, denn damit wäre ihre Gründung, die sie als die Verwirklichung eines von Gott gewollten Planes ansah, zunichte gemacht worden. Am Amt der Vorsteherin hing sie nicht, das entsprach auch nicht ihrer Art. Schon Jahre zuvor hatte sie öfters daran gedacht, sich von diesem zu lösen, doch Seipel und Piffl baten sie immer wieder, die Leitung zu behalten, weil die Zeit für eine Übergabe noch nicht reif sei.

Hildegard fühlte sich in dieser schwierigen Situation der Entscheidung entsetzlich allein. Stundenlang betete sie vor dem Allerheiligsten um die Erkenntnis des richtigen Weges, den sie nun einschlagen sollte. Verwirrung und Bestürzung herrschte aber auch unter den Schwestern. Keine fühlte sich berufen, bereits jetzt die Führung der Gemeinschaft zu übernehmen. Was sollte aus ihnen ohne die Tatkraft ihrer Gründerin werden?

Am 2. Februar 1933 fand die alle drei Jahre einberufene Generalversammlung der Caritas Socialis statt, bei der zwar Kardinal Innitzer, diesmal jedoch nicht Hildegard Burjan anwesend war. Aus welchen Gründen geht aus dem Protokoll der Sitzung nicht hervor. Anwesend war der neue, von Innitzer bestellte geistliche Leiter der Gemeinschaft, Pater Dr. Georg Fangauer OSFS, Pfarrer der Seipel-Gedächtniskirche.

Den Tätigkeitsbericht erstattete diesmal Irmgard Domanig. Spontan sprach nach dem Bericht eine Schwester den Dank der gesamten Schwesterngemeinschaft an die abwesende Gründerin, an die Leitung und den Vorstand aus. Dann wurden zwei von Hildegard Burjan schriftlich eingebrachte Anträge verlesen. Bei dem einen ging es um eine Abänderung des Paragraphen 7 der Statuten bezüglich der Zusammensetzung der Leitung, im zweiten ging es um eine mögliche künftige Form der Gemeinschaft.

Der Antrag Hildegards lautete: Die „Generalversammlung möge den Vorstand beauftragen, im Einvernehmen mit der Leitung ehestens Richtlinien für die Zusammenfassung der Schwestern in eine selbstständige, nach den Bestimmungen des kanonischen Rechtes aufgebaute Gemeinschaft auszuarbeiten und seine Vorschläge einer außerordentlichen Generalversammlung unterbreiten" (gez. H.B:, 20.1.1933).

In einem Begleitbrief führt Hildegard aus, dass „der Caritas Socialis jene Eigenart gewahrt bleiben muss, die ihr von Gott zur Lösung ihrer Aufgaben gegeben wurde. Es darf dabei auch nicht unbeachtet bleiben, dass von der durch die Entwicklung gegebenen Verbreitung der CS in den verschiedenen Ländern und Diözesen Verschiedenartiges gefordert wird. Es ist daher mein innigster Wunsch, eine einheitliche Form zu finden, die für alle gut ist". Weiters richtete sie noch an alle die Bitte, im Gebet und durch Opfer zu Meinungen und Erkenntnissen zu kommen und diese dem Vorstand mitzuteilen.

An eine rege Debatte über dieses Thema schloss sich dann die Neuwahl der Leitung für die nächsten drei Jahre an. Hildegard Burjan wurde von der Generalversammlung wieder einstimmig zur Vorsteherin gewählt.

Im Anschluss daran ergriff noch Sr. Margarethe, welche die CS-

Station in Böhmen leitete, das Wort und gedachte der beiden Förderer der Caritas Socialis, Seipel und Piffl: „Täglich wächst in uns die Erkenntnis – und sie wächst berghoch –, wie viel Lebenskraft wir den beiden großen Toten schulden. Wie wir getragen wurden und groß werden durften in der väterlichen Güte Kardinal Piffls, dessen Verstehen und Liebe so recht der Wurzelboden waren, aus dem unsere junge Gemeinschaft gewachsen ist. Und wie viel an aufbauender Kraft und Erkenntnis und stetem Hinführen zur drängenden Liebe Christi uns durch die überragende Größe und Klarheit von Exzellenz Seipel geschenkt wurde …" Sr. Margarethe schloss „im Vertrauen auf die Fürsprache dieser beiden vor Gott für unsere Anliegen".

Am 27. März 1933 überbrachte eine Schwesterndelegation Kardinal Innitzer ein Schreiben der Gemeinschaft, in dem es hieß: „Aus freier und vollkommen unbeeinflusster Überzeugung haben alle Schwestern den einen Wunsch und Willen, dass ihre geliebte und verehrte Gründerin an der Spitze ihrer Gemeinschaft stehen möge und diese, solange sie lebt, wie bisher voll Weisheit und Opfermut führen und leiten möge." Einige besonders mutige Schwestern gaben bei dieser Vorsprache sogar ihre Austrittsgedanken kund, sollte die Caritas Socialis durch die Ablöse von Hildegard Burjan eine andere Richtung erhalten. Innitzer kam vermutlich erst jetzt das Ausmaß seines Handelns zu Bewusstsein. Entsetzt wehrte er daher ab: „Um Gottes willen, ich will doch die Caritas Socialis nicht zerstören."

Innitzer hatte verstanden: Ohne sich mit dem spezifischen Wesen dieser Gemeinschaft auseinander zu setzen, wäre von ihm beinahe eine Entscheidung getroffen worden, die fast zu ihrer Auflösung geführt hätte. In einem Brief vom 4. April 1933 an Hildegard Burjan bat er diese, an der Spitze der Gemeinschaft zu

212

verbleiben. Er bestellte nun den mit der CS verbundenen Jesuitenpater Jungmann zum Konsulenten für die Schwesternschaft.

Hildegard Burjan sah es aber als dringlich an, die Caritas Socialis als kirchlich anerkannte Schwesternschaft zu errichten, um damit jede Umstrukturierung entgegen der Gründungsidee in Zukunft zu verhindern. Sie begann gemeinsam mit P. Jungmann und einigen Oberschwestern neue Bestimmungen auszuarbeiten.

In einem Brief vom 6. April 1933 an Kardinal Innitzer schreibt sie: „Ich hoffe, Eurer Eminenz sehr bald Vorschläge machen zu können, die einerseits die Zustimmung der Schwestern finden, andererseits auch eine Form bedeuten, die tatsächlich die Idee und Entwicklung der CS nicht hemmen oder gefährden." Ihren Entschluss, nach der Anerkennung als kirchliche Gemeinschaft ihr Amt als Vorsteherin doch zurückzulegen, kündigt sie in diesem Brief an.

Als Hildegard Anfang Mai 1933 nach Rom fährt, um Kardinalstaatssekretär Pacelli die Pläne der Seipel-Gedächtniskirche zu zeigen, benützt sie die Gelegenheit, auch bezüglich der künftigen Bestimmungen der Caritas Socialis in der „Sacra Congregatio de Religiosis" vorzusprechen. Bei der am 5. Mai 1933 erfolgten Privataudienz bei Pius XI. informiert sie den Papst nicht nur über die Kirchenpläne, sondern auch über die künftige Form der von ihr gegründeten Schwesterngemeinschaft. Drei Jahre nach ihrem Tod, im Jahre 1936, wird die Caritas Socialis zur „Societas iuris dioecesani" (Can. 673) erhoben. Die Zukunft der Gemeinschaft war nun kirchenrechtlich in der von der Gründerin bestimmten Form abgesichert und konnte „als bescheidene Blüte am Stamm der Kirche ihre Aufgabe erfüllen".

Hildegard Burjan fühlte sich im Mai 1933 am Ende ihrer Kräfte. Die letzten drei Jahre hatten ihr fürchterlich zugesetzt –

Scheidung der Tochter, Tod der Weggefährten, der Bau der Kirche für den toten Freund und die Sorge um die Zukunft der Schwesterngemeinschaft. Sie hatte vor wenigen Wochen ihren 50. Geburtstag gefeiert und spürte deutlich, dass sie einfach nicht mehr die Energie hatte, ihre Beschwerden vor ihrer Familie, vor der Umwelt zu überspielen.

Als ihr vor mehr als zehn Jahren ein Arzt anlässlich eines Erholungsaufenthaltes in Meran gesagt hatte, „Wenn Sie so weitertun, dann wird es Ihrer Gesundheit schaden und Sie werden nicht lange leben", hatte sie die Warnung weggesteckt, damals hatte sie noch die Kraft dazu. Aber jetzt konnte sie einfach nicht mehr. Sie empfand es als ein Zeichen göttlicher Gnade, dass sie spürte, dass ihr Lebensweg nun zu Ende gehen würde und es ihr vergönnt war, sich bewusst darauf vorzubereiten.

Alexander Burjan war entsetzt über das Aussehen seiner Frau. Wenn sie auch nie klagte, sah er ihr doch an, dass sie ständig Schmerzen litt und seelisch ausgelaugt war von den Strapazen der letzten Zeit. „Hilderl, wir fahren zu Pfingsten nach Salzburg. Das wird dir gut tun." Am Pfingstsamstag fuhr also die Familie, Alexander, Hildegard und Lisa, mit dem Auto nach Salzburg.

Bereits während der Fahrt wurden die Schmerzen in der Nierengegend, ausstrahlend in den Bauchraum, immer ärger. Sie verbrachte eine schlaflose Nacht. Beim Frühstück bat Hildegard ihren Mann, die Reise doch abzubrechen und nach Hause zu fahren. Tapfer schlug sie noch vor, einen Umweg über den Wolfgangsee zu machen. Sie wollte ihren Lieben das Wochenende nicht ganz verpatzen. Wegen der Feiertage war am Abend in Wien kein Arzt zu erreichen. Am nächsten Tag gelang es Alexander doch, den Hausarzt zu erreichen, der gleich einen Internisten beizog. Man kam zur Überzeugung, dass eine Operation notwendig

214

sei. Vermutlich müsse die Niere, die seit der schweren Erkrankung in Berlin vor 25 Jahren schwer in Mitleidenschaft gezogen war, entfernt werden. Hildegard hatte nun auch Fieber bekommen, was auf eine Vereiterung hinwies. Die Aufnahme ins Spital war für Mittwoch nach Pfingsten fixiert.

Hildegard nahm, im Gegensatz zu ihren Angehörigen, die Situation gelassen, ja fast froh auf. „Ihr werdet sehen, diesmal ist es ernst. Man wird wieder operieren, aber diesmal zum letzten Mal." Trotz der starken Schmerzen nützte Hildegard die Zeit, um ihre persönlichen Dinge zu ordnen. Sie ließ sich ihre umfangreiche Korrespondenz bringen und vernichtete einen Großteil der persönlichen Briefe Seipels und anderer Persönlichkeiten. Was von allgemeinem Interesse war oder die Caritas Socialis betraf, wollte sie aber aufheben. Leider wurde ein Großteil davon im Jahre 1938, als die Gestapo (Geheime Staatspolizei des Hitlerregimes) das Haus der Burjans beschlagnahmte, vernichtet.

Gefasst ließ sie sich in das Sanatorium Auersperg bringen. Die Operation wurde für Samstag, den 10. Juni, elf Uhr vormittags angesetzt. Hildegard beichtete und kommunizierte noch vorher. Liebevoll tröstete sie Alexander, der sie bis zum Operationsraum begleitete. Der Eingriff war schwer und dauerte lang. Die operierenden Ärzte waren entsetzt über den Anblick, der sich ihnen bot. Eine der beiden Nieren war nur mehr ein vereiterter, morscher Klumpen, auch die anderen Organe, vor allem der Darm, waren in Mitleidenschaft gezogen.

Doch noch bestand Hoffnung. Alexander klammerte sich an diesen Strohhalm. Als Hildegard aus der Narkose erwachte und man ihr mitteilte, dass noch alles gut ausgehen könne, meinte sie nach langem Schweigen: „Das ist schade ... ich war schon fast drüben ..." Schmerzlich lächelte sie: „Also gut, ich bin damit einverstanden, wenn es Gottes Wille ist, will ich auch gerne weiterleben."

Die Krise trat zwölf Stunden später ein, das Fieber stieg wieder an. Fast zufrieden meinte Hildegard: „Ich habe doch Recht gehabt."

Die letzten Stunden Hildegard Burjans blieben allen, die dies miterleben durften, ihrer Familie, den Ärzten, ein Leben lang in Erinnerung. Ihr Arzt, Professor Dr. Müller-Deham, meinte noch Jahre später darüber: „Ich habe sehr viele Menschen sterben gesehen oder dem Tode nahe beobachtet. Aber die letzten Stunden von Frau Hildegard Burjan stehen in meiner Erinnerung einzig da. Sie war sich des nahen Endes völlig bewusst, der Verstand ungetrübt. Sie sorgte sich um ihre Lieben und ihre Werke. Für sich selbst war sie nicht nur gelassen und furchtlos, sondern sie sah dem Tod freudig als Erlösung vom irdischen Dasein entgegen, völlig gewiss, in ein ewiges Leben einzugehen."

Hildegard besprach mit ihrem Mann noch alles, was zu regeln war. Sie teilte ihm mit, wie ihre Ersparnisse aufgeteilt werden sollten. Ein Teil sollte für die Anschaffung einer Monstranz für die Seipel-Kirche verwendet werden, der Rest an ihre Mitarbeiterinnen gehen. Selbst an das Pflegepersonal im Krankenhaus dachte sie und ließ Kuverts mit Geldbeträgen vorbereiten, weil, wie sie sagte, ihr Mann das in der Aufregung vergessen würde.

Sie bestimmte auch den Platz ihrer Aufbahrung. Diese sollte in der Pramergasse, mitten unter ihren Schwestern, an der Stätte ihres Wirkens, erfolgen. Als Grabstein wünschte sie sich eine Christusstatue und die Inschrift „In te, Domine, speravi, non confundar in aeternum" (Auf Dich, o Herr, habe ich meine Hoffnung gesetzt. In Ewigkeit werde ich nicht zuschanden).

Die Stunden tropften langsam dahin. Der geschwächte Körper

schien doch noch Reserven zu haben. Hildegard zog die Bilanz ihres Lebens: „Ich denke immerfort nach, wovor ich mich fürchten könnte, ich möchte es mir so gerne verkomplizieren, aber es geht einfach nicht. Ich habe vieles schlecht gemacht in meinem Leben, aber das eine weiß ich – ich habe niemals etwas anderes als den Willen Gottes gesucht. Und darum finde ich nichts, was ich fürchten könnte." Alle Ängste und Sorgen schienen nun von ihr abgefallen zu sein. – „Ich habe die Caritas Socialis Gott übergeben, Gott wird sie führen."

Für sie bestand jetzt kein Zweifel mehr, ihr Lebenswerk war von Gott gewollt. Daher konnte sie beruhigt sterben, die Caritas Socialis würde weiter bestehen bleiben, auch wenn sie nicht mehr unter den Lebenden weilte. Jetzt an der Schwelle des Todes erkannte sie, dass ihr ganzes Leben von Gottes Gnade begleitet war. Er hatte sie über den Weg der schweren Erkrankung zu sich geführt. Alles war Gottes Wille gewesen. „Manchmal kam mir im Leben der Gedanke, wie es wohl in der Todesstunde sein wird, wenn jede Täuschung aufhört. Ob einem dann noch alles zusammenbrechen wird? Ob alles als Schein vor mir stehen wird? … Jetzt aber sehe ich, dass alles echt ist, dass alles Wahrheit ist."

Am Sonntag verschlechterte sich der Zustand Hildegards rapide. Es konnte nicht mehr lange dauern. Sie selbst beobachtete das Kälterwerden der Hände und Füße – „Wenn dieses Kaltwerden bis zum Herzen vorgedrungen ist, werde ich drüben sein". Mittags spricht sie noch einmal mit Alexander und Lisa, die bis zuletzt bei ihr bleiben. „Heute ist ja Dreifaltigkeitssonntag", bemüht sie sich noch zu sagen, „was für ein Tag zu sterben – ausruhen bei Gott." P. Jungmann, ihr treuer geistlicher Berater, bringt ihr die heilige Kommunion und spendet ihr den letzten Segen. Hildegard schließt die Augen, tiefe Stille herrscht im Krankenzimmer. Als Sonnenstrahlen ins Zimmer scheinen, richtet sich Hildegard noch einmal auf: „Licht, viel Licht brauche ich heute. Ich darf ja heimgehen. Heimgehen darf ich."

Der letzte Kampf beginnt, still und lautlos. Das Herz wird immer schwächer, der Puls langsamer. Ihre Finger tasten nach dem Kreuz, das man auf ihre Bettdecke gelegt hat – „Gott, wie schön!"

Es ist 17 Uhr, als Hildegard Burjan „zu ihrem Heiland heimgeht". Die Nachricht vom Tode Hildegard Burjans verbreitet sich in Wien in Windeseile. Noch am selben Tag wird sie in die Pramergasse überführt und zuerst in ihrem Arbeitszimmer und später im Festsaal aufgebahrt. Das Gedränge ist groß, denn viele kommen, um von dieser außergewöhnlichen Frau Abschied zu nehmen. Zeitungen verschiedenster weltanschaulicher Richtungen berichten in den nächsten Tagen ausführlich über das Leben und Wirken Hildegard Burjans. Man würdigt sie „als eine Frau von einzigartiger Bedeutung" und stellt fest, „dass das katholische Österreich mit ihr eine bedeutende organisatorische und karitativ-schöpferische Kraft verloren hat, die von tiefer innerer Gläubigkeit erfüllt war".

Bundespräsident Miklas schickt ein Beileidstelegramm an Alexander Burjan, in dem er seine tiefe Erschütterung über das Hinscheiden von Hildegard Burjan ausspricht, „die auf verschiedensten Gebieten des öffentlichen Lebens, nicht zuletzt als Leiterin der Caritas Socialis, eine vorbildliche und höchst ersprießliche Wirksamkeit entfaltete". Das „Wiener Kirchenblatt" stellt fest, dass „das ganze Leben der edlen Toten in vorbildlicher Weise gezeigt hat, wie die politisch mündig gewordene Frau auf das politische Leben Einfluss nehmen kann …".

Das Begräbnis findet am Mittwoch, den 14. Juni, statt. Die erste Einsegnung nimmt P. Jungmann in der Pramergasse vor. Dann wird der Sarg in die Lueger-Gedächtniskirche auf dem Wiener Zentralfriedhof gebracht, wo auf Wunsch der Verstorbenen der Abt des Schottenstiftes, der Benediktiner Dr. Hermann Peichl, die feierliche Totenliturgie zelebriert. Die CS-Schwestern stehen mit brennenden Kerzen in den Händen Spalier.

Es regnet, als sich der Trauerzug zum Grab bewegt. Dort spricht der geistliche Leiter der Schwesterngemeinschaft, P. Dr. Georg Fangauer OSFS, die letzten Abschiedsworte im Namen der Caritas Socialis. Für die Bundesregierung ergreift Minister Dr. Kurt Schuschnigg das Wort: „Warum diese Frau in ihrem Leben so Großes geleistet hat, das zu beantworten an diesem offenen Grab fällt nicht schwer. Die Liebe war es, die alle ihre großen Eigenschaften, den Intellekt, die Energie, in einen Dienst stellte, in den Dienst des Helfens …"

Zahlreiche Beileidsschreiben treffen in den nächsten Wochen aus dem In- und Ausland und aus allen Bevölkerungsschichten bei Alexander Burjan ein. Die treffendste Würdigung ihres Lebens erfährt Hildegard Burjan, genauso wie Ignaz Seipel, durch den politischen Gegner. Der sozialdemokratische Bürgermeister von Wien, Karl Seitz, fand in seinem Beileidsschreiben bewegende Worte: „Mit Hildegard Burjan ist eine Frau von uns geschieden, deren Andenken überall, wo man selbstlose Fürsorge schätzte, in Ehren gehalten werden wird. Ihr Leben war geleitet von dem hohen Gedanken der Nächstenliebe, ihr Wirken erfüllt vom edlen Drange zu helfen. Dem hochherzigen Streben ist reicher Erfolg beschieden gewesen, bedeutsame Werke der Fürsorge verdanken ihr die Gründung und Entwicklung. Allzu früh hat der Tod dieses bewundernswerte Leben beendet, aber aus der Trauer erhebt sich die tröstende Gewissheit: Ihr Geist wirkt fort …"

Summa vitae –
Damit ihr Geist weiterlebt

„Die Caritas Socialis wird fortbestehen ... ich glaube an ihre Zukunft ... Gott wird sie führen ..." – In dieser Gewissheit ist Hildegard Burjan von dieser Welt gegangen. Ihr Part hier auf Erden war nun zu Ende. Es war ein langer Weg gewesen vom „Erkennen der Fingerzeige Gottes", wie sie es einmal nannte, bis zur Verwirklichung seines Willens. Jetzt war sie am Ziel. „Ganz für Gott und ganz für die Menschen", das war die Richtschnur ihres Lebens gewesen. Hören und handeln, Maria und Martha zugleich zu sein, das betrachtete sie nicht nur als persönliches Ziel, sondern auch als das der Gemeinschaft. In einem Brief schneidet sie einmal diese Frage an, ob es denn möglich sei, sich beide Frauengestalten aus dem Evangelium zum Vorbild zu nehmen, und bejaht dies zugleich auch ganz entschieden: „Ganz sicher – und es ist das große Ideal, das wir versuchen wollen mit aller Kraft in der CS zu erreichen. Wenn wir das innerliche Leben wahrhaft vertiefen, das Leben mit und für Gott zur Selbstverständlichkeit wird, dann ist auch eine richtige Außenarbeit ohne Schaden möglich ..."

Handeln bedeutete für Hildegard aber nicht nur, alle Fähigkeiten und Talente dafür einzusetzen, Lösungsstrategien zur Linderung der sozialen Not von Randschichten zu entwickeln, sondern auch für das Wohlergehen jener Menschen zu sorgen, die bereit waren, mit ihr diesen Weg der tätigen Nächstenliebe zu gehen. Da die Schwesterngemeinschaft nicht als Orden errichtet wurde, musste bei der Existenzsicherung der Mitglieder von anderen Voraussetzungen ausgegangen werden. Jede Schwester bekam bei ihrer Aufnahme einen Vertrag ausgehändigt, in dem sich die Gemeinschaft verpflichtete, für ihren Unterhalt aufzukommen.

Wurden die Schwestern von staatlichen Stellen angefordert, bemühte sich Hildegard immer um Anstellungsverträge, die auch eine gute Unterbringung und Verpflegung garantierten. Eine wertvolle Absicherung war für die Schwestern die Einbeziehung in die staatliche Pensionsversicherung. Dies war sowohl für die Versorgung der alten Schwestern später von Vorteil als auch für jene, welche die Gemeinschaft wieder verließen. Sie hatten damit eine Grundlage für den Aufbau ihrer weiteren Existenz.

Hildegards Ansicht war, dass die soziale Gerechtigkeit nicht vor den Toren einer kirchlichen Gemeinschaft haltzumachen habe. Wenn die Schwestern bei ihrem Einsatz für Hilfsbedürftige und Notleidende oft bis an die Grenzen ihrer eigenen Kräfte gehen mussten, dann hatten sie auch das Recht darauf, im Alter oder bei Krankheit selbst gut versorgt zu sein.

Das als Mutterhaus erworbene Mackschlössel in Kalksburg, das später in Hildegardis-Haus umbenannt wurde, war daher auch als Alterssitz für die Schwestern vorgesehen. Hildegard wollte den Schwestern nach „der Mühe und Plage des Alltags" ein Heim bieten, wo sie, „wenn ihre Kräfte erschöpft sind, ein ruhiges Alter genießen können".

Auch um die körperliche und seelische Erholung jener Schwestern, die mitten in der Arbeit steckten, sorgte sie sich. Helfer können nur geben, war ihre Ansicht, wenn ihnen selbst auch die Möglichkeit gegeben wird, von Zeit zu Zeit „aufzutanken". Neben den regelmäßigen Rekollektionstagen und Exerzitien sollte jede Schwester auch einmal jährlich Urlaub machen können. „Erholen Sie sich recht – sammeln sie viel Freude. Dann kehren

Sie mit viel neuer Kraft und innigem Gottvertrauen zurück ...", gibt Hildegard einer Schwester als Geleit in die Ferien mit.

In ihrer inneren Struktur war die Caritas Socialis jetzt, nach Jahren des Ringens nach einer Form, gesichert aufgebaut. Die Bestimmungen, die Hildegard zwar als Hilfsmittel, aber doch als die momentan besten Wegweiser bezeichnete, waren fürs Erste abgeschlossen. Sie wusste, dass diese immer wieder einer Überarbeitung bedürfen werden, denn „es lassen sich in der sozialen Arbeit keine unumstößlichen Theorien aufstellen ..., die CS will nach den jeweilig aufscheinenden sozialen Notwendigkeiten, nicht aber nach einem auf dem Papier festgelegten starren Schema arbeiten". Für die momentane Situation genügten sie. Die Oberschwestern waren jetzt verstärkt in die Planung der Arbeitsbereiche einbezogen. Auch die Verbindung zwischen den einzelnen Außenstellen und der Leitung in der Pramergasse funktionierte über die sogenannten Rundbriefe gut. Dadurch waren die oft weit weg von der Zentrale arbeitenden Schwestern ebenfalls über alles, was in der Gemeinschaft passierte, auf dem Laufenden.

Auch die geistliche Betreuung der Gemeinschaft lag in guten Händen. P. Dr. Georg Fangauer OSFS und P. Franz Jungmann SJ waren mit dem Gedankengut der Gemeinschaft bestens vertraut und Garanten dafür, dass die Gemeinschaft im Sinne der Gründerin auch nach deren Tod weitergeführt werden würde. Die kirchenrechtliche Absicherung hatte Hildegard in Rom selbst noch in die Wege geleitet. Im Jahre 1936 wurde die Schwesterngemeinschaft der Caritas Socialis als „Societas iuris dioecesani" in die kirchlichen Gemeinschaften der Erzdiözese Wien aufgenommen.

Mit der Umsicht einer Hausmutter hatte Hildegard Burjan, als sie fühlte, dass ihr Lebensweg dem Ende zuging, nicht nur für den

Fortbestand ihres Lebenswerkes, sondern auch für alle Menschen gesorgt, die ihrem Ruf gefolgt waren, sich dafür zur Verfügung zu stellen. Leichten Herzens konnte sie daher nun sagen: „… ich habe die CS Gott anvertraut."

So schmerzlich der Tod der Gründerin für die Gemeinschaft war, die Arbeit musste weitergehen. Sich der Trauer und dem Schmerz hinzugeben, dafür blieb keine Zeit und war auch nicht im Sinne Hildegard Burjans.

Die politische und wirtschaftliche Situation in Österreich ließ zudem für die Zukunft nichts Gutes ahnen. Die Massenarbeitslosigkeit nahm zu, jeder vierte Bürger war bereits davon betroffen. Die wirtschaftliche Not der Menschen heizte die politischen Spannungen zwischen der Regierung Dollfuß und den Sozialdemokraten an. Der berühmte Funke im Pulverfass war die Ausrufung eines Generalstreiks am 12. Februar 1934, zugleich der Beginn eines selbstzerstörerischen Bruderkampfes.

Die Auseinandersetzungen zwischen den Regierungstruppen und dem sozialdemokratischen Schutzbund bzw. den bewaffneten Arbeitergruppen konzentrierten sich vor allem auf die Städte Linz und Wien sowie auf die niederösterreichischen und steirischen Industriegebiete. Dollfuß ließ hart durchgreifen. Nach drei Tagen war alles zu Ende. Das Resultat: Tote und Schwerverletzte auf beiden Seiten, Massenverhaftungen und unversöhnlicher Hass zwischen den politischen Gegnern.

Am 1. Mai 1934 erließ Dollfuß eine neue Verfassung und rief einen „christlichen, deutschen Bundesstaat auf ständischer Grundlage" aus. Die Probleme wurden auch damit nicht aus der Welt geschafft, im Gegenteil. Die nationalsozialistischen Umtriebe verstärkten sich, und eine Welle von Sprengstoffanschlägen verunsicherte die Menschen. Am 25. Juli 1934 stürmte eine

Gruppe von Putschisten in einer von Deutschland aus organisierten Aktion das Bundeskanzleramt und das Rundfunkgebäude. Unter ihren Kugeln verblutete Bundeskanzler Dollfuß in seinen Amtsräumen am Ballhausplatz. Der Putsch konnte niedergeschlagen und der Zugriff Hitlers auf Österreich vorerst abgewehrt werden. Bundespräsident Miklas betraute nun Dr. Kurt Schuschnigg, der den autoritären Regierungskurs fortsetzte, mit den Regierungsgeschäften.

Die Lage in Österreich verschlechterte sich von Tag zu Tag. Den meisten Menschen fehlte der Glaube an ein selbstständiges Weiterbestehen Österreichs. Das 1918 geprägte Wort von der „Lebensunfähigkeit" dieses verbliebenen Rumpfstaates der Monarchie begann wieder zu kursieren. Der neue Bundeskanzler war zu schwach, um den immer deutlicher werdenden Drohungen Deutschlands energisch entgegenzutreten. Hitlers Forderungen wurden auch immer unverschämter, der gezielt ausgeübte wirtschaftliche Druck größer.

In einem letzten Aufbäumen glaubte Schuschnigg, mit dem Kampfruf „Rotweißrot bis in den Tod" den Widerstandswillen der Österreicher zu mobilisieren und mit einer für den 13. März 1938 angesetzten Volksbefragung die Unabhängigkeit Österreichs zu sichern. Dies war für Hitler-Deutschland der auslösende Moment, den Anschluss Österreichs ans Reich nun rasch zu vollziehen.

Der 11. März 1938, ein Freitag, war ein schöner, aber kalter Vorfrühlingstag. Trotz aller Spannungen ahnte niemand, dass dieser Tag zum Karfreitag der Ersten Republik werden würde. Hitler ließ die österreichische Regierung bereits in den Morgenstunden wissen, dass die geplante Volksbefragung sofort abzusagen sei. Er forderte den Rücktritt Schuschniggs und die Bestellung einer Regierung nach den Vorschlägen der deutschen Reichsregierung.

Würden seine Forderungen nicht erfüllt, drohe der Einmarsch deutscher Truppen in Österreich. Jeder Widerstand würde zudem mit Waffengewalt gebrochen werden.

Der Gedanke daran lag den meisten politischen Entscheidungsträgern sowieso fern. Der Lebenswille Österreichs war längst geschwunden. Am Abend dieses Schicksalstages verabschiedete sich der letzte Bundeskanzler der Ersten Republik „unter dem Druck der Ereignisse" mit den Worten: „Gott schütze Österreich!" Trotz aller Zugeständnisse gab Hitler den Befehl zum Einmarsch. In den Morgenstunden des 12. März 1938 überschritten deutsche Truppen die Grenzen Österreichs, das damit aufgehört hatte zu existieren. Zu Grabe getragen auch vom Schweigen der Weltmächte.

Dem Licht des neuen Tages zeigte sich die nunmehrige „Ostmark" mit zwei Gesichtern. Einem, das weinte, weil es das Kommende vorausahnte, und einem, das jubelte, weil es sich durch die Wiederherstellung des „großen Reiches deutscher Nation" ein Ende der wirtschaftlichen Not erhoffte. Die Ernüchterung kam für viele rasch.

Die österreichischen Nazis waren auf diese Stunde wohl vorbereitet. Mit einem Schlag begann der organisierte Hexensabbat. Wer die Zeichen der Zeit rechtzeitig erkannt hatte, dem gelang mit einigem Glück noch die Flucht. Auch Alexander Burjan konnte mit seiner zweiten Frau Österreich noch rechtzeitig verlassen. Er hatte 1935 Irmgard Domanig, die Sekretärin seiner verstorbenen Frau, geheiratet. Hildegard legte es ihm nahe, als sie ihr Ende kommen fühlte. Sie wusste, dass es Alexander schwer fallen würde alleine zu bleiben. Die Führung des Hauses sowie die vielen Repräsentationsverpflichtungen, die sich durch seinen Beruf ergaben, wären für ihn ohne Partnerin eine große Belastung gewesen. Irmgard war da sicher die geeignete Frau. Sie war um fünf Jahre jünger als Alexander und stammte aus einer angesehenen Klosterneuburger Familie.

Sie war Erzieherin in der Bundeslehranstalt für Mädchen in Wien gewesen. Im Jahre 1918 hörte sie Hildegard Burjan bei einem Vortrag und wurde ihre glühendste Verehrerin. Sie war fasziniert von der Ausstrahlung dieser Frau. Auf Empfehlung Seipels arbeitete sie anfangs ehrenamtlich beim Aufbau der Caritas Socialis mit. Später ging sie in Frühpension und wurde Hildegards Sekretärin.

Alexander und Irmgard Burjan flüchteten 1938 praktisch in letzter Minute aus ihrer Heimat. Lisa befand sich bereits in England. Alexander Burjan hätte nicht nur als Jude, sondern auch als Vorstandsmitglied des Österreichischen Rundfunks, beruflich also an exponierter Stelle, mit Verhaftung und Vernehmung rechnen müssen. Die Villa in der Larochegasse wurde knapp nach ihrer überstürzten Abreise von der Gestapo durchsucht, wobei wertvolle Aufzeichnungen und Unterlagen vernichtet wurden.

Mit dem sogenannten Anschluss an das Reich setzte die Verfolgung politisch Andersdenkender, bekannter Nazi-Gegner und der Juden ein. Manche, denen die Flucht nicht gelang, wählten den Freitod, um so den Schergen zu entkommen. Viele aufrechte Patrioten konnten es einfach nicht fassen, was an Gemeinheit und Sadismus in den bisher so friedlich scheinenden Mitmenschen hochschwappte. Am 1. April ging der erste Transport „Politischer" in das Konzentrationslager Dachau bei München ab. Die Namensliste der Häftlinge war ein Querschnitt durch das politische, gesellschaftliche und kulturelle Leben des nun nicht mehr existenten Österreich.

Die Burjans befanden sich zu diesem Zeitpunkt bereits auf dem

Weg nach Brasilien. In einem Alter, in dem man normalerweise die Früchte seiner Arbeit genießen kann, begann Burjan in einem fremden Land eine neue Existenz für sich und seine Frau aufzubauen. Sie erwarben eine Fazenda, die sie „Hildegardis" nannten, und wurden Kaffeebauern. Nach dem Krieg kehrten die Burjans wieder nach Wien zurück. Alexander starb am 6. November 1973 im Alter von 91 Jahren. Irmgard überlebte ihn um 13 Jahre und starb 1986, im hohen Alter von 99 Jahren.

Als sie fern der geliebten Heimat schwere und arbeitsreiche Jahre verbrachten, werden ihnen sicher, wenn sie Nachrichten über die Gräueltaten des NS-Regimes und die Schrecknisse des Krieges erreichten, die Worte Hildegards am Totenbett in den Sinn gekommen sein: „Ihr werdet noch sagen: Wie gut, dass Hilderl das nicht mehr erlebte …"

Und es blieb ihr wirklich Entsetzliches erspart, sowohl als Jüdin als auch als ehemalige profilierte christlichsoziale Politikerin. Außerdem hatte sie sich schon sehr früh, als andere die Gefahr noch gar nicht erkannten, öffentlich überaus kritisch zur NS-Ideologie geäußert. Das alles zusammen hätte für sie die Einweisung und den sicheren Tod in einem Konzentrationslager bedeutet. Niemand hätte sie davor bewahren und beschützen können.

Erspart geblieben ist ihr auch der Jubel der Wiener für „ihren" Führer Adolf Hitler und die anfänglich positive Haltung der geistlichen Kirchenführer gegenüber den neuen Machthabern. Hitler wollte seinem unter Druck erfolgten Einmarsch ein „moralisches Mäntelchen" umhängen. Mit der für den 10. April terminisierten Volksabstimmung sollte der Weltöffentlichkeit die Bereitschaft der Österreicher, „ins Reich heimzukehren", dokumentiert werden. Die Nazis konnten sich bei ihrem Propagandafeldzug der Unterstützung zweier prominenter Österreicher erfreuen, die ausgerechnet aus jenen weltanschaulichen Lagern kamen, deren Angehörige in den folgenden Jahren ebenfalls grausamer Verfolgung ausgesetzt waren.

Die österreichische Bischofskonferenz unter dem Vorsitz von Kardinal Dr. Theodor Innitzer fühlte sich bemüßigt, folgende Erklärung abzugeben: „Am Tag der Volksabstimmung ist es für uns Bischöfe selbstverständlich nationale Pflicht, uns als Deutsche zum Deutschen Reich zu bekennen, und wir erwarten auch von allen gläubigen Christen, dass sie wissen, was sie ihrem Volk schuldig sind."

Auch der maßgeblichste Politiker der Ersten Republik, Dr. Karl Renner, machte seine Reverenz: „Als Sozialdemokrat und somit als Vertreter des Selbstbestimmungsrechtes der Nationen, als erster Kanzler der Republik Deutschösterreich und als gewesener Präsident ihrer Friedensdelegation zu St. Germain werde ich mit ,Ja' stimmen."

Verunsichert von diesen Erklärungen führender Persönlichkeiten und eingeschüchtert von dem Propagandafeldzug der Nazis, stimmten die nunmehrigen Ostmärker mit 99,73 Prozent Ja-Stimmen für den Anschluss. Vielen führte aber die Angst bei dieser Entscheidung die Feder.

Die neue politische Situation brachte auch für die Caritas Socialis einschneidende Veränderungen. Ihre Arbeit durfte sie nur mehr im innerkirchlichen Bereich ausüben. An öffentlichen Arbeitsgebieten blieb ihr aber die Betreuung der geschlechtskranken Frauen in Klosterneuburg – ein Gebiet, wo sie „ja nichts verderben könnten". Das Angebot, sich den NS-Schwestern oder dem Roten Kreuz anzuschließen, lehnte die Gemeinschaft ab. Über Arbeitsmangel konnte man sich aber trotzdem nicht beklagen, denn bald nach Ausbruch des Krieges, als die Männer einrücken mussten, wurde der Mangel an Mitarbeitern in den Pfarren spürbar. Die Schwestern betätigten sich nun als Mesner, Organisten, erledigten Kanzleiarbeiten und waren in der Familienpflege sowie der Betreuung alter Menschen tätig. Die Arbeiten waren nicht ungefährlich, da sie gerade in diesem Bereich öfters mit Regime-Gegnern in Kontakt kamen und Botengänge für diese übernahmen. In dieser Zeit hatten die Schwestern immer Zivilkleidung griffbereit im Kasten, um so unauffälliger als Kontaktpersonen zu fungieren oder damit besser untertauchen zu können.

An besonders exponierter Stelle arbeitete die CS-Schwester Verena Buben. Sie war in der im Erzbischöflichen Palais untergebrachten „Hilfsstelle für nichtarische Katholiken" tätig, wo diese unter der Schirmherrschaft des Wiener Erzbischofs vor dem Zugriff und der Kontrolle durch die Geheime Staatspolizei doch etwas gesichert waren.

Für Innitzer ist bald nach dem unglückseligen Volksabstimmungs-Aufruf das böse Erwachen gekommen. Alle versprochenen Zugeständnisse seitens des Regimes gegenüber der Kirche erwiesen sich als leere Worte und Hinhaltetaktik. Hitler dachte gar nicht daran, seine Versprechungen einzuhalten. Die Volksabstimmung war positiv gelaufen, auf die Unterstützung der Kirche war man nun nicht mehr angewiesen. Im September 1938 beschlossen die österreichischen Bischöfe, die Verhandlungen mit den neuen Machthabern endgültig abzubrechen. Die antiklerikalen Ausschreitungen verschärften sich. Innitzer entging selbst nur knapp einem Anschlag.

Ein von der katholischen Jugend organisierter Gottesdienst am 7. Oktober 1938 im Wiener Stephansdom und die sich daran anschließende spontane Kundgebung für Österreich und zur Kirche war für das NS-Regime der Anlass, der Kirchenführung einen

„Denkzettel" zu verpassen. Einer tobenden Meute gleich drangen am nächsten Tag Angehörige der Hitler-Jugend in das Erzbischöfliche Palais ein, zertrümmerten dort die Einrichtung, zerstörten Kunstgegenstände und bedrohten die Geistlichen. Sie schreckten auch vor körperlichen Angriffen nicht zurück.

Eine groß inszenierte antiklerikale Kundgebung am Wiener Heldenplatz gab Tage später das Signal für weitere Repressalien und Verfolgungen jener Katholiken, die dem Regime ablehnend gegenüberstanden. Innitzer versuchte in den nächsten Jahren, wo es möglich war, zu helfen und das Schlimmste zu verhindern. Ein besonderes Anliegen war ihm aber die Hilfe für die getauften Juden. Bereits im Frühjahr 1938 hat der Jesuit P. Georg Bichlmair, mit Zustimmung Kardinal Innitzers, begonnen eine „Hilfs- und Beratungsstelle für nichtarische Christen" zu organisieren. Im Herbst 1939 wurde er von der Gestapo verhaftet und „gauverwiesen". Innitzer betraute nun P. Ludger Born SJ mit der seit Kriegsbeginn immer schwieriger werdenden Arbeit. Die Mittel für die Hilfsmaßnahmen kamen aus der Privatschatulle des Kardinals, von den Jesuiten und von einigen Wiener Klöstern und Pfarren. Die CS-Schwester Verena war eine der vier hauptamtlich angestellten Mitarbeiter. Die Arbeit war sehr gefährlich. Gelang es anfangs noch, Verfolgte ins Ausland zu bringen, musste man sich später vornehmlich um die als „U-Boote" Untergetauchten kümmern. Geldspenden und Lebensmittellieferungen halfen ihnen zu überleben. Schwester Verena war hier ein wichtiges Verbindungsglied. Von einer Vorladung der Gestapo blieb sie nicht verschont, aber mit Gottes Hilfe ging alles gut aus.

Als die Not auch im Hinterland infolge der Ausweitung des Krieges immer größer wurde und die Lazarette mit Verwundeten überfüllt waren, griff man wegen des Personalmangels wieder auf die CS-Schwestern zurück. Obwohl sie keine ausgebildeten Krankenschwestern waren, übernahmen 24 Schwestern den gesamten Pflegedienst im Krankenhaus der Barmherzigen Brüder in Linz. Sie versahen ihren Dienst bis zum Kriegsende und landeten dann noch als „Kriegsgefangene" bei den Amerikanern. Auch in Klosterneuburg bei Wien waren die Schwestern zuerst im deutschen und dann im russischen Feldlazarett eingesetzt.

Im April 1945 schlug endlich auch in Österreich die Stunde der Freiheit. Angesichts des Elends blieb vielen der Jubel darüber im Hals stecken. Auch in der CS-Zentrale in der Pramergasse hielt sich die Freude in Grenzen. Zu einzelnen Stationen, vor allem im Ausland, gab es keinen Kontakt. Einige Schwestern konnten flüchten, manche blieb für immer verschollen. Aus Böhmen wurde die CS ausgewiesen, und die Station in Deutschland musste bald wegen politischer Schwierigkeiten aufgegeben werden.

Die Nachkriegszeit stellte enorme körperliche und seelische Anforderungen an jede einzelne Schwester. Jene Stelle in dem von Hildegard Burjan verfassten Weihegebet – „Ich nehme mir vor, in wahrer Selbstentäußerung nur deine Ehre zu suchen, vor keiner Schwierigkeit und Mühe zurückzuweichen …" – musste nun bis zur letzten Konsequenz in der Praxis gelebt werden, denn für Selbstbesinnung und religiöse Vertiefung gab es jetzt kaum Zeit.

Die Flüchtlingsbetreuung war momentan das wichtigste Arbeitsgebiet. Gemeinsam mit der diözesanen Caritas versuchte man auf den Bahnhöfen die Betreuung dieser Menschen zu bewerkstelligen. Überall wurden die CS-Schwestern jetzt dringend gebraucht – in der Pfarrarbeit, bei der Krankenpflege, beim Aufbau und der Leitung von kirchlichen Heimen, Bildungsstätten etc. Im Jahre 1946 waren die der Gemeinschaft angehörenden 168 Schwestern, zwölf Novizinnen und neun Postulantinnen auf

insgesamt 41 Stationen im Einsatz. „Die Arbeit für die Mitmenschen darf uns nie zu viel werden", hatte Hildegard Burjan
schon seinerzeit den Schwestern mit auf den Weg gegeben. Die
Not der Menschen stieg in dieser Zeit, in der Europa zum zweiten
Mal in Chaos und unsägliches Leid gestürzt wurde, ins Unermess-
liche.

Im Jahre 1950 ging die Caritas Socialis wieder über die österreichischen Grenzen hinaus. In Bayern und in Südtirol übernahmen Schwestern Aufgabengebiete, und zwar im Bereich von
Schul-, Erziehungs- und Bildungseinrichtungen. Auch in Österreich kamen neue Stationen dazu, wurden CS-Schwestern für
neue Aufgabengebiete gebraucht. Die Generalleitung musste den
Anforderungen der Zeit entsprechend ihre finanziellen Mittel gezielt einsetzen. Altes wurde abgestoßen, Neues begonnen, das
Haus in Essling verkauft, jenes in Weitenegg verpachtet. In der
Pramergasse, im Mutterhaus, wurde mit dem Bau eines Altershei-
mes begonnen, das 1959 vom damaligen Kardinal von Wien, Dr.
Franz König, eingeweiht wurde.

Die neu angebrochene Zeit, die sich nun nach der ersten Phase
des Wiederaufbaus auf allen Gebieten abzeichnete, erforderte aber
auch neue Arbeitsmethoden. Parallel dazu machte sich erstmals
der Mangel an Nachwuchs bemerkbar. „Doch der Segen Gottes
macht das Unmögliche möglich", meinte einmal Hildegard Burjan, und so gelang es auch in der personell schwieriger werdenden
Zeit, den Weg der sozialen Liebe weiter zu gehen. Not macht bekanntlich erfinderisch.

So versuchte man jetzt im Sinne der Gründerin den Kreis der
„Helfer und Freunde" wieder zu reaktivieren und zu erweitern.
Mit einem vierteljährlich erscheinenden Mitteilungsblatt wurden
diese über die jeweiligen Arbeitsprojekte informiert und um ihre

finanzielle Unterstützung gebeten. Auch die Idee des seinerzeit von Hildegard Burjan initiierten Christkindlmarktes wurde wieder aufgegriffen. Und wieder sind es Damen der gesellschaftlichen und politischen Prominenz, die sich für die Organisation und die Betreuung der Verkaufsstände zur Verfügung stellen.

Im Jahre 1960 wird die Schwesterngemeinschaft der Caritas Socialis zu einer „Gemeinschaft päpstlichen Rechtes" erhoben. Die CS, welche zu Lebzeiten ihrer Gründerin manchmal abfällig als eine Vereinigung bezeichnet wurde, die „nicht Fisch und nicht Fleisch" ist, wurde damit in die Gemeinschaft der Weltkirche aufgenommen, um dort ihrer Zielrichtung entsprechend „das Evangelium durch den sozialen Dienst am Mitmenschen zu verkünden".

Mitte der Sechzigerjahre scheint wieder die Zeit reif zu sein, neue Aufgaben im Ausland zu übernehmen. Zwei Schwestern gehen nach Rom und sind dort in der deutschsprachigen Gemeinde sowie in den Randgebieten dieser Stadt seelsorglich tätig. Auch Bethlehem wird eine Station der CS. Drei Schwestern versuchen im dortigen SOS-Kinderdorf Araberkindern, die ihre Eltern verloren haben bzw. von diesen ausgesetzt wurden, Wärme, Liebe und ein Zuhause zu geben.

Eine der am weitesten entfernten Stationen wird Brasilien. Den Intentionen des Zweiten Vatikanums folgend, übernimmt die CS auch Aufgaben in Missionsgebieten. Der Arbeitsbereich der Schwestern liegt in der Nähe der Fazenda „Hildegardis", die Alexander Burjan 1970 dem Eigentum der Gemeinschaft übergeben hat und von dieser verpachtet wurde.

Die erste Generalversammlung nach dem Zweiten Vatikanischen Konzil im Jahre 1969 wurde zu einem „Erneuerungskapitel". Einiges musste nun neu überdacht, andere Wege beschritten und die Zusammenarbeit mit staatlichen und kirchlichen Stellen und Organisationen intensiviert werden. Auf vielen Arbeitsgebieten wurde die Caritas Socialis in den folgenden Jahren „zur Wegbereiterin", indem sie auf die Not und die Anforderungen der Zeit als Erste reagierte. Manche der von ihr initiierten Projekte wurden später von anderen Institutionen und kommunalen Stellen übernommen und weiterentwickelt.

Als religiöse Gemeinschaft will die Caritas Socialis im Sinne ihrer Gründerin stets der aktuellen Zeitnot begegnen. Daher ist es auch immer wieder notwendig, die Zielrichtung der sozialen Angebote zu überprüfen. Jede Gesellschaft drängt Menschen an den Rand, grenzt sie aus. Die Probleme sind trotz aller Fortschritte auch heute nicht weniger, sie sind nur anders geworden. Die Wurzeln heutiger Nöte sind in gesellschaftlichen Bedingungen, aber auch in der seelischen Verwundbarkeit vieler Menschen zu suchen: Familien fehlt der Zusammenhalt, Frauen werden verlassen, alte Menschen vereinsamen, das Leben des Menschen ist am Anfang und am Ende seines Daseins bedroht.

Das Anliegen Hildegard Burjans war immer, die Menschen nicht mit Almosen abzuspeisen, sondern ihnen Hilfe zur Selbsthilfe zu geben. Daher entspricht es der Intention der CS, die Not an der Wurzel zu fassen und mit den Betroffenen gemeinsam einen gangbaren Weg zu suchen.

Als eine wichtige Aufgabe betrachtet es die Gemeinschaft, Schwestern und Mitglieder heranzubilden, aber auch Mitarbeiter zu gewinnen, die fähig sind, nicht nur den vielfältigen sozialen Anforderungen gerecht zu werden, sondern vor allem Gemeinschaft im Geiste christlicher Liebe zu verwirklichen und zu stiften. Der Aufgabenbereich der Caritas Socialis unterliegt ständigen Veränderungen und Ausweitungen, den Vorstellungen Hildegard

Burjans entsprechend, dass „die CS nichts Abgeschlossenes, sondern immer etwas Werdendes bleiben soll".

Im Auftrag des Vatikans wurde am 6. Juni 1963 in Wien das Vorverfahren für die Seligsprechung der Gründerin der Caritas Socialis, Hildegard Burjan, eingeleitet. 1982 wurde das Verfahren noch einmal aufgerollt und anschließend alle Unterlagen an die „Kongregation für die Selig- und Heiligsprechungsprozesse" in Rom übersandt. Mit der Erstellung der „Positio super vita, virtutibus et fama sanctitatis" ist die Causa nun in die Phase des für den Abschluss der Seligsprechung notwendigen Wunderprozesses eingetreten.

Hildegard Burjan zählt zweifelsohne zu jenen wegweisenden Persönlichkeiten der Neuzeit, die durch ihren Weitblick und ihr Engagement entscheidende Signale im sozialen Bereich gesetzt haben. Sie ist als Frau ihren Weg in einer männlich orientierten Gesellschaft und Kirche unbeirrt gegangen. Sie hat ihre Ziele konsequent verfolgt und sich durch Anfeindungen oder widrige Umstände nicht davon abbringen lassen.

Hildegard Burjan hat sich mit aller Konsequenz des Handelns für soziale Gerechtigkeit eingesetzt. Sie hat die Wichtigkeit erkannt, dass gerade in einer Zeit des politischen Umbruchs die Aussagen der Enzyklika Rerum novarum, die Sorge der Kirche um die Arbeiterschaft, auch raschest umgesetzt werden müsste. „Die Liebe Gottes durch den sozialen Dienst verkünden" wurde für sie zu ihrem Lebensprogramm.

Zu Hildegard Burjans Lieblingsgedichten zählt der „Psalm of Life" des amerikanischen Dichters Henry Longfellows. Nichts könnte das, was von ihrem Wirken auf Erden zurückblieb, besser skizzieren als jene Zeilen daraus, die sie selbst gerne zitierte:

„… dass wir, wenn wir scheiden,
Fußspuren zurücklassen können –
Fußspuren, die vielleicht ein schiffbrüchiger Bruder findet –
und neuen Mut daran fassen kann …“

In den von der Gründerin vorgegebenen Spuren gehen die
Schwestern und Mitarbeiter der Caritas Socialis mit ihrer Arbeit
weiter. Wer sich angesprochen fühlt vom Zeugnis dieser Frau,
kann dies ebenfalls tun – damit ihr Geist weiterlebt.

236

Die Grabstätte von Hildegard und
Alexander Burjan auf dem Wiener Zentralfriedhof.
Entwurf: Clemens Holzmeister

237

Gedankenspuren

Nicht die nach außen zu Tage tretenden, oft geistreich scheinenden Ideen sind das Entscheidende, sondern die getreue, demütige Kleinarbeit, das Erkennen seiner Schwächen und das großmütige Vertrauen auf den, der mit dem leisesten unsichtbaren Hauch seiner Gnade mehr Fruchtbarkeit, mehr Gelingen und Vollendung geben kann, als alle menschlichen Weisheiten zusammen vollbracht hätten.

Wirklich beraten kann man sich nur mit Gott, wenn man die innere Verbundenheit mit ihm hat.

Man soll nicht nach außerordentlichen Bußwerken suchen, sondern die von Gott geschickten Leiden und Schwierigkeiten ertragen.

Wir müssen ganz von der Einsicht durchdrungen sein, dass wir aus uns gar nichts machen können ohne die Gnade.

Wir müssen immer wieder eine Zeit finden, die wir ganz Gott schenken; Zeit, die ausschließlich dem Gebet gewidmet ist. Keine Arbeit kann so wichtig, so dringend sein, uns davon abzuhalten.

Auf die Schulweisheit kommt es nur sehr wenig an, sondern einzig auf den Grad der Verbundenheit mit Christus. In Ihm vermögen wir ja alles, und ohne Ihn sind wir alle ganz bettelarm. Es ist so beruhigend und trostvoll, dass wir nur so viel tun müssen, wie wir Talente haben, und dass alles andere uns dazugegeben wird.

Christliche Nächstenliebe und soziale Arbeit müssen zusammenwirken. All unser Handeln und Tun für die Unterdrückten ist nur segensreich, wenn es basiert auf den Grundwahrheiten unserer Religion.

Gott gibt uns den Verstand, damit wir die Not einer Zeit, die Ursachen dieser Not, die Mittel, die zur Abhilfe führen, erkennen.

Wohltätigkeit hilft dem, der sie empfängt, ebenso wie dem, der sie zu leisten sich verpflichtet fühlt.

Mit Geld oder Kleinigkeiten ist einem Menschen nicht geholfen, man muss ihn von vornherein wieder auf die Füße stellen und auch wieder die volle Überzeugung geben: Ich bin jemand und ich kann etwas leisten.

Sozial arbeiten heißt auch Vorbeugen, heißt Kluften, die innerhalb der Gesellschaft entstehen, mit christlicher Liebe und mitfühlendem Herzen zu überbrücken suchen.

Neben aller Begeisterung und gefühlsmäßiger Liebe sollte in unserer Arbeit die Klugheit und Politik im großen Sinne und der Verstand sprechen. Wir müssen kluge soziale Arbeit leisten neben der von der Herzensbegeisterung getragenen.

Ob es möglich ist, Martha und Maria zugleich zu sein? Ganz sicher. Wenn das innerliche Leben wahrhaft vertieft, das Leben mit und für Gott zur Selbstverständlichkeit geworden, wird eine richtige Außenarbeit ohne Schaden möglich sein.

Religiöse Vereinigungen allein genügen heute nicht. Wir müssen eine geschlossene Macht darstellen, wenn wir nicht zusehen wollen, wie über unsere Köpfe hinweg regiert und – zerstört wird … Volles Interesse für die Politik gehört zum praktischen Christentum.

Man muss überzeugt sein, dass in jedem Menschen eine gute Seite ist, und man muss sich bemühen, sie herauszufinden und daran anzuknüpfen. Das hilft mir ungemein bei meiner parlamentarischen Arbeit.

Die wahre Reform kann sich, wie das Christentum lehrt, nur im Innern des Menschen vollziehen … Nur durch die sittliche Reform des Einzelwillens kann die Reform der Gesellschaft erfolgen.

Zum echten Christentum gehört vor allem, dass die Familie, das erste und wichtigste Gebilde sozialen Lebens, wieder als Zentrum, als Licht- und Kraftquelle aller staatlichen Entwicklung betrachtet wird.

Auf gütlichem Wege durch wirkliche Überzeugung und Aufklärung wird sich mehr erreichen lassen als durch alle Strafverbote.

Nicht einer Verwischung der Parteiunterschiede rede ich das Wort, sondern der Achtung vor dem sachlichen Gegner. Je fester ein Mensch von seiner Weltanschauung überzeugt und durchdrungen ist, je mehr ihm seine Gesinnung Herzenssache ist, desto ruhiger erträgt er andere Meinungen, desto mehr sucht er überall das Versöhnende, Verbindende heraus und ignoriert bei gemeinsamer Arbeit das Trennende.

Wir Frauen wollen nicht unsere besten Kräfte verbitternden, fruchtlosen Parteikämpfen opfern, sondern praktische, die Gesamtheit fördernde Arbeit leisten.

Frauenrecht ist alles, was die Frau zu ihrem Schutz und zur Erfüllung ihrer Menschheitsrolle von Staat und Gesellschaft fordern kann. Dieses Recht legt ihnen aber auch tiefe und dringliche Pflichten auf, und von den Frauen wird es in erster Linie abhängen, ob und wie die Frauenfrage und zum großen Teil auch die Menschheitsfrage gelöst wird.

Fast nirgends zeigt sich die Verschiebung der Verhältnisse zwischen Mann und Frau so krass wie gerade auf dem Gebiet der Arbeit.

Nicht die Arbeit bestimmt die Qualität des Menschen, sondern die Qualität des Menschen bestimmt die Arbeit.

Das Recht der Frauenarbeit resultiert aus dem Recht jedes Menschen auf Entwicklung und Entfaltung seines Wesens, was ohne Arbeit nicht möglich ist.

Jeder Fortschritt der Kultur beruht auf Privatinitiative; nimmt man aber dem Menschen den Ertrag seiner Arbeit, so untergräbt man sein Interesse und damit seine Produktivität … Rechter Kulturfortschritt ist nur dort möglich, wo sich die Kräfte des Einzelnen entfalten können, wo die Eigenbegabung des Einzelnen zum Wohle des Ganzen verwendet wird.

Möge es gerade ein Merkmal der Caritas Socialis sein, dass wir unser Wesen und Streben nicht für das allein Richtige und Gute halten, sondern uns bemühen, auch andere Richtungen und Auffassungen zu verstehen.

Wir müssen bei allem Wert der Einzel- und Kleinarbeit das Große und Ganze im Auge behalten und neue Mittel und Methoden der Hilfe finden. Unsere Frage muss immer sein: Welche Not ist gerade vorhanden, welche Not wird von anderen nicht erfasst und welche Not können wir wirklich lindern?

Es lassen sich keine unumstößlichen Theorien in der sozialen Arbeit, die doch immer im Fluss und an verschiedenen Orten Schwankungen unterworfen ist, aufstellen. Die CS will nach den jeweilig aufscheinenden sozialen Notwendigkeiten, nicht aber nach einem auf dem Papier festgelegten starren Schema arbeiten.

242

DDr. Hanna-Barbara Gerl-Falkovitz
Univ. Prof. f. Religionsphilosophie und Vergl. Religionswissenschaften
Technische Universität Dresden

Kleine Anmerkungen zu Hildegard Burjan

„Die heiligen Frauen: das sind Bürgerinnen Jerusalems in Babylon. Das Leid, die Schuld, die Sehnsuchtsnot der Welt häufen sich auf ihnen; das Licht vernichtet sie fast; es bricht sie. Von vielen, wenn nicht von allen, gilt das Wort: Ich wäre untergegangen, wenn ich nicht zugrunde gegangen wäre (Periissem, nisi periissem), das heißt, wie die große Teresa sagt: Ich lebe, weil ich immerfort sterbe, ich sterbe nicht, weil ich sterbe von Tag zu Tag."[1]
Reinhold Schneider, der diese Worte formulierte, war – ohne es zu wissen – Zeitgenosse einer Frau, deren Lebensweg wie der seine mit Wien verknüpft war, obwohl sie beide aus der Ferne und aus europäischer Weite kamen. Und – wiederum nicht unähnlich – es handelt sich um eine Frau, die vielfache körperliche und seelische Brechungen durchstand, früh mit ihrer Gesundheit und schließlich mit dem Leben bezahlte, kaum fünfzigjährig. In diesen wenigen Jahrzehnten – welch eine Explosion von Tätigkeiten! Das Geheimnis großen Leidens, bei Hildegard Burjan ins Schweigen gehüllt, scheint das Geheimnis großer Fruchtbarkeit zu sein.
„Ein einziger, der die Wahrhaftigkeit bis zum Äußersten intensiviert, oder das Tragische an sich, die Kunst, den Glauben, die Liebe, kurz, extreme Existenzen tun Not. […] Unsre wesentliche Armut ist die an Radikalität, an Menschen, die chemisch reine

243

Elemente sind", so Reinhold Schneider in seinem letzten, verdunkelten Buch „Winter in Wien" (1955). Hildegard Burjans Leben hätte, von den Umständen her, tragische Züge aufweisen können: „Wenn Gott mich in der Todesstunde fragen würde, ob ich lieber weiter leben wolle um den Preis, all das noch einmal durchleiden zu müssen, ich würde ohne Zögern den Tod wählen."[2] Dennoch: Bis in äußerste Schmerzen hinein wirkte sie heiter, von wahrnehmbarer Ausstrahlung. Dass sie nicht in die Möglichkeit der Verdüsterung wegrutschte, liegt an ihrer „Erlöstheit". Eine extreme Existenz gewiss, aber nicht aus Tragik, sondern aus dem Charisma der Hingabe. Wer könnte schon sein Leben zusammenfassen in den Ausruf: „Dreifaltigkeitssonntag! Was für ein wunderschöner Tag zu sterben!"[3]

Damit kommt die Krankheit in den Blick: In den verschiedenen Schüben und in der kurzen Lebenszeit, vom Schatten des Todes immer wieder gestreift, drückt sich eine wechselnde Anfälligkeit und Schwäche aus. Man ist versucht, den religionskritischen Einwänden des 19. Jahrhunderts Gehör zu geben: Warum ist es das Schwächliche, dem Leben nur mühsam Abgerungene, das hier dem Göttlichen nahe rückt – es sieht so aus, als wäre das Göttliche selbst aus Leiden, vielleicht sogar aus der Qual der Gottsuche geboren? Gegen diesen Verdacht stellt sich aber jene geistige Tatsache, die Saint-Exupéry formuliert: „Das Leben sprengt immer die Formeln. Die Niederlage kann sich als der einzige Weg zur Erneuerung erweisen, trotz ihrer Hässlichkeiten. Ich weiß wohl: Um einen Baum zu schaffen, verurteilt man ein Samenkorn zum Verderben."[4] Erst im erzwungenen Stillhalten gelangte Hildegard Burjan zur endgültigen Stärke. Nochmals Saint-Exupéry, der die mögliche Intensität eines solchen Stillhaltens beschrieb: „Im trüben Licht eines Regentages sehe ich in irgend einer stillen Kleinstadt eine schwache Klosterfrau ans Fenster gelehnt sinnend vor mir. Wer ist sie? Was hat man ihr getan? Ich für mein Teil beurteile die Kultur einer Kleinstadt nach der Dichte dieser Gegenwart. Was taugen wir, wenn wir uns nicht von der Stelle rühren? Im betenden Dominikaner ist eine verdichtete Gegenwart. Dieser Mensch ist niemals mehr Mensch als jetzt, da er regungslos in sich versunken ist. In Pasteur, der über seinem Mikroskop seinen Atem anhält, ist eine verdichtete Gegenwart. Pasteur ist nie mehr Mensch, als wenn er beobachtet. Dann kommt er weiter. Dann hat er es eilig. Dann geht er mit Riesenschritten vorwärts, wenn er sich auch nicht von der Stelle rührt, und entdeckt die Weite. So ist Cézanne, unbeweglich und stumm vor seiner Skizze, unschätzbar gegenwärtig. Er ist nie mehr Mensch, als wenn er schweigt, prüft und urteilt. Dann wird ihm seine Leinwand weiter als das Meer."[5]

Wie kommt man an eine Gestalt wie Hildegard Burjan heran, die in ihrem geistlichen Spektrum bekannte Züge mit ungewohnten mischt? Zu den bekannten geistlichen Zügen zählt das Freigebige (das sie mit der verehrten Elisabeth von Thüringen teilt), die außergewöhnliche praktische Vernunft im Sozialen, die Umwidmung des persönlichen Leidens für die Sache Christi, auch das frühe Verzehrtwerden von Arbeit und Leiden, das Schweigen – das doch ein so sprechendes Schweigen ist – über die eigenen inneren Vorgänge; zu den ungewohnten Zügen zählt der Übertritt aus einem agnostisch unterlegten Judentum zum Katholizismus, die politische und gesetzgeberische Arbeit, vor allem zugunsten von Frauen, die Gründung und Leitung einer zölibatären Schwesternschaft durch eine verheiratete Frau, überhaupt die gewagte, fast zerreißende Vereinigung von Ehe, Mutterschaft und Öffentlichkeit. Zudem ist es eine Mutterschaft, die fast das Leben kostet, ohne dass Hildegard Burjan die Abtreibung aus medizinischer Indikation gestattet.

„Die tiefsten Entscheidungen der Geschichte fallen nicht im Bereich der äußeren, sondern in dem der inneren Tat. Dort, im Ringen um die Erkenntnis, im Gegenüber des erkannten Gotteswillens und der angerufenen menschlichen Freiheit, in der Wahl zwischen Gehorsam und Selbstverweigerung, deren jedes wieder weiter, verschließend oder auftuend, in die Erkenntnis wirkt und so neue Entscheidung, neues Erfüllen oder Versagen ermöglicht – dort liegen die Wurzeln unserer Menschengeschichte."[6]

Diese Aussage von Romano Guardini ist auf die französische, zumeist unbekannte Mystikerin Madeleine Sémer 1928 getroffen worden; sie trifft aber gleichfalls auf Person und Werk Hildegard Burjans zu, die die Frucht vieler „innerer Taten" plötzlich sieghaft aufgehen sah: in einem Wirken, das wie in einem Frühlingsregen der Gnade emporwuchs.

Das 20. Jahrhundert wird als Jahrhundert grausamer Abstürze ins Unmenschliche dem geschichtlichen Gedächtnis eingeprägt bleiben, aber auch als Jahrhundert neuer Aufbrüche und erstaunlicher Grenzüberschreitungen. Zu dem neuen unübersichtlichen Werdenden zählt die Entwicklung der Frauenfrage, das rasante Vordringen der europäischen Frauen in den öffentlichen Raum, zunächst in jenen der Bildung an Schule und Universität, dann der aktiven Politik, der Gesetzgebung, der Wissenschaft. Es bedurfte allerdings des Zusammenbruchs der bisherigen politischen Systeme im Ersten Weltkrieg, um den Weg dafür endgültig frei zu räumen; freilich verdunkelte sich für die erste „studierte" Frauengeneration der Freiraum ab 1933 wieder nachhaltig.

Hildegard Burjans Leben steht tatsächlich inmitten der Umwälzungen politischer und sozialer Art, die den Umbruch des Frauenbildes im 20. Jahrhundert auslösen. Dass sie selbst in Basel mit dem Abitur abschließen, dass sie sich an der Zürcher Universität immatrikulieren konnte, ist eine damals eben gereifte Frucht der Frauenbewegung des 19. Jahrhunderts. Erst 1896 hatten Mädchen in Hamburg nach dem zähen Kampf Helene Langes das Abitur ablegen können; erst ab 1900 öffneten sich die Tore der ersten deutschen Universität in Baden (Bayern folgte 1903, Preußen 1908), obwohl der Kampf darum bereits seit Gründung des Allgemeinen Deutschen Frauenvereins um 1865 aufgenommen worden war. „Als die erste Frau lesen lernte, begann die Frauenbewegung" – dieser griffige Satz von Marie Ebner-Eschenbach drückt *eine* Seite der angestrebten, weit umfassenderen Zielvorstellung aus. Neben dem Kampf um Bildung für Frauen durch Frauen stehen gleichermaßen der Kampf um gleiches bürgerliches Recht (Frauenstimmrecht z.B.) und gleichen Rechtsschutz, aber auch die Auseinandersetzung um Ehe- und Sittlichkeitsfragen (Bund für Mutterschutz und Sexualreform 1905, gegründet von Dr. Helene Stöcker in Berlin). Die konfessionellen Frauenverbände schlossen sich der Bewegung um die Jahrhundertwende an (1900 Evangelischer Frauenbund, 1903 Katholischer Frauenbund, 1904 Jüdischer Frauenbund), wobei die sozialen, karitativen und erzieherischen Fragen in den Vordergrund rückten.

Gerade der Erste Weltkrieg definierte mit seinen Schrecken und mit seinen lähmenden Folgen auf lange Sicht das Lebensgefühl und die Handlungen einer verantwortlich denkenden Frauengeneration. Der pure, noch positivistische Optimismus des Jahrhundertbeginns war schon 1918 umgeschlagen in das Gefühl, die schützenden Grundlagen einer humanistisch-bürgerlichen Kultur seien ausradiert. Die allenthalben aufflammende Not im Seelischen wie im Sozialen bedrängte unausweichlich. Religiöse Fragen gewannen an Boden, die Schlachtfelder und die Hospitäler hatten die Brüchigkeit des Lebens dokumentiert. Im Christlichen kam es zu einer Reihe von „Bewegungen": den Aufbrüchen der katholischen Jugendbewegung, der liturgischen Bewegung, den mancherlei Konversionen, etwa im Umkreis der Phänomenologie – erinnert sei nur an den entsetzten Brief Husserls, seine Schüler würden auf Grund des „großen Elends in den Seelen" konvertieren, womit er unmittelbar Edith Stein meinte, die sich 1922 taufen ließ. Aber auch im Judentum kam es zu „Bekehrungen": Buber und wenig später Rosenzweig fanden aus einem liberal-freigeistigen Allerwelts-Humanismus zur nicht mehr nur ererbten, sondern durchdachten, persönlich angeeigneten Religion der Väter zurück.

In diese zentraleuropäische Welt des inneren und äußeren Umsturzes von Gewohntem und der „existenziellen" Suchbewegungen gehört Hildegard Burjan. Von Herkunft und den Lebensbedingungen her zählt sie zu der distinguierten bürgerlichen Schicht, zum deutschen Judentum in seiner aufgeklärten, liberalen Form. In ihrer Geburtsurkunde steht als „Religion der Eltern": keine. In manchem taucht hinter Hildegard Burjan die weit bekanntere, acht Jahre jüngere Gestalt von Edith Stein auf – nicht zuletzt auch durch die schlesisch-preußische Verwurzelung, auch wenn Görlitz von Breslau beträchtlich entfernt ist. Es kann im Rückblick nur dankbar vermerkt werden, dass Hildegard Burjan bereits 1933 starb, sonst wäre sie Edith Stein vielleicht auch im Lebensende ähnlich geworden; beide erreichten außerdem dasselbe Alter. Vergleichbar sind die beiden Frauen ferner im Studium, das bis zur Promotion führte. Die damalige Germanistik-Studentin Hildegard Freund erwarb noch im deutschsprachigen Ausland den Dr. phil., nämlich in Zürich, da sich die inländischen Universitäten erst nach und nach für Frauen öffneten. Und beide beschäftigten sich in einer Reihe von Schriften mit der zeitgenössischen Frauenfrage – Edith Stein stärker geleitet von der Frage nach dem „Wesen der Frau", Hildegard Burjan stärker unter sozialem und arbeitsrechtlichem Blickpunkt.

Damit endet aber auch der Vergleich. Es ist sogar des Nachdenkens wert, wie trotz aller ähnlichen kulturellen Voraussetzungen die personale Wirklichkeit jeweils ein ganz Eigenes ausprägte.

In einer Lebenswelt vieler Religionen und täglich neuer Heilslehren und Heilungsversprechen ist das Profil des Christentums nicht mehr deutlich. Sind möglicherweise alle Religionen mehr oder weniger gleich? Einige wenige und besonders klare Zeichen gibt es jedoch, an denen das Unterscheidende des Christlichen deutlich wird. Zu solchen Zeichen gehört die seit zwei Jahrtausenden nicht verstummende große Melodie: Gott anzutreffen in den Armen. Durch alle christlichen Generationen lässt sich dieser Ton vernehmen, immer wieder neu und anders angeschlagen. Schon im 19. Jahrhundert erreicht er eine symphonische Fülle: Dem „Pauperismus" infolge der Industrialisierung antwortete damals ein Schatz von Gründerinnen mit karitativen Frauenkongregationen.

Die – unlösbar, unrealisierbar scheinende – Sendung von Hildegard Burjan war es, solche Not prophylaktisch, also im Vorhinein durch Gesetzgebung „strukturell" einzudämmen und eine *politische* Antwort großen Stils zu entwerfen. Das ist das ebenso Moderne wie damals unwirklich Scheinende an ihrer Gestalt.

Allerdings ist Hildegard Burjan *nicht* in die Falle der Alternative „strukturelle Veränderung" *oder* „konkrete Hilfe im Einzelfall" gegangen. Dass sie an beiden Fronten das „Unmögliche" durchsetzte, macht ihre eigentümliche Größe aus. So entwickelt sie, die Verheiratete und Großbürgerliche, zeitgleich zur politischen Praxis auch den Stoßtrupp für den Einzelfall: die in Armut, Keuschheit und Gehorsam lebenden Schwestern der *Caritas Socialis*. Hier denkt sie aus der Erfahrung anderer Vorgängerinnen heraus: Die Armen sind im Brennpunkt der Krankheit und Verwahrlosung aufzusuchen, mitten in der Unbeweglichkeit ihrer Not, nicht ist im vorbereiteten, geschützten „Gehäuse" auf ein mögliches Kommen zu warten. Solche Beweglichkeit bedurfte der wachen Wahrnehmung und der Selbstüberwindung eigener Trägheit. Die „Bestimmungen" lesen sich wie das Trainingskonzept eines Athleten, der alles dem „Sieg in der Rennbahn" unterordnet. Dennoch ist solches Gehen zu den Notleidenden nicht aufdringlich, sondern werkzeuglich: Es ordnet sich ganz in die – wortlose – Verkündigung der Erlösung ein.

Ein derartiges Handeln ist nur möglich, sofern man selbst von den Wassern des Heils berührt wurde und sie schöpfend weiterleitet. „Leben aus der Erlösung" heißt das „Passwort". Arm- und Kranksein kann nur dann nicht als abstoßend empfunden werden, wenn es aus der Tiefe der Armut Christi heraus verstanden wird und als eigene, von ihm übernommene Armut.

Hier liegen die geistlichen Wurzeln des erfolgreichen Werkes der *Caritas Socialis*. „In den Kranken können wir immer den leidenden Heiland pflegen und so recht mit Ihm verbunden sein."[7] Simone Weil (1909–1943), die französische Philosophin, sprach – blitzartig erhellend – vom Sozialen als der „subtilen Versuchung des Christentums". Hildegard Burjan ist dieser Versuchung nicht erlegen. Es ist – trotz der altertümlichen Sprache – schon wirklich so gemeint: Die Gründung stellt sich und die ihr Anvertrauten in den Raum der Erlösung. Der heutigen Zeit mangelt das Verständnis für Aufforderung, „mit Ihm, durch Ihn, für Ihn"[8] die wohltätige Arbeit zu tun. Dennoch liegt – um nur das Mindeste zu sagen – in dieser Blickrichtung die Sicherung von Motiv und Wirksamkeit des Selbstlosen.

Heute ist vieles an der Krankenpflege in professionelle Laienhände übergegangen. Vom geistigen Quell, aus dessen Unerschöpflichkeit geschöpft wurde, hat sich der Schwerpunkt auf die soziale Arbeit entsprechend den Bedürfnissen der Kranken verlagert. Und wiederum entsprechend werden die Zahlen der Schwestern geringer. Hat sich das Modell überholt, indem die Aufgabe anders und von anderen übernommen wurde?

Was die soziale Hilfe angeht, so ist sie offenkundig breitflächig staatlich abgedeckt. Dennoch: Größere als die unmittelbar leibliche Not steht heute allenthalben an. Rätselhafte und schwere Verstörungen im Psychischen, pseudo-religiöse Verstrickungen, zerbrechende Beziehungen, denen Geborene und Ungeborene zum Opfer fallen, tödliches Suchtverhalten lassen Krankheit und Verwahrlosung heute an anderer Stelle erscheinen. Sozialarbeit kommt an diese augenfälligen Erscheinungen einer heillosen Gesellschaft nicht ursächlich heran. Ist dies die Stelle, wo die *Caritas Socialis* – über alle enggeführten Funktionen hinaus – andere Heilungen als die bekannten und unwirksamen anbieten kann, ja muss? Lässt sich für die an ihrer Seele Verstörten schöpfen aus den Quellen des Heils?

Liest man die brieflichen und anderen Äußerungen von Hildegard Burjan, so erscheinen sie einfach, sogar in der bekannten religiösen Formelsprache der Zeit. Aber sie wirken nur so, solange sie in der Verdichtung, gewissermaßen im geschlossenen System gelesen werden. In der Berührung mit der verwirrten, beschädigten Zeit entfalten sie aber einige Kennzeichen dessen, was das Evangelium den „Sauerteig" nennt: die Kraft der Immunisierung gegenüber der Wirrnis der Ideologien, darunter der damals in Wien spürbaren Verführung des Kommunismus; die Kraft der Motivierung zum Handeln „umsonst" *(gratis und frustra)*; die Kraft zum Glück auch angesichts eigener und fremder Unvollkommenheit. Insofern schimmert in der vermeintlichen Simplizität der Ratschläge gerade die Einfachheit des Weges durch, der im Blick auf das ferne, anziehende Ziel rätselhaft sicher gegangen werden kann. Von diesem Ziel stammt auch die „Umwertung aller Werte", das dankbare, ja tatsächlich dankbare Annehmen des eigenen, zu frühen Todes wie zuvor der überfordernden Vielschichtigkeit der Aufgaben.

Hinter den Formeln ersteht dennoch langsam ein Gesicht – und vielleicht gibt es ja eine zweite Verborgenheit, jene für die Nachwelt, die aus der unleugbaren Wirkung heraus versucht, auf das Geheimnis dieser Ursprungsgestalt zu schließen und wieder nur auf das überaus Einfache trifft. Jesus zu lieben, ist die Botschaft – in immer verschiedenen, aber doch gleichförmigen Abwandlungen; und lieben heißt, sein Leiden zu teilen, ihm zu gehorchen, nichts auf die eigenen Stimmungen zu geben. Wer wüsste das nicht und empfände zugleich nicht die Kürze des geistlichen Alphabets, das vor den Augen der literarischen und künstlerischen Welt ans Lächerliche grenzt?

Es gehört zu den immer neu Staunen erregenden Geheimnissen des Christentums, dass es aus gänzlich unerwarteten Quellen wieder fruchtbar wird – aus Quellen, die zu Sieg und Auseinandersetzung gar nicht geschaffen scheinen. In solchen Lagen bildet sich ein Typus heraus, der in Krisenzeiten der Kirche plötzlich auftaucht, gewissermaßen aus dem Thesaurus der „Gemeinschaft der Heiligen" aktiviert wird: der Typus der unauffälligen, vielleicht sogar einfältigen „Kleinen". Da sie leicht übersehen werden, geraten sie auch nicht ins unmittelbare Schussfeld – und sie gewinnen Terrain, noch bevor die tonangebende Kultur sie vermerkt. Trotz aller Öffentlichkeitswirkung zählte Hildegard Burjan sich und ihre Schwestern zu diesem Typus der „Kleinen": „Auf die Schulweisheit kommt es nur sehr wenig an, sondern einzig auf den Grad der Verbundenheit mit dem lieben Heiland. In Ihm vermögen wir ja alles, und ohne Ihn sind wir alle ganz bettelarm. Es ist so beruhigend und trostvoll, dass wir nur so viel tun müssen, wie wir Talente haben, und dass alles andere uns dazugegeben wird."[9]

Begleiterin in der Seelenführung und in der Befriedung furchtbarer Nöte – daran ließe sich gerade auch die Ordensfrau als Bild der Kirche und ihrer nie erlahmenden, nie versiegenden Mütterlichkeit zeigen. Diesem alten, vielleicht altmodischen Stichwort der „Mütterlichkeit" kommt heute eine neue Sendung der Frau in der Kirche zu. Mütterliche Kirche meint: Dynamik des Hauptes in seinen Gliedern, durch die Glieder weitergegeben; ihr Grundcharakter ist Überfluss.

Auch heute ist die Kirche nicht einfachhin durchsichtig auf ihren überfließenden Reichtum. Zu den letzten Worten Hildegard Burjans zählt: „Lieber Heiland […] mach' sie alle reich – unermesslich reich – durch Dich – nur durch Dich!"[10] Immer andere

Verwirrungen hindern das Leben des Organismus, verdunkeln den Willen des Hauptes. Die mütterlichen, schwesterlichen Orden wirken in all dem wie ein Schacht, der zurück in den Raum der Liebe führt, quer durch die Verschüttungen menschlicher und kirchlicher Eitelkeit hindurch. Dort klären sich alle Ämter, auch das höchste, zum Dienst an den „Wassern der Freude". Das vermögen sie, weil sie den gleichen Adel aller in der Kirche, den gleichen Anteil am Lebensüberschuss ihres Hauptes, die gleiche nicht demütigende, sondern freie Kindschaft aller begriffen haben. Solche Kindschaft (denn auch die Mütter sind zuerst Kinder) nährt sich in realistischer Weise vom Leib Jesu (der auch für Hildegard Burjan die Quelle allen Tuns war), nimmt daraus Kraft und gibt sie zurück. Aus der Nahrung stammt das jedem entsprechende, ganz eigene Maß des Zurückgebens, und je mehr erstattet wird, desto mehr wird gekräftigt. „Sie erkennen selbst, wie der ganze Segen auf Ihre Arbeit zurückfällt."[11]

In einem erstaunlichen Interview vom Herbst 1999 sagte der deutsche Staatsminister für Kultur, der Protestant Michael Naumann, die Kirchen seien zu Dienstleisterinnen der in einer entfremdeten Gesellschaft lebenden Menschen geworden. Das sei aber keineswegs ihre Aufgabe, vielmehr „die Vorbereitung auf das Eschaton", auf das kommende Reich Gottes. Christentum habe den Auftrag, die Gottesfrage wach zu halten, gerade in einer säkularen Gesellschaft, und eben darin sei es attraktiv – durch die Fähigkeit, „die Sehnsucht nach dem Numinosen, Rätselhaften, Unerklärbaren zu stillen. [...] Ich will Ihnen – ganz persönlich – sagen, was ich von der Kirche erwarte – oder viele Jahre lang erwartet, aber nicht gefunden habe: seelischen Trost. Dies ist, wie gesagt, mein persönliches Problem."[12]

Hildegard Burjan ist eine der unerwarteten, ja verblüffenden Stimmen des beendeten Jahrhunderts, in denen die Kirche Trost ausspricht. Sie selbst nannte ihre Gründung „eine unscheinbare Blüte am Stamm der Kirche"[13]. Dass dadurch mitten in Babylon die Wohnungen Jerusalems entstehen, gehört zu dem gesuchten, vielleicht wenig auffälligen, jetzt schon wirksamen Trost. Die vielen, die ihn so bitter vermissen, bedürften wohl nur einer Augenklärung, um ihn – alltäglich, nebenan, liebenswürdig – zu finden.

[1] Reinhold Schneider, Heilige Frauen, in: Schneider, Pfeiler im Strom, Wiesbaden 1958, 166.

[2] Louis Bosmans, Hildegard Burjan. Leben und Werk (Veröffentlichungen des Kirchenhistorischen Instituts der katholisch-theologischen Fakultät der Universität Wien 16), Wien 1973, 26.

[3] Ebd., 106.

[4] Antoine de Saint-Exupéry, Flug nach Arras, Bad Salzig 1949, 123.

[5] Ebd., 94.

[6] Romano Guardini, Nachwort des Übersetzers, in: Felix Klein/Romano Guardini, Madeleine Sémer (1874-1921), Mainz (1928), 1952, 238.

[7] Brief 31; zitiert nach: Alfred Koblbauer (Hg.), Hildegard Burjan. Charismatische Künderin sozialer Liebe, Mödling 1976, 194.

[8] Brief 105; ebd., 112.

[9] Brief 47; ebd., 107.

[10] Bosmans, 106.

[11] Brief 154; zit. nach Koblbauer, 218.

[12] Interview in: Evangelische Kommentare; zitiert nach CiG 39, 51 vom 26.9.1999, 313.

[13] Zitiert nach Koblbauer, 149.

Prof. Dr. Josef Freitag
Kath. Theolog. Seminar der Philipps-Universität
Marburg a. d. Lahn

Quellen des Vertrauens

Vertrauen und Quellen des Vertrauens suchen wir wohl immer wieder, aber wir fürchten das Vertrauen auch, weil es uns herausfordert und über Verhältnisse der Berechenbarkeit und Machbarkeit, der Verfügbarkeit und Sicherheit hinausführt. Vertrauen gibt ungeheure Stärke, aber macht auch eigenartig machtlos den anderen gegenüber. Vertrauen verträgt sich nicht mit Sicherheitsfanatismus und auch nicht mit dem Willen zur Macht.

Trotzdem suchen wir Vertrauen, und zwar in doppelter Form: Wir möchten Vertrauen zu anderen fassen, aber wir möchten auch, dass andere uns vertrauen. Dabei wissen wir, dass wir Vertrauen nicht produzieren können, denn es bleibt uns unverfügbar. Auch dort, wo Vertrauen gewonnen wurde und herrscht, ist das Risiko von Enttäuschung und Missbrauchtwerden nicht gebannt. Ohne Vertrauen bleibt aber das Leben leer, wird sinnlos und vereinsamt tödlich.

Wir sehnen uns deswegen so sehr nach Vertrauen, weil wir die Welt und die Wirklichkeit, in der wir leben, nie im Griff haben. So gefährdet Vertrauen auch immer bleibt, es entspricht als Haltung dem Menschen mehr als jene von Skepsis, Zweifel oder Misstrauen.

Vertrauen braucht Bewährung, damit es sich bewahrheitet und

darin an Zuverlässigkeit und Festigkeit gewinnt. Ohne Bewährung lässt sich Vertrauen weder bewahren noch vertiefen. Diese ergibt sich aus dem Bestehen von Belastungen und ist damit an die Treue des anderen, aber ebenso an meine Zuverlässigkeit und Geduld gebunden. Größeres Vertrauen ist nicht zu gewinnen ohne größere Erprobung, durch welche zugleich die Erfahrung und das Wissen von größerer Gefährdung, größerer Bewährung und größerer Treue wächst.

Weil wir ohne Vertrauen nicht leben können, aber zugleich um dessen Gefährdetheit wissen, suchen wir immer neu nach Quellen des Vertrauens, damit es neue Nahrung und wirkliche Stärkung gewinnt.

Im Bereich des Vertrauens und seiner versuchten, in vielen Fällen notwendigen Absicherung wird etwas deutlich, was wir uns im Leben selten klar machen, vielleicht sogar bewusst vermeiden: Vertrauen bezieht sich immer auf Menschen, und zwar in ihrer Freiheit. Es kann nicht an Dingen, an Umständen und Situationen hängen bleiben. Durch diese hindurch zielt es immer auf den dahinter stehenden Menschen. Vorher kommt das Vertrauen gar nicht zur Ruhe. Das ist das Erschreckende und zugleich Anziehende und Faszinierende am Vertrauen. Es führt mich immer zum Menschen und macht alle Wirklichkeiten meines Lebens auf diesen anderen hin durchlässig.

Wo liegen nun Quellen solchen Vertrauens? Gerade angesichts von Enttäuschung, von Zweifel und Sicherheitsverlangen?

Es gibt solche Quellen des Vertrauens. Aber es ist die Frage, ob ich daraus trinke; ob ich meinen Durst nach Vertrauen aus diesen Quellen bzw. solchen Gestalten (vor-)gelebten und bewährten Vertrauens löschen will und kann oder ob mir das Risiko und der Preis dafür zu hoch sind.

Person und Leben Hildegard Burjans
als Quelle des Vertrauens

Als jung verheiratete Frau erkrankt Hildegard Burjan schwer und wird von den Ärzten aufgegeben. Am Tiefpunkt des Krankheitsverlaufs – bezeichnenderweise in der Nacht von Karsamstag auf Ostersonntag – erfolgt der Umschwung zur Heilung, zur Genesung. Niemand weiß bis heute, wie und warum. Hildegard nimmt diese Tatsache vertrauensvoll an. In dieser Annahme kommt sie zum Glauben, zu einem unendlichen Vertrauen auf Gott, das ein Leben lang anhält, sich konkret bewährt, vertieft und ausgestaltet. In diesem Vertrauen – weil sie die Gnade Gottes erfahren hat – lässt sie sich taufen und setzt weitere Schritte, die dann den Weg ihres Lebens ausmachen.

Die Genesung wird für sie zur Quelle des Vertrauens, weil sie darin Gottes barmherzige Liebe erfährt und annimmt. Sie nimmt diese Liebe an in der Gestalt und Richtung, in der Gott sie ihr gezeigt hat. Sie lernt in ihrer Gesundung nicht nur dem wiedergewonnenen Leben, sondern Gott selbst zu vertrauen. Aus diesem Vertrauen auf Gott ist später die Caritas Socialis erwachsen und gewachsen.

Hildegard Burjan lässt sich taufen und „fasst" so die Quelle ihres Vertrauens in die konkrete Gestalt des katholischen Glaubens und der katholischen Kirche, damit diese Quelle immerfort strömen und sie aus ihr trinken kann.

Sie erfasst aber die Gnade Gottes nicht nur in der Gestalt ihrer Heilung, sondern entdeckt ihr Wirken auch in der Gestalt des menschlichen Tuns: in den Schwestern, die sie pflegen. *So etwas wie diese Schwestern kann der natürliche, sich selbst überlassene Mensch nicht vollbringen …* Hildegard hat die Wirkung der Gnade erlebt; dieser Gnade gegenüber kann sie nichts mehr zurückhalten: *Foerster und Saitschik* (ihre Lehrer in Zürich) *konnten mich nicht überzeugen, aber da habe ich die Wirkung der Gnade erlebt. So kann mich auch nichts mehr zurückhalten.* Sie setzt ganz auf die Gnade Gottes, vertraut ihr. Sie erlebt diese Gnade aber nicht nur in ihrer Heilung und Genesung, sondern auch in der sozialen Gestalt, eben in den Schwestern, durch deren Stil des Lebens und Arbeitens.

Vielleicht ist Hildegard Burjans Idee der Caritas Socialis nichts anderes, als Menschen zur Verfügung zu haben – nicht nur am Krankenbett, sondern auch in der Sozialarbeit –, in denen die Gnade Gottes aufleuchtet; Menschen, die man aus eigenen Kräften nicht bilden kann, die vielmehr von der Gnade geformt sind. In deren Wirken Gottes barmherzige Liebe sichtbar und greifbar wird, soziale Gestalt gewinnt.

Aus welchen tiefen Quellen des Vertrauens Hildegard Burjan Kraft schöpft, zeigt ihr weiterer Lebensweg. Wie sollen sie und ihr Mann nun miteinander umgehen? Jetzt, da Hildegard kränklich bleibt für ihr weiteres Leben, von Schmerzen immer gequält ist und eine Schwangerschaft für sie Lebensgefahr bedeutet? Als ihr Mann später daraufhin angesprochen wird, antwortet er: *Es war nur möglich, weil sie es war. Es war immer beglückend an ihrer Seite sein zu dürfen. Ich verspürte es immer, dass sie etwas unendlich Liebes, unersetzlich Kostbares war.*

In ihren Schwierigkeiten findet Hildegard eine Lösung. Aus ihnen heraus entwickelt sich das Verhältnis, nach dem sich jede Frau, auch jeder Mann nur sehnen kann. Was kann einer Frau Schöneres gesagt werden als: *Es war nur möglich, weil sie es war ...*

Nicht ihr Können, nicht ihre Fähigkeiten, sondern sie selbst, ihre Person ist entscheidend und gesucht. Was kann eine Frau mehr erreichen, auch für ihren Mann mehr erreichen? Für beide ist die erfahrene Realität zur Quelle von Vertrauen geworden. Sie sind hellsichtig geworden für die Gefahren des Gelingens wie für die geheimen Segnungen des Scheiterns, zumindest dessen, was sie sich vorgestellt hatten. Sie haben gelernt daran zu glauben, dass Gott nie mehr zu tragen gibt, als er zu ertragen die Kraft verleiht. Damit sind für beide die Verhältnisse nicht einfach gut und schön, aber diese enthalten eine verwandelnde, alles überwindende Kraft; mit einem anderen Wort: Sie haben geheimen Segen, der zur Wirkung kommen kann.

Hildegard wird tatsächlich schwanger und gerät in Lebensgefahr. Auf den in dieser Situation verantwortlichen, auch moralisch verantwortbaren Rat zur Abtreibung reagiert sie folgendermaßen: *Wenn ich zugrunde gehe, sterben muss, dann geschehe Gottes Wille, aber das Kind soll leben.*

Welches Vertrauen steckt in einer solchen Haltung!

Dieser Satz wirft aber auch Licht auf einen anderen, den sie gegen Lebensende sagt. Beide Äußerungen stehen für mich in einem inneren Zusammenhang: *Um die Caritas Socialis ist mir nicht bange, ich weiß, sie wird bestehen. Ich habe sie Gott übergeben, er wird sie führen. Ich glaube fest an ihre Zukunft.*

Letzterer bezeugt für die Caritas Socialis außerordentlich Wichtiges und birgt vielleicht gerade heute die Quelle des Vertrauens.

Hildegard Burjan traut Gott das Entscheidende zu, weil Gott etwas Bestimmtes will und dann auch Mittel und Wege findet, es durchzusetzen. Sie hat ein Vertrauen, das wahrscheinlich nicht einfach aus der Erfahrung von Erfolg und Scheitern resultiert, sondern im Endeffekt nur im Glauben wächst.

Hildegard Burjan hat also sehr bewusst die Caritas Socialis an Gott übergeben. Und nicht nur das. Sie hat der Gemeinschaft ihren Geist mitgegeben und weiter keine Vorschriften gemacht. Sie hat der Caritas Socialis dadurch eine offene Zukunft gelassen und sie nicht festgelegt. Sie übergibt sie Gott, so wie sie ihr Kind vor der Geburt Gott übergeben und dessen Führung anvertraut hat. So wie sie selber die Führung ihres Lebens aus Gottes Hand angenommen hat. Sie tut dies aus dem tiefen Vertrauen, dass Gott die Caritas Socialis will.

In diesem Vertrauen war Hildegard Burjan nie blauäugig oder betriebsblind. Das Vertrauen dispensierte sie nie vom eigenen Suchen und Mühen, auch nicht von der kritischen Überprüfung. Ihr Vertrauen war das Gegenteil von Sorglosigkeit. Vielmehr trug dieses Vertrauen sie bei ihren Plänen und machte sie für tiefgreifende Veränderungen innerhalb ihrer eigenen Schritte bereit.

Alle notwendigen Veränderungen hatten nur eine Bedingung – sie müssen von Gott kommen.

Deswegen gibt es kein festes Zukunftsprogramm. Deshalb wird für den Dienst und das Leben der Caritas Socialis und der Gemeinschaft entscheidend das dauernde Horchen auf Gottes Ruf und Führung sein. Aber nicht nur durch die Generalleitung, die Schwestern, sondern durch alle Mitarbeiter, Freunde und Sympathisanten.

Die Übergabe an Gott und das Vertrauen in die von ihm erfahrene Führung sind **die** Quellen des Vertrauens für die Caritas Socialis.

Leichter ist aus diesen Quellen zu trinken im Blick auf Hildegard Burjan selbst. Trinken geschieht in dem Maß, als jede Schwester die Caritas Socialis wirklich Gott übergibt und sich auf eine letzte Distanz zur eigenen Arbeit einstellt und darin das größere Vertrauen auf Gott selbst setzt. Trinken vollzieht sich auch in dem Maß, als die Caritas Socialis ihre Situation und ihre Aufgaben wirklich aus Gottes Hand annimmt und erspürt, wie Gott in diesen Gegebenheiten da ist und sie verwandelt. So wie Hildegard Burjan selber es vorgelebt hat.

Quellen des Vertrauens
bei notwendiger Veränderung

Hildegard Burjan sagte über das Wesen der Caritas Socialis: *Wir wollen etwas Neues, nicht etwas bereits Bestehendes, sondern der Zeitnot angepasst. Keine Klausur oder Einengung durch klösterliche Formen, sondern beweglich und immer einsatzbereit für jede Not, die auftaucht.*

Dieses Zitat enthält zwei Eckpunkte – *Etwas Neues …* und *… Es soll der Zeitnot angepasst sein …* Hat das nun die dauernde Änderung der Caritas Socialis zur Folge? Das wäre ziemlich anstrengend. Aber die Caritas Socialis kann und soll sich von Veränderungen nicht dispensieren. Ohne Veränderung würde die Caritas Socialis ihrem Gründungscharisma untreu.

Auf Grund des Generalkapitels der Gemeinschaft im Jahre 1969 wurden für die CS-Schwestern neue Lebensregeln formuliert. Damals wurde ein Prozess der Um- und Neugestaltung initiiert, der noch nicht zu Ende ist, jedenfalls noch nicht vollendet. Er findet im Erneuerungsprozess im Heiligen Jahr 2000 einen neuen Impuls, eine neue Runde, eine neue Chance.

Wichtig scheint mir, dass in diesen Prozess nun nicht nur jedes einzelne Glied der Gemeinschaft einbezogen ist, sondern auch die Erfahrung der Mitarbeiterinnen und Mitarbeiter gefragt ist, nicht als Hilfstruppe, sondern als zur Caritas Socialis zugehörig betrachtet und beachtet. Eine Konstellation, die übrigens am Anfang der Gemeinschaft, in den allerersten Jahren, nicht wesentlich anders war. Vielleicht bringt diese Rückkehr zu Situationen des Ursprungs auch große Chancen für die Caritas Socialis, die Erfahrung der Not der jeweiligen Zeit viel stärker beachten zu können.

Hilfreich dabei kann ein Wort Hildegard Burjans sein, die Gott als Quelle des Vertrauens erfuhr: *Ganz groß sind unsere Sorgen, aber unendlich größer ist unser Vertrauen zu Gott, der die Caritas Socialis vom ersten Tag an bis heute in so gnädiger und fast wunderbarer Weise geführt hat, dass wir ganz kindlich schlicht und dankbar die Hände falten können und aus tiefstem Herzen sagen – Dein Wille geschehe, heute und jeden Tag und in alle Zukunft, in unserer ganzen Gemeinschaft und an jeder Einzelnen von uns.*

Die entscheidende, die tiefste Quelle des Vertrauens, zumindest für die Gründerin der Caritas Socialis, ist Gott und sein Wille, seine Liebe, seine Führung. Es geht darum, in der sozialen Arbeit, in der Art, wie sie getan wird, Gottes Liebe wirken zu lassen; es geht darum, Ihm glauben, Ihm vertrauen, Ihm sich anvertrauen zu lernen – in der Nachfolge Seiner Liebe Caritas Socialis zu üben.

Die Liebe Gottes als tiefste Quelle des Vertrauens

Hildegard Burjan hatte diese Quelle entdeckt. Die Erfahrung ihrer Rettung und Heilung war die Entdeckung der Liebe Gottes und des unbedingten Vertrauens in diese Liebe, in diese persönliche Vorsehung Gottes für sie. Im sozialen Tun der Schwestern sollten jene, denen geholfen wird, vor allem Gottes Gnade erfahren. Hildegard Burjan wusste, dass man diese Erfahrung nicht er-arbeiten, nicht erzwingen kann, wenn Gott sie nicht selbst gibt. Aber sie sollte am Stil der Schwestern ablesbar sein. Eine solche Prägung ihres Seins und Tuns muss letztlich Gott selber jeder Schwester vermitteln. Wo sich eine Schwester auf Gottes Willen ganz einlässt, wo sie Caritas Socialis von Christus lernt, da kann sie Werkzeug seiner Liebe werden. Da kann Christi Liebe die Menschen erfassen und dadurch weiter führen, als alle soziale Ar-beit allein das je vermag. Gott selber berührt durch die Mitglieder der Caritas Socialis Menschen mit seiner Liebe und führt sie so zu eigenem Glauben und eigener Liebe. Das war Hildegard Burjans tiefste Erwartung, Hoffnung und auch ihr Motiv. Davon sollen die Schwestern ebenfalls motiviert werden.

Die Liebe Christi drängt uns, heißt darum die Losung. Nicht: Die Liebe Christi bedrängt uns, setzt uns unter Druck, sondern – sie trägt uns, treibt uns an, prägt uns, ermöglicht unser Sein und Tun. Diese Liebe überfordert auch nicht, weil sie nicht erwartet, dass wir tun, was nur sie tun kann, wohl aber erwartet sie, dass wir alles tun, was in unserer Macht steht.

Die Überzeugung der Caritas Socialis: *Unsere Stärke ist die Christusverbundenheit, dass wir Christus zu den Menschen tragen,* ist das Grundmotiv in der Tätigkeit Hildegard Burjans. *Christus selbst ist die Lösung der tiefsten sozialen Not des Menschen* – nicht, weil dann alles in Ordnung wäre, sondern weil sich die Quelle gefunden hat, in der sich etwas verwandeln kann. Deswegen soll und muss die Caritas Socialis eine gesamt-menschliche Antwort im Geist Christi den Menschen in ihren Nöten geben. Hinter deren Qualität darf aber die fachliche Ausbildung nicht zurück-bleiben. Die fachliche Qualifizierung ist eine konkrete Forderung der Nächstenliebe.

Die soziale Antwort kann um Christi willen nicht einfach fromm, sondern muss von professioneller Qualität sein. Sie darf das Niveau der sachlich möglichen Liebe und Arbeit nicht unterbieten. Hier liegt in der CS-Arbeit der Ort und das Motiv der Aus- und Weiterbildung.

Hier kann auch der Ort des Gebetes und des geistlichen Lebens angesetzt werden. Das Gebet, der Glaube, das Vertrauen auf Gott hilft, der konkreten Not standzuhalten, ohne etwas zu beschönigen, ohne die eigenen Grenzen und Schwächen zu überspielen oder zu verdrängen. Glaube und Gebet lehren, die reale Not in die größere Weite, die größeren Möglichkeiten Gottes hineinzuhalten. Sie lehren zu entdecken, was Gott selbst für diesen Menschen will.

Mit Geld oder Kleinigkeiten ist einem Menschen nicht geholfen, man muss ihn von vornherein wieder auf die Füße stellen und ihm auch wieder die volle Überzeugung geben: Ich bin jemand und ich kann etwas leisten. Hildegard Burjans Überzeugung war, dass der Glaube richtig sehen und handeln lehrt, dass er Gottes Gaben entdecken und freisetzen lehrt. Es ist zuletzt das Vertrauen, das Gott selbst in jeden Menschen hat und setzt, das in der Caritas Socialis sozial wirksam werden soll.

Aus dieser Erfahrung der Liebe Gottes hat Hildegard Burjan in die konkrete Situation des damaligen Wien hinein die Caritas Socialis gegründet, hat sie wachsen lassen und ihr ein offenes Werden gegeben. Aus diesem Geist und in diesem Vertrauen kann die Caritas Socialis auch heute leben, wachsen, gedeihen, sich verändern und die Quellen, die Motive, auch die Kraft ihrer Wirksamkeit entdecken. Und erst dann kann die Caritas Socialis die entscheidende Hilfe bieten, die sie geben will: nicht nur Hilfe von Menschen, sondern die Erfahrung der Liebe Gottes, die auch dann noch durchträgt, wenn jemand scheitert und stirbt. Das ist die letzte Lektion von Hildegard Burjan in ihrem eigenen Sterben gewesen.

Es ist nicht ganz leicht, aus den Quellen ihres Vertrauens zu trinken, aber die Caritas Socialis hat Hildegard Burjan nicht nur als Vorbild, sondern auch als Gründerin, sie, der dieses Trinken sehr gut bekommen ist.

(Auszug aus einem Vortrag, der am 22.9.1999 in Wien aus Anlass des 80-jährigen Bestehens der Schwesterngemeinschaft Caritas Socialis gehalten wurde.)

Sr. Serafine Ogrisek
Generalleiterin der Schwesterngemeinschaft
Caritas Socialis

Die Caritas Socialis
ist etwas Werdendes …

Werden und Wachsen eines Organismus beginnt in einer kleinen Zelle. So ist der Gedanke der Caritas Socialis und seine konkrete Verwirklichung in der Kirche im Leben Hildegard Burjans gewachsen – auf ihrem persönlichen Weg der Gottsuche und des engagierten sozialen Einsatzes für ihre notleidenden Mitmenschen. Um im Geist christlicher Liebe möglichst wirksam helfen zu können, hat sie nicht nur die geistliche Schwesterngemeinschaft Caritas Socialis gegründet, sondern um diesen Kern herum auch zahlreiche sozial gesinnte Menschen gesammelt, die im gleichen Geist leben und handeln wollten. Die dynamische Kraft dieser Gemeinschaft sah Hildegard Burjan in dem Schriftwort: Die Liebe Christi drängt uns (2 Kor 5,14).

Die Caritas Socialis kann nun auf mehr als 80 Jahre ihres Bestehens zurückblicken – Jahre, in denen sie in vielfältigsten Notsituationen oft auf innovative Weise helfen durfte, wo sie mitbauen konnte an menschlicheren Gesellschaftsstrukturen, wo sie auch lernte, mit zunehmender Professionalität zu wirken. Zugleich ist die Caritas Socialis durch äußere und innere Krisen geschüttelt worden, wie die NS-Zeit und den Zweiten Weltkrieg, die Jahre einer internen Spaltung und Identitätsfindung. Wichtige Entwicklungsprozesse waren die Erneuerung nach dem Zweiten Vatikanischen Konzil und die Neustrukturierung der CS-eigenen Arbeitsgebiete.

Hervorzuheben für den heutigen Stand der Caritas Socialis sind folgende markante Entwicklungen in den letzten 35 Jahren:

Im Jahre 1967 begann die Schwesterngemeinschaft Caritas Socialis mit der Vorbereitung auf die vom Zweiten Vatikanischen Konzil gewünschte „zeitgemäße Erneuerung des Ordenslebens". Diese sollte zwei Jahre später (1969) Inhalt der außerordentlichen Generalversammlung sein. Ausgegangen wurde dabei von folgender Formulierung im Konzilsdekret „Perfectae caritatis" (2):

Zeitgemäße Erneuerung des Ordenslebens heißt: ständige Rückkehr zu den Quellen jedes christlichen Lebens und zum Geist des Ursprungs der einzelnen Institute, zugleich aber deren Anpassung an die veränderten Zeitverhältnisse.

Im Dekret werden dazu folgende Grundsätze genannt :
- *Die Nachfolge Christi nach dem Evangelium ist letzte Norm und oberste Regel des Ordenslebens. Ohne geistliche Erneuerung (evangelische Räte in der Nachfolge Christi, Vereinigung mit Gott) bleiben alle noch so guten Anpassungen wirkungslos.*
- *Geist und Absichten der Gründer sowie gesunde Überlieferungen sollen erforscht und bewahrt werden.*
- *Ein der jeweiligen Eigenart entsprechender Anschluss der Institute an die Erneuerung der Kirche wird erwartet (auf biblischem, liturgischem, pastoralem, ökumenischem, missionarischem und sozialem Gebiet).*
- *Um den Menschen wirksamer zu helfen, ist es nötig, ihre Lebensverhältnisse, die Zeitlage und die Erfordernisse der Kirche zu kennen und im Glauben zu beurteilen.*

Im Dekret geht es weiters auch um die Anpassung der Lebensweise, des Gebetes und der Arbeit an die körperlichen und seelischen Voraussetzungen der Menschen von heute sowie an die Erfordernisse des Apostolats, der Kultur, der sozialen und wirtschaftlichen Umwelt. Eine Überarbeitung der Konstitutionen, ein Überdenken der Gebräuche u.ä. wird daher empfohlen, ebenso die Zusammenarbeit aller Mitglieder eines Instituts.

Generalabt Gebhard Koberger, Augustiner Chorherr von Klosterneuburg und selbst Konzilsvater, führte die CS-Schwestern in den Geist des Konzils und in die Konzilsdokumente ein. Alle Schwestern wurden in eine Befragung bezüglich der Spiritualität und der Absichten Hildegard Burjans, des Charismas der Caritas Socialis und der wesentlichen Elemente der CS-Traditionen einbezogen. Das Gedankengut Hildegard Burjans wurde erschlossen und allen Schwestern zugänglich gemacht. Ihr Seligsprechungsprozess war offiziell bereits im Jahre 1963 eröffnet worden.

Die „Außerordentliche Generalversammlung" der Caritas Socialis im Sommer 1969 wurde ein intensiver geistlicher Prozess für alle Mitglieder. Vier Wochen lang befassten sich die delegierten Schwestern gemeinsam mit theologischen und kirchenrechtlichen Beratern mit den spirituellen, apostolischen und gemeinschaftlichen Ursprungsquellen der Caritas Socialis. Alle Ergebnisse aus der Schwesternbefragung wurden dabei herangezogen. Die schon vorher erstellten Entwürfe für neue Konstitutionen wurden hier überarbeitet und neu gefasst. Ebenso wurden die bis dahin durchgeführten Experimente ausgewertet, die sich auf die Lebensform und die Gebräuche der Schwestern bezogen. Aus tieferem Verständnis und neu erwachter Begeisterung für das Gründungscharisma der Caritas Socialis erfolgten dann die Entscheidungen und Weichenstellungen für die Zukunft:

– Die Spiritualität Hildegard Burjans, ihr Leben und ihre Absichten werden weiter erforscht (Im Lauf der folgenden Jahre entstehen etliche neue Schriften, Bücher und Biografien, wie auch die vorliegende).

– Die Schwesterngemeinschaft soll zu einer neuen Lebensform mit größerer spiritueller Tiefe und Selbstständigkeit finden. Die Mitverantwortung der Einzelnen, das CS-Charisma im eigenen Leben in großer Freiheit zu entfalten, wird stärker betont: Ich bin Caritas Socialis.

– Neue Apostolatsaufgaben werden übernommen: Kinderdorf Bethlehem, neue Tätigkeiten in Brasilien, Ausbau der Wiener Altenpflege …

– Die in erster Fassung erstellten Konstitutionen werden überarbeitet und erprobt. In einem Prozess von 16 Jahren werden die neuen Texte nach zahlreichen von den Schwestern erfragten Rückmeldungen und redaktionellen Bearbeitungen endgültig fertig gestellt und von Rom approbiert.

– Im Sinn der Gründerin sollen auch externe Formen der Zugehörigkeit zur Caritas Socialis wieder aufgegriffen und gefördert werden.

– Bestimmte Traditionen und Gebräuche, die ein eher klösterliches Gepräge erhalten haben, werden auf Grund des jetzigen Verständnisses geändert: Kleidung – in Zukunft Zivil mit Brosche statt Tracht (alle Schwestern, die wollen, können die Tracht beibehalten); keine klösterliche Terminologie; Taufname möglich statt Schwesternname, und anderes mehr.

Mit der Weichenstellung durch diese Generalversammlung setzte ein vielschichtiger, zum Teil auch krisenhafter Entwicklungsprozess in der ganzen Schwesterngemeinschaft ein, der sich über lange Jahre erstreckte. Das spezifische Charisma der Caritas Socialis als „Gemeinschaft apostolischen Lebens" stellte sich klar heraus: äußerlich kein „Kloster" zu sein, innerlich aber doch wie Ordenschristen zu leben. Diese gesunde Spannung forderte die Schwestern immer wieder heraus, die spirituelle Dimension des sozialen Engagements im Sinne Hildegard Burjans bewusst wahrzunehmen und die „Kontemplation in der Aktion" radikal zu verwirklichen.

In den folgenden Jahrzehnten kam es zu einer ständigen **Erweiterung der Arbeitsgebiete**, deren Trägerschaft die CS-Schwesterngemeinschaft inne hatte. Hier sind vor allem zu nennen:

die Dienste für alte Menschen in Wien, da die Pflegebedürftigkeit in der Bevölkerung ständig im Wachsen begriffen ist;

die Entwicklung der Mutter-Kind-Arbeit im Hinblick auf die steigende Zahl der Alleinerzieherinnen;

die zunehmende Frequenz in den Hilfs- und Beratungsdiensten, wo eine neue Form der Armut spürbar wird;

die ganzheitliche Entwicklungshilfe für die ärmsten Menschen in Brasilien – trotz Ausweitung immer nur ein „Tropfen auf dem heißen Stein".

In Wien startete 1987 das „**CS-Projekt 90**". In den Wiener CS-Werken, in denen inzwischen wegen mangelnden Nachwuchses immer weniger Schwestern mit immer mehr Mitarbeitern und Mitarbeiterinnen tätig waren, wurden Projektteams gebildet, die mit Hilfe eines Institutes die CS-eigenen Werke in Österreich untersuchten. Das Untersuchungsergebnis führte dazu, Prioritäten zu setzen: vor allem den Ausbau der Dienste für alte Menschen und für alleinerziehende Mütter.

In der **Generalversammlung der Schwesterngemeinschaft 1989** wurden wieder neue Weichen gestellt; diesmal, um die CS-Werke neu zu organisieren und ihren Fortbestand zu sichern. Die Schwesterngemeinschaft wollte leitende Aufgaben in den Werken an Mitarbeiter und Mitarbeiterinnen übergeben und mit diesen gemeinsam neue Strukturen erarbeiten. Das CS-Charisma sollte den Mitarbeitenden erschlossen werden, damit die Ausrichtung und Führung der CS-Arbeitsgebiete auch in Zukunft im Geiste Hildegard Burjans möglich ist. Für die Trägerschaft wurden neue Formen gesucht.

So kam es im Jahre 1992 zur **Gründung der CS-GmbHs.** Die Schwesterngemeinschaft übt die Funktion des Alleingesellschafters aus, ein Mitarbeiter und eine Schwester übernahmen die Geschäftsführung. Der engagierte soziale Einsatz der Geschäftsführung, leitender Mitarbeiter/innen und Schwestern führte in den kommenden Jahren dazu, dass die Caritas Socialis in Wien nun drei größere Pflege- und Sozialzentren anbieten kann, die mit hoher Professionalität und im Sinne des CS-Leitbildes arbeiten. Sie gelten in Wien derzeit auf Grund ihrer fachlichen Qualität, der umfassenden Betreuung des Menschen, der zukunftsweisenden Projekte und ihrer gelebten Philosophie (Leitbild) als Modelleinrichtungen.

Wesentlich an diesem Angebot ist das Bestreben, für Menschen in schwierigen Lebenssituationen im Geist tiefer Menschlichkeit und christlicher Liebe da zu sein und ihnen so das Gefühl der Wertschätzung und des Angenommenseins, der Zugehörigkeit und Geborgenheit zu geben. Dies gilt für die Bewohner der Pflegeheime, die Gäste der Tageszentren, die zu Hause betreuten Menschen, die Schwerstkranken im Hospiz in ihrer letzten Lebensphase, aber auch für die Kinder im Kindergarten und Hort.

Es gilt für die vielen Menschen in materiellen oder seelischen Notsituationen, die die CS-Beratungseinrichtungen aufsuchen und für die Mütter mit ihren Kindern im Wohnheim für Mutter und Kind. – Zwei Arbeitsgebiete, die in der direkten Trägerschaft der CS-Schwestern verblieben sind.

Caritas Socialis – Gemeinschaft stiftende Liebe – soll hier spürbar werden im Miteinander von Mitarbeiter/innen und Schwestern, in der Art und Weise der Pflege, Betreuung, Beratung, Begleitung oder Erziehung für die Menschen, die sich der Caritas Socialis anvertrauen.

Um diesen Geist der Caritas Socialis wach zu halten, wird besonderes Augenmerk auf die Auswahl leitender Mitarbeiter/innen gelegt. Die Teilnahme an der Einführung in das CS-Leitbild durch CS-Schwestern ist für alle Mitarbeitenden verpflichtend. Darüber hinaus gibt es verschiedene spirituelle Angebote der CS-Schwestern für Interessierte.

Caritas Socialis drückt sich auch aus in der engen Zusammenarbeit und Vernetzung mit vielen öffentlichen und privaten Institutionen sowie durch die Mitarbeit der Caritas Socialis in Gremien, die sich mit der sozialpolitischen Weiterentwicklung im Gesundheits- und Sozialbereich der Stadt Wien befassen. Die intensive Kooperation mit der Stadt Wien ist eine Voraussetzung dafür, dass die Dienste der Caritas Socialis für die betroffenen Personen finanzierbar sind. Und sie versucht durch private Spenden und über die kirchliche „Stiftung Caritas Socialis" auch jenen Menschen zu helfen, die vom sozialen Netz nicht aufgefangen werden.

CS-Schwestern sind außerdem weiterhin in verschiedensten sozialapostolischen Aufgabengebieten in anderen, vor allem kirchlichen Institutionen tätig: Sie engagieren sich in der Bahnhofsmission und der Obdachlosenarbeit, in der Pfarrseelsorge sowie der Alten- und Krankenpastoral, sie bieten geistliche Begleitung und Exerzitien an, arbeiten in der sozialen Erwachsenenbildung und in der Sonderschule – dies alles in Österreich, Italien (Südtirol) und Deutschland.

1999 wurde im Geburtsort Hildegard Burjans, Görlitz a. d. Neiße, ein Diaspora-Gebiet, eine kleine CS-Station gegründet.

Gemeinsam mit Fachleuten hat die Caritas Socialis entscheidend mitgewirkt, dass die Hospizbewegung in Österreich Fuß fassen konnte. Das erste ambulante Hospizteam wurde von der Caritas Socialis gegründet, die es später der diözesanen Caritas übergab. 1995 eröffnete die Caritas Socialis auch ein eigenes stationäres Hospiz, das Papst Johannes Paul II. im Jahr 1998 anlässlich seiner Reise nach Österreich besuchte. CS-Schwestern sind in der Organisation der Hospizbewegung sowie in der Pflege und Pastoral in Hospizen tätig.

Ein CS-Einsatz ganz nach dem Herzen der Gründerin, Hildegard Burjan, ist sicher die soziale, gesundheitliche, pädagogische und pastorale Entwicklungshilfe in Brasilien, die eine kleine Schwesterngruppe für ärmste Familien der brasilianischen Bevölkerung derzeit im Rahmen der diözesanen „Kinderpastoral" leistet. Viele Jahre führte die Caritas Socialis in Brasilien auch eigene Werke wie das Kinderheim, eine Schule und das Projekt für Familien aus dem Elendsviertel, für und mit denen ein kleines Dorf errichtet wurde. Diese Werke wurden dann an eine brasilianische Schwesterngemeinschaft übergeben.

Der jetzige Einsatz hat größere Breitenwirkung und ermöglicht eine konkrete sozialpolitische Einflussnahme. In der Diözese Guarapuava, wo CS-Schwestern diese Arbeit aufgebaut haben, sind bereits 18 Prozent der Bevölkerung erfasst, in der Hauptstadt des Landes Parana, Curitiba, nur vier bis fünf Prozent. Auch dort ist jetzt die Caritas Socialis am Werk und baut die „Kinderpastoral" in den Basisgemeinden ihres Wohnbezirkes auf.

Das Charisma der Caritas Socialis trägt viele Möglichkeiten der Entfaltung in sich, die noch nicht ausgeschöpft sind. Zur Zeit gibt es mehrere Formen der Zugehörigkeit zur Caritas Socialis, weitere wären denkbar.

- Die CS-Schwestern bilden kleinere und größere Gemeinschaften. Sie versprechen auf Lebensdauer Armut, Ehelosigkeit und Gehorsam; so leben sie auch in Gütergemeinschaft und sind für die sozialen Einsätze der Caritas Socialis voll verfügbar.
- Die gleichen Versprechen legen die Mitglieder des Säkularkreises ab; sie bleiben aber im eigenen Lebens- und Arbeitsbereich.
- In den CS-Betrieben tragen Mitarbeiterinnen und Mitarbeiter mit den Schwestern gemeinsam die Verantwortung. Sie identifizieren sich mit dem Leitbild der Caritas Socialis.
- Freunde, Helfer und Förderer tragen die Werke der Caritas Socialis durch ihre ehrenamtliche Mitarbeit, durch ihren finanziellen, ideellen oder praktischen Beitrag mit.
- Die Caritas ist offen für weitere Formen der Zugehörigkeit und Bindung, etwa auch für Männer oder für Ehepaare.

Die Caritas Socialis ist etwas Werdendes … Dieses Wort Hildegard Burjans ist bis heute aktuell geblieben. Immer wieder ist es der Caritas Socialis aufgegeben, neue Wege zu den Menschen zu suchen, um ihnen durch den sozialen Dienst aufzuzeigen, dass Gott ein Herz für uns Menschen hat. Gerade in der Welt von heute, in der Glaubenswerte abhanden kommen und eine tiefe Not und Sinnkrise spürbar wird, ist diese Verkündigung des Evangeliums durch den sozialen Dienst notwendiger als je zuvor. Das Zeugnis der Nächstenliebe, der liebenden Zuwendung zum anderen, der Anteilnahme am Leid des Mitmenschen stiftet Gemeinschaft und ist eine frohe Botschaft, an der niemand zweifelt. Denn Gott wird so – oft ohne Worte – als jener erfahrbar, der mit dem Menschen ist – in allen Situationen seines Lebens und besonders im Leid.

Verwendete Literatur

Archiv der Caritas Socialis: Reden, Schriften und Briefe von und über Hildegard Burjan.

Diözesanarchiv der Erzdiözese Wien: Seipel-Tagebücher.

Diözesanreferat für Selig- und Heiligsprechung der Erzdiözese Wien: Studie - Hildegard Burjan als Politikerin, erstellt von Prof. Mag. Dr. Alois Diem. Die Artikel für die Zeugen des Informativprozesses, dargelegt von Vicepostulator des Prozesses Prof. Alfred Koblbauer, canreg. Cl über den Ruf der Heiligkeit, der Tugenden und der Wunder der Dienerin Gottes Hildegard Burjan, Gründerin der Caritas Socialis.

Hildegard Burjan - Reden und Schriften, l. Teil 1912-1918, Selbstverlag der Caritas Socialis, Wien 1970.

Wolfgang Bandion, Steinerne Zeugen des Glaubens. Die heiligen Stätten der Stadt Wien, Verlag Herold Wien 1988.

Louis Bosmans, „Hildegard Burjan - Leben und Werk". Veröffentlichungen des Kirchenhistorischen Instituts der Katholisch-theologischen Fakultät der Universität Wien, Domverlag Wien 1973.

Irmgard Burjan-Domanig, „Hildegard Burjan – Eine Frau der sozialen Tat", Selbstverlag der Caritas Socialis, Wien 1976.

Viktor Ergert, Hellmut Andics, Robert Kriechbaumer: Fünfzig Jahre Rundfunk in Österreich, Bd. l 1924-1945, Residenzverlag Salzburg 1985.

Johannes Hawlik, „Der Bürgerkaiser - Lueger und seine Zeit", Verlag Herold Wien 1985.

Sabine Hofmann, Der Kampf um das Wahlrecht der Frauen im deutschsprachigen Europa, Diplomarbeit Wien 1987.

Klemens von Klemperer, Ignaz Seipel. Staatsmann einer Krisenzeit, Verlag Styria Graz 1976.

Klemens von Klemperer, Kurt von Schuschnigg, in: Neue Österreichische Biographie, Band XXII, Amalthea Wien 1987, S. 44-57.

Alfred Koblbauer (Hrsg.), Hildegard Burjan, Charismatische Künderin sozialer Liebe. Selbstverlag der Caritas Socialis Wien 1976.

Martin Krexner, Hirte an der Zeitenwende. Kardinal Friedrich Gustav Piffl und seine Zeit, Domverlag Wien.

Michaela Kronthaler, Die Frauenfrage als treibende Kraft, Hildegard Burjans innovative Rolle im Sozialkatholizismus und Politischen Katholizismus vom Ende der Monarchie bis zur „Selbstausschaltung" des Parlaments, Styria 1995.

Dagmar Lang, Karl Freiherr von Vogelsang. Die christlichsoziale Reform im Spiegel seiner publizistischen Tätigkeit, Diplomarbeit Wien 1984.

Walter Pollak (Hrsg.), Tausend Jahre Österreich. Eine biographische Chronik, Verlag Jugend & Volk Wien 1973.

Hugo Portisch, Österreich I. Die unterschätzte Republik. Verlag Kremayr & Scheriau Wien 1989.

Friedrich Rennhofer, Ignaz Seipel. Mensch und Staatsmann. Eine biographische Dokumentation. Verlag Böhlau Wien-Köln-Graz 1978.

Edith Riegler, Die Frauenarbeit in Österreich 1890-1934, Dissertation Wien 1974.

Ingeborg Schödl, Ganz für Gott und ganz für die Menschen. Festschrift zum 100. Geburtstag Hildegard Burjans, Selbstverlag der Caritas Socialis, Wien 1983.

Maria Elisabeth Tappeiner, Hildegard Burjan – der geistig-religiöse Hintergrund ihrer Sozialarbeit, Lizenziatsarbeit Caritas Socialis, Wien 1988/89.

Hildegard Waach, Ein Pionier der Nächstenliebe. Hildegard Burjan, Skizze eines großen Lebens, Verlag Herder Wien 1958.

Erika Weinzierl, Emanzipation? Österreichische Frauen im 20. Jahrhundert, Jugend & Volk Wien.

278

Friedrich Weissensteiner, Schicksalstage Österreichs, Verlag Ueberreuter Wien 1989.

Wiener Kirchenblatt, Jahrgänge 1919 bis 1933.

Paul M. Zulehner/Andreas Heller (Hrsg.), Von der Sprengkraft der Mystik – am Beispiel Hildegard Burjans, Verlag Tyrolia Innsbruck 1989.

Die Autorin

Ingeborg Schödl, geboren 1934, freie Journalistin und Publizistin. Langjährige Redakteurin der Wiener Kirchenzeitung. Von 1977 bis 1999 vom Katholischen Familienverband Österreichs entsandte Familienvertreterin in der Hörer- und Sehervertretung im ORF.

Verfasserin verschiedener Publikationen. 1991 erschien ihr erstes Buch „Männerwelten - Frauenwerke. Hildegard Burjans Vermächtnis an Politik und Kirche", Edition Tau; 1995: „Hoffnung hat einen Namen - Hildegard Burjan und die Caritas Socialis", Tyrolia-Verlag; 1996: „Alt, aber nicht out. Gedanken über das Älterwerden", Verlag St. Gabriel; 1998: „Gottes starke Töchter. 12 Frauen in der Kirche von heute", Verlag St. Gabriel.

1993 wurde sie mit dem Leopold-Kunschak-Presseförderungspreis ausgezeichnet, 1999 mit dem Goldenen Verdienstzeichen der Republik Österreich.

Ingeborg Schödl ist verheiratet, sie hat zwei erwachsene Kinder und zwei Enkelkinder.